Juergen B. Donges
Johann Eekhoff
Wolfram Engels
Walter Hamm
Wernhard Möschel
Manfred J.M. Neumann
Olaf Sievert

KRONBERGER KREIS

MIT MARKT-WIRTSCHAFT AUS DER KRISE

Eine Zusammenfassung der Studien
des Kronberger Kreises
aus den Jahren 1993 - 1996
zu den Reformnotwendigkeiten
der Gegenwart

Band 6

OLZOG

Die Deutsche Bibliothek - CIP-Einheitsaufnahme

Mit Marktwirtschaft aus der Krise:
eine Zusammenfassung von Studien des Kronberger Kreises aus den Jahren 1993-1996 zu den Reformnotwendigkeiten der Gegenwart /
Kronberger Kreis.
Jürgen B. Donges ... - Landsberg am Lech : Olzog, 1997
ISBN 3-7892-9359-8

Die Herausgabe dieses Bandes wurde ermöglicht durch die
informedia-Stiftung
Gemeinnützige Stiftung für Gesellschaftswissenschaften
und Publizistik, Köln

Herausgegeben vom
Frankfurter Institut - Stiftung Marktwirtschaft und Politik
Kisseleffstr. 10, D-61348 Bad Homburg v.d.H.
Vorstand: Gert Dahlmanns

ISBN 3-7892-9359-8

Umschlagentwurf: M. Gesierich, Augsburg
Druck- und Bindearbeiten: Himmer, Augsburg

Printed in Germany

Vorwort

An der Schwelle zum 21. Jahrhundert erleben wir gerade in Deutschland die gespenstische Neuauflage einer längst für abgeschlossen gehaltenen Diskussion unter umgekehrtem Vorzeichen. Der real existent gewesene Sozialismus, vor einem Jahrzehnt zusammengebrochen, erweckt nostalgische Gefühle, die Marktwirtschaft wird zum neuen Feindbild erhoben. Sie gilt vielen als die Ursache des erschreckenden Problemstaus, in den wir uns – partei-, gruppen- und schichtenübergreifend – durch nichts anderes hineinmanövriert haben als durch jahrzehntelange Mißachtung eben dieser marktwirtschaftlichen Regeln.

Das Ganze erinnert an absurdes, aber publikumswirksames Theater mit bitterernstem Hintergrund, möglicherweise auch mit tragischem Ausgang. Während heute, nach dem Ende der zweigeteilten Welt, rund um den Globus das Bemühen der Völker darauf gerichtet ist, menschenwürdige, leistungsfähige Wirtschafts- und Gesellschaftsordnungen zu schaffen oder zu erneuern und sich dafür die Möglichkeiten der Marktwirtschaft zunutze zu machen, sind wir in Deutschland gerade dabei, uns dieses Wasser gründlich abzugraben. Während in vielen Teilen der Welt erkannt und danach gehandelt wird, daß Marktwirtschaft für die Menschen und ihre Bedürfnisse mehr zu tun vermag als jede bis heute erdachte und erprobte Ordnung, suchen wir unsere Rettung beharrlich weiter in der Beschneidung des Marktes und der Einschränkung von Entfaltungsmöglichkeiten des einzelnen. Während andere den Globalisierungsprozeß offensiv aufgreifen und die sich daraus bietenden Vorteile zu ihren Gunsten nutzen, propagieren ängstliche Marktverächter hierzulande das Aussteigen aus der Weltwirtschaft. Sie erwecken dabei den Eindruck, Deutschland könne sich den globalen Veränderungen durch ein Kartell zur Verhinderung des weltweiten Wettbewerbs weitgehend entziehen. Das alles sind Illusionen, bei denen wir nur die Verlierer sein können.

In diese für das Deutschland der späten 90er Jahre typischen Verirrungen hinein ruft der Kronberger Kreis erneut und beharrlich sein „Mehr Mut zum Markt“. Angespornt von seinem 1995 allzu früh verstorbenen Gründer und spiritus rector Wolfram Engels legt er dar, daß gerade das Ordnungsprinzip Markt dem Menschen gemäß ist, indem es die Elemente Freiheit, Selbständigkeit und Eigenverantwortung mit effizientem Wirtschaften zu verbinden weiß und damit sozialen Ausgleich ermöglicht. Er macht klar: Es ist ein Gebot der Selbstachtung und der Verantwortung für unsere Nachkommen, daß wir die Voraussetzungen marktwirtschaftlicher Ordnung nicht leichtfertig aufs Spiel setzen oder gar mutwillig zerstören. Was wir bislang in dieser Richtung betrieben haben, könnte sich dereinst als der verhängnisvollste Irrtum unserer Zeit erweisen.

Ernste Mahnung und begründete Zuversicht, das sind Kennzeichen der hier zusammengefaßten Studien des Kronberger Kreises aus der Zeit von 1993 bis 1996. Die Kernbotschaft lautet: Die mit dem weltweiten Strukturwandel noch für eine lange Zeit auch auf Deutschland einstürmenden Probleme sind – wenn wir sie richtig angehen – durchaus zu bewältigen.

Dazu muß der Staat sich freilich auf seine eigentlichen Aufgaben konzentrieren und die Unternehmen im Lande befähigen, flexibel auf die Veränderungen in der Welt zu reagieren. Die Studien machen deutlich, warum eine nachhaltige Verbesserung der wirtschaftlichen Situation in Deutschland ohne durchgreifende Reform der Unternehmensbesteuerung nicht möglich ist und zeigen die Folgen unseres Denkens in zu kurzen Zeithorizonten und Wirkungsketten auf. Sie führen vor Augen, warum und auf welche Weise dem privaten Sektor größere Entfaltungsmöglichkeiten zur Bewältigung der aufgetürmten Aufgaben einzuräumen sind und machen Vorschläge, wie die deutschen Hochschulen umsteuern müssen, um ihren für die Zukunftsbewältigung entscheidenden Bildungs- und Ausbildungsaufgaben gerecht werden zu können.

Damit führt der Kronberger Kreis mitten hinein in die Probleme von heute und morgen. Er gibt allen, die an der Fortentwicklung unserer Wirtschafts-, Sozial- und Gesellschaftspolitik aktiv beteiligt oder von ihren Auswirkungen passiv betroffen sind, wertvolles Material zum Nach- und Vorausdenken an die Hand, ermuntert zu ganz konkreten, nachvollziehbaren Schritten und läßt durch alle Einzelheiten hindurch eine Vision für das 21. Jahrhundert erkennen, in deren Mittelpunkt der wieder in seine Verantwortung zurückkehrende Mensch und die Lebenschancen für unsere Kinder stehen.

Bad Homburg, im Herbst 1997 Gert Dahlmanns

Inhalt

Privatisierung auch im Westen

Vorbemerkung

Fast alle Industrieländer unternehmen derzeit erfolgreiche Anstrengungen, die Leistungsfähigkeit ihres öffentlichen Sektors zu steigern. Privatisierung als Rückzug aus staatlicher Wirtschaftstätigkeit, wo immer diese unzureichend gerechtfertigt ist, gehört dazu. In Deutschland ist das Bewußtsein zu schärfen, daß Privatisierung gegenwärtig nicht nur die Überführung von Staatsunternehmen der ehemaligen DDR in Privateigentum bedeuten darf. Auch in der alten Bundesrepublik ist das Ausmaß staatlicher Wirtschaftstätigkeit zu groß und deshalb zu reduzieren.

Die hiermit vorgelegte Studie ergänzt unsere Schrift "Reform der öffentlichen Verwaltung" (Band 23/1991), in der wir Vorschläge für eine Reform des Managements und der Organisation der engeren Hoheitsverwaltung des Staates gemacht haben. "Lean Government", das gemeinsame Ziel beider Studien, darf angesichts des zunehmenden Standortwettbewerbs und des gerade in Deutschland unumgänglichen Gebots, die knappen Finanzmittel auf die dringendsten Aufgaben zu konzentrieren, kein Schlagwort bleiben.

Januar 1993

Juergen B. Donges, Wolfram Engels
Walter Hamm, Wernhard Möschel
Manfred J. M. Neumann, Olaf Sievert
(KRONBERGER KREIS)

I. Warum Privatisierung?

Neue Bewegung

1. Mit der Wiedervereinigung Deutschlands ist die Privatisierung zu einem großen Thema geworden. Es ergab sich zwangsläufig die Notwendigkeit, die sozialistische Staatswirtschaft der früheren DDR in eine wettbewerbsgeprägte offene Marktwirtschaft überzuleiten. Und der Druck der durch die Wiedervereinigung geleerten öffentlichen Kassen hat bei den politischen Kräften das Bewußtsein für die Frage

geschärft, ob nicht auch in der alten Bundesrepublik das Ausmaß staatlicher Wirtschaftstätigkeit zu groß ist und deshalb reduziert werden sollte. So ist eine Umwandlung des Staatsunternehmens Deutsche Bundespost Telekom in eine privatrechtliche Aktiengesellschaft mit anschließender Teilprivatisierung ebenso in der Diskussion wie eine Aufspaltung der Deutschen Bundesbahn und der Deutschen Reichsbahn in Aktiengesellschaften für den Bereich Fahrwege einerseits und für den Bereich Transport andererseits.

Treuhandanstalt

2. Mit der Aufgabe, die Staatsunternehmen in den neuen Bundesländern in private Hände überzuführen, ist bekanntlich eine spezielle öffentlich-rechtliche Agentur, die Treuhandanstalt, betraut. Nur mit Privatisierung ist das erforderliche Investitionskapital und insbesondere das unternehmerische Know-how zu gewinnen. Die gegenwärtig größte Gefahr für eine erfolgreiche Arbeit der Treuhandanstalt ist ein zunehmender Druck, das Sanieren der Privatisierung voranzustellen. Mit Hinweisen auf Unternehmensbeteiligungen des Bundes nach dem Zweiten Weltkrieg wird eine Gleichbehandlung der Staatsunternehmen im Ostteil unseres Landes eingefordert. Dabei wird übersehen, daß der Staat gegenüber dem privaten Erwerber eines Unternehmens in der Regel der schlechtere Sanierer ist. Die Erfahrungen aus der Vergangenheit der alten Bundesrepublik zeigen, daß staatliche Stellen eine rasche, erfolgreiche Sanierung kaum zustande bringen, sondern dazu tendieren, eine Sanierung so lange und kostenreich fortzusetzen, bis das vermeintliche Sanierungsvorhaben in eine Steuergelder verschlingende Dauersubvention mündet, aus der sich zu befreien der Politik die Kraft fehlt. Wenige Ausnahmen bestätigen die Regel.

Entlastung der öffentlichen Haushalte

3. Die finanziellen Lasten aus der deutschen Wiedervereinigung haben zu äußerster Anspannung der öffentlichen Haushalte geführt. Bis 1995 könnte der Schuldenstand des öffentlichen Gesamthaushalts (Bund, Länder, Gemeinden, alle Nebenhaushalte) einen Betrag erreichen, der rund 55 Prozent des Bruttosozialprodukts gleichkommt. Die Zinslastquote, also der Anteil der Zinsausgaben an den Staatsausgaben, würde dann bei rund 13 Prozent der Gesamtausgaben liegen. 1989 betrug dieser Anteil noch 8,7 Prozent. Eine entschlossene Privatisierung in

den alten Bundesländern könnte deutliche Entlastungseffekte bringen. Nach Schätzungen der Monopolkommission, welche die Bundesregierung mittlerweile bestätigt hat, ließe sich bei durchgreifender Privatisierung auf sämtlichen staatlichen Ebenen ein dreistelliger Milliardenbetrag erlösen.

Wirtschaftsfreiheit und Wohlstand

4. Rasch zusätzliche Einnahmen zu erzielen oder Ausgaben verhindern zu helfen, ist aber nur vordergründig der wichtigste Aspekt der Privatisierung. Wichtiger als solche temporäre Entlastung ist ein Beitrag von Dauer: Primär geht es bei der Privatisierung um mehr Wirtschaftsfreiheit, um mehr Effizienz und deren dauerhafte Bedeutung für wirtschaftlichen Wohlstand und den Spielraum für die soziale Sicherung der Bürger. Den Staatsunternehmen fehlt die Fähigkeit und der entschiedene Wille des privaten Eigentümers, der Vergeudung von Produktivkräften Einhalt zu gebieten. Staatsunternehmen tendieren zum Schlendrian: Es wird zuviel Personal beschäftigt, und mit knappem Kapital wird allzu großzügig umgegangen. Die Produktivität ist vergleichsweise gering. Viele Staatsunternehmen weisen hohe Verluste aus, die über die öffentlichen Haushalte abzudecken sind. Die finanzielle Verantwortung wird auf den Bürger abgewälzt, der keinen Einfluß auf die Geschäftspolitik hat und die unbefriedigenden Zustände nicht abstellen kann. Eine kostengünstige und präferenzgerechte Versorgung der Bevölkerung mit privaten Gütern und Dienstleistungen wird von öffentlichen Unternehmen regelmäßig nur unbefriedigend gelöst.

Internationaler Standortwettbewerb

5. Privatisierung als Rückzug des Staates aus der Wirtschaftstätigkeit ist fast weltweit Programm geworden. Im Standortwettbewerb zwischen Volkswirtschaften kommt den Eigentumsverhältnissen wachsende Bedeutung zu. Die Entmonopolisierung von Staatsbetrieben, die Privatisierung und Deregulierung verbessern regelmäßig die Marktbedingungen und steigern damit die Attraktivität einer Volkswirtschaft für private Investoren. In Deutschland ist – im Vergleich zu anderen führenden Industrieländern – auf diesen Aktionsfeldern noch viel zu tun.

II. Zum Umfang staatlicher Wirtschaftstätigkeit

Das Staatsvermögen ist enorm groß

6. Es geht bei der Privatisierung um beträchtliche Größenordnungen. Das gesamte staatliche Wirtschaftsvermögen überdeckt die Staatsschulden bei weitem. Es läßt sich jedoch nur grob schätzen. Ein Betrag von zwei Billionen D-Mark dürfte keineswegs zu hoch gegriffen sein. Darin wäre das Hoheitsvermögen, also insbesondere die öffentliche Infrastruktur und der Wert der staatlichen Verwaltungsgebäude, nicht einmal enthalten. Nicht als Vorschlag, sondern nur um die Größenordnung zu illustrieren, sei bewußt gemacht: Würde das gesamte staatliche Wirtschaftsvermögen privatisiert, so könnte der Staat aus dem Erlös nicht nur seine gesamten Schulden zurückzahlen; es bliebe noch ein dreistelliger Milliardenbetrag übrig, der, auf Zinsen angelegt, einen zweistelligen Milliardenbetrag an zusätzlichen Staatseinnahmen brächte.

Ein großer Teil des staatlichen Vermögens besteht aus Wohnungen. Sie werden teils von der öffentlichen Hand unmittelbar gehalten, zum größeren Teil gehören sie öffentlichen Wohnungsgesellschaften. Darüber hinaus besitzt der Staat erhebliches Geldvermögen, das insbesondere aus Krediten stammt, die der Staat gewährt hat. Die Forstwirtschaft ist zum überwiegenden Teil in der Hand des Staates und der Gemeinden. Außerdem hat er beträchtliches landwirtschaftliches Vermögen auch in den alten Bundesländern. Die staatlichen Großunternehmen des gewerblichen Sektors wurden schon aufgeführt. Neben den zwei großen Monopolunternehmen Bundespost und Bundesbahn besitzt der Staat, gemessen an der Bilanzsumme, mehr als die Hälfte des Bankwesens, beträchliche Teile der Energiewirtschaft und des Versicherungswesens. Der Anzahl nach sind die meisten Betriebe im Besitz der Gemeinden. Es dürften, je nach Abgrenzung, weit über 100.000 Einzelbetriebe sein. Die Kette reicht von Verkehrs- und Versorgungsbetrieben über Müllabfuhr, Gärtnereien, Schlachthöfe bis zu Gaststätten, Leihbüchereien und Wohnungsvermittlungen.

Daß nur Größenordnungen angegeben werden können, ist allein schon ein Mißstand. Jede private Aktiengesellschaft muß ihren Aktionären und der Öffentlichkeit jährlich ihre Vermögensverhältnisse offenbaren. Der Staat jedoch läßt seine Bürger über sein Vermögen im unklaren.

Entwicklung der Privatisierung

7. Auf der Ebene des Bundes kam es in den Jahren von 1959 bis 1965 zu den ersten Privatisierungen. Die Teilprivatisierung der Preussag AG, der Volkswagen AG und der VEBA AG gehörte zu dem letztlich nicht sehr erfolgreichen Bemühen, breite Schichten der Bevölkerung am Produktivvermögen zu beteiligen und zugleich die Aktie als Vermögensanlage auch für Kleinsparer zu popularisieren. Nach dem Regierungswechsel von 1982 hat die Bundesregierung diese Politik wieder aufgenommen und in der Zeitspanne von 1983 bis 1990 Unternehmensbeteiligungen in einem Gesamtwert von rund 10 Milliarden DM veräußert. So zog sich der Bund u.a. aus der VEBA AG, der Volkswagen AG, der Viag AG, der Salzgitter AG und der Deutschen Pfandbrief- und Hypothekenbank AG vollständig zurück. Die Anzahl der unmittelbaren und der mittelbaren Beteiligungen, die im Jahre 1982 einen Höchststand von 958 erreicht hatte, fiel bis Ende 1990 auf 411 (Bund einschließlich Bundespost, Bundesbahn, ERP-Vermögen, aber ohne Treuhandanstalt; Beteiligungen ab 25 Prozent Nennkapital von mindestens 100.000 DM). Im Vordergrund stand dabei das ordnungspolitische Ziel der Bundesregierung, "den Staat auf den Kern seiner Aufgaben zurückzuführen." In der breiteren Öffentlichkeit haben die jüngeren Privatisierungen wenig Aufmerksamkeit gefunden. Die Länder sind dem Bund bei seinem Bemühen, die unternehmerische Tätigkeit des Staates so weit wie möglich zu reduzieren, nicht gefolgt.

Trotz Privatisierung wachsendes Staatsvermögen

8. Trotz aller Privatisierungsaktionen wächst das Staatsvermögen von Jahr zu Jahr beträchtlich – teils durch Wertsteigerungen im Grundvermögen, teils durch einbehaltene Gewinne öffentlicher Unternehmen, teils aber auch durch den Erwerb von Grundstücken und Beteiligungen und durch Neubau, insbesondere in den Gemeinden. Aus dem gewaltigen staatlichen Wirtschaftsvermögen fließen nur geringe Einnahmen in die öffentlichen Kassen. Außerdem führt der Neuerwerb von Vermögenswerten zu Ausgaben, vergrößert also die Defizite öffentlicher Haushalte. Auf diese Weise erhält der Bürger, aber auch der Abgeordnete,

einen gänzlich unzutreffenden Eindruck von der öffentlichen Finanz- und Vermögenslage.

Beteiligungsvermögen des Bundes, ...

9. Einen begrenzten Einblick bietet der jährlich erscheinende Beteiligungsbericht des Bundes. Danach liegt das Schwergewicht der Beteiligungen beim Sondervermögen Deutsche Bundespost mit seinen drei organisatorischen Untergliederungen Telekom, Postdienst und Postbank, jeweils mit zahlreichen Tochtergesellschaften. Allein der Unternehmenswert der Deutschen Bundespost Telekom wird auf einen Betrag zwischen 52 Milliarden DM – so die US-Investmentbank Salomon Brothers – und 80 Milliarden DM – so Berechnungen des Postministeriums – geschätzt. Hinzu tritt der Komplex Bundesbahn/Reichsbahn, ebenfalls mit zahlreichen Unterbeteiligungen namentlich in den Sektoren Reisebüro, Hotelgewerbe und Spedition. Ein dritter Schwerpunkt liegt in der Mehrheitsbeteiligung des Bundes bei der Lufthansa AG. Zugeordnet sind Beteiligungen des Bundes an den Betreibergesellschaften der überregional bedeutsamen Flughäfen. Eine vierte Gruppe, allerdings von abnehmendem Gewicht, bilden Beteiligungen des Bundes bei Kreditinstituten und Wirtschaftsprüfungsgesellschaften. Eine weitere nennenswerte Gruppe sind die Wohnungsbaugesellschaften des Bundes. In diesem Zusammenhang ist das ausgedehnte Liegenschaftsvermögen des Bundes zu erwähnen. Dies betrifft namentlich auch Flächen in den neuen Bundesländern. So sind dem Bund ca. 260.000 ha aus dem Vermögen der ehemaligen Nationalen Volksarmee zugefallen. Hinzu kommen ca. 243.000 ha Liegenschaften der Westgruppe der ehemals sowjetischen Streitkräfte in Deutschland. Der industrielle Beteiligungsbesitz des Bundes hingegen ist stark zurückgeführt worden. In den alten Bundesländern verblieben sind im wesentlichen die 74-Prozent-Beteiligung des Bundes an der Saarbergwerke AG und seine 55-Prozent-Beteiligung an der Industrieverwaltungs AG. Allerdings werden dem Bund – sei es unmittelbar, sei es mittelbar – diejenigen Unternehmen in den neuen Bundesländern zufallen, für welche die Treuhandanstalt keine privaten Erwerber findet und die man aus regional- oder sozialpolitischen Gründen nicht stillzulegen wagt.

10. Auf der Ebene der Bundesländer haben die Beteiligungen an den jeweiligen Landesbanken, Anstalten des öffentlichen Rechts, die größte Bedeutung. In einzelnen Fällen wie in Hamburg, Bayern, Baden-Württemberg und Berlin kommen Beteiligungen an jenen großen Stromversorgungsunternehmen hinzu, die zur Kategorie der sogenannten Verbundunternehmen gehören. Bedeutsam ist außerdem die Gruppe der öffentlichen Versicherer. Diese Wirtschaftsaktivitäten haben zum Teil historische Gründe, die heute regelmäßig keine Rolle mehr spielen. So ist etwa die 20-Prozent-Beteiligung des Landes Niedersachsen an der Volkswagen AG aus der Konkursmasse des dritten Reiches auf dieses Bundesland übergegangen. Zum Teil spielen Prestigegründe, Gründe der Selbstdarstellung eines Landes eine Rolle. So hält das Land Berlin am Besitz der KPM-Königliche Porzellan-Manufaktur Berlin fest. Aus demselben Grunde hat jüngst Sachsen die Meißner Porzellanmanufaktur erworben. In Bayern wird der Bierausschank im landeseigenen Hofbräuhaus als Staatsaufgabe verstanden. Bremen hält aus ähnlichen Motiven in seinem Ratskeller eine der größten Weinkarten Deutschlands vor. Einzelne Landesbeteiligungen sind eher ungewollt im Zusammenhang mit Unternehmenssanierungen entstanden. Dies gilt für die Beteiligung Bayerns an der Maxhütte ebenso wie für die Minderheitsbeteiligungen des Saarlandes an der Saarbergwerke AG und an der Dillinger Hütte Saarstahl AG. Im übrigen stehen regional- und strukturpolitische Erwägungen im Vordergrund. Dies erklärt u.a. Beteiligungen an Flughafengesellschaften, Messegesellschaften, Hafengesellschaften u.ä. Es erklärt auch ein Festhalten an insgesamt eher seltenen Beteiligungen im industriellen Sektor. Dies gilt für das erwähnte Engagement des Landes Niedersachsen bei VW in Wolfsburg ebenso wie für die Beteiligung des Saarlandes an den Saarbergwerken und an der Dillinger Hütte Saarstahl AG. Es trifft weiter zu für Anteile Hamburgs und Bayerns an der Deutschen Aerospace AG, einem nicht unwichtigen Arbeitgeber in der jeweiligen Region.

Zwei Bundesländer geben Beispiele für eine mittelbare Expansion im allgemeinen Industriegeschäft. Dies ist Nordrhein-Westfalen, das über die Westdeutsche Landesbank zunehmend Beteiligungen hält (30,25 Prozent an der Preussag AG; 34,1 Prozent an der Mauser KG; 25 Prozent an den Akkumulatorenwerken Hoppecke; 40 Prozent an der Horten AG; 30 Prozent an verschiedenen Gesellschaften der LTU-

Gruppe). Hinzu kommt das Bundesland Bayern mit seiner ausgeprägt staatswirtschaftlichen Tradition. Es expandiert vornehmlich über den Stromversorgungsriesen Bayernwerk AG, Landesbeteiligung 58 Prozent, der mittlerweile mit der Viag-Gruppe verbunden ist (24,9-Prozent-Beteiligung an Viag, die ihrerseits mit knapp 39 Prozent an der Bayernwerk AG beteiligt ist). So hat das Bayernwerk im Jahre 1989 seinen Anteil an dem bedeutenden Papierkonzern PWA AG auf 50 Prozent aufgestockt. Zusammen mit Viag ist es Partner geworden bei Kühne & Nagel, Klöckner & Co., Gerresheimer Glas und bei Didier. Im September 1992 hat die Viag in Gaylord im amerikanischen Bundesstaat Minnesota die Großproduktion von cholesterinfreiem Flüssigei aufgenommen. Auf sehr mittelbare Weise scheint auch dies noch einem bayerischen Staatsziel zu entsprechen.

11. Als ein insgesamt typisches Beispiel für den Umfang staatlicher Wirtschaftstätigkeit auf Länderebene seien sämtliche Wirtschaftsaktivitäten des Landes Baden-Württemberg vorgestellt: Landeseigene Landeskreditbank mit allgemeinem Geschäftsbank-Bereich, 50-Prozent-Beteiligung an der bedeutenden Regionalbank Landesgirokasse, weitere Beteiligungen an der Baden-Württembergischen Bank und an der Südwestbank, 50-Prozent-Beteiligung an der Badenwerk AG und 10 Prozent an der Energieversorgung Schwaben, beide zu den großen Verbundunternehmen in der Stromversorgung zählend, Beteiligungen an der Südwestdeutschen Salzwerke AG, der Badischen Staatsbrauerei Rothaus, an der Bäder- und Kurverwaltung Baden-Baden, an dem Holzgut Oberschwaben, an dem Zentrum für Rheumatologie in Wildbad und an einer Reederei. Der erzielbare Erlös aus einem Verkauf der Unternehmensbeteiligungen des Landes ist auf 3,3 Milliarden DM geschätzt worden. Dies ist eine überaus vorsichtige Schätzung, wenn man die beiden landeseigenen Gebäudebrandversicherungen für Baden und für Württemberg einbezieht. Deren nun beschlossene Veräußerung wird allein 1,1 Milliarden DM in die Kassen des Landes Baden-Württemberg bringen.

12. Auf der Ebene der Länder ist von einem Privatisierungskonzept, das diesen Namen verdient, weit und breit nichts zu sehen. Einige Ansätze hat es in Rheinland-Pfalz unter der vorherigen Regierung gegeben. Zwischen 1987 und 1991 wurden dort Landesbeteiligungen an Industrie- und Dienstleistungsunternehmen für insgesamt 170 Millionen DM veräußert. In Bremen und in Schleswig-Holstein hat man

sich von Beteiligungen an der Werftindustrie gelöst. In etlichen Fällen wurden Beteiligungen lediglich im öffentlichen Sektor herumgeschoben, und zwar aus Gründen der Liquiditätsbeschaffung. So trennte sich Hamburg Ende 1988 von der direkten Beteiligung an der Hamburger Gaswerke AG. Der Mehrheitsanteil landete indes bei der Hamburgischen Elektricitäts-Werke AG (HEW), die sich ihrerseits zu rund 72 Prozent im Besitz des Landes befindet. In Hessen wurde der Landesanteil von 50 Prozent an der Hessischen Landesbank an den dortigen Sparkassen- und Giroverband veräußert. Ähnlich transferierte man in Baden-Württemberg im Dezember 1991 für 460 Millionen DM eine Beteiligung an der Landesentwicklungsgesellschaft Baden-Württemberg mbH (LEG) von einem landeseigenen Unternehmen auf ein anderes. Kennzeichnend für das auf Länderebene vorherrschende Denken ist eine Antwort des Bayerischen Ministerpräsidenten Max Streibl auf die Frage, wann sich der Freistaat von dem Großunternehmen Bayernwerk zu trennen gedenke: "Tafelsilber wird zuletzt verkauft", also wohl am Sankt-Nimmerleins-Tag.

... und der Gemeinden

13. Die Gemeinden haben im Laufe der historischen Entwicklung eine überaus breite Palette wirtschaftlicher Tätigkeiten übernommen. Das größte Gewicht dürfte dabei dem von kommunalen Sparkassen betriebenen allgemeinen Bankgeschäft zukommen; mittelbar über die entsprechenden Sparkassen- und Giroverbände sind Kommunen auch auf der Ebene der Landesbanken und im allgemeinen Versicherungsgeschäft der öffentlichen Versicherungsunternehmen tätig. Gemessen an der Bilanzsumme wird in der Bundesrepublik mehr als die Hälfte des Bankgeschäfts vom öffentlichen Sektor bestritten. Vergleichbares Gewicht haben die kommunalen Energieversorgungsunternehmen (Elektrizität, Gas). Dies gilt nicht nur für die lokal tätigen Stadtwerke. Gemeinden halten substantielle Beteiligungen an den großen regionalen Gesellschaften und an den überregionalen Verbundunternehmen. Beim größten unter ihnen, der RWE AG mit starker Diversifikation auch in andere Wirtschaftsbereiche hinein, verfügen kommunale Eigner mit Hilfe von Mehrfachstimmrechten über die Stimmrechtsmehrheit. Der erzkapitalistische Traum von der Herrschaft ohne Kapital verwirklicht sich gerade bei einem öffentlichen Unternehmen. Bezüglich sonstiger typischer kommunaler Tätigkeiten gibt die Tabelle auf den folgenden Seiten einen Überblick. Sie beruht auf Angaben von 262

Verteilung der Leistungsherstellung auf Private und Gemeinden in 43 Leistungsbereichen

Leistungsbereiche	Leistungsherstellung					
	ausschließl. kommunal		teils privat, teils kommun.		ausschl. privat	
	absolut	vH	absolut	vH	absolut	vH
Gebäudereinigung	47	18,0	194	74,3	20	7,7
Fensterreinigung	7	2,7	122	46,6	133	50,7
Wäschereinigung	9	5,3	41	24,3	119	70,4
Datenverarbeitung	193	77,8	51	20,6	4	1,6
Druck- und Buchbinde-arbeiten	20	7,7	189	73,0	50	19,3
Gebäudebewachung	28	36,4	14	18,2	35	45,4
Verwaltung Grund- u. Hausbesitz	218	84,5	39	15,1	1	0,4
Wartung technischer Anlagen	1	0,4	180	69,0	80	30,6
Wartung von Kraftfahr-zeugen	17	6,5	181	69,4	63	24,1
Wartung von Verkehrseinrichtungen	52	23,5	110	49,8	59	26,7
Wartung der Straßen-beleuchtung	36	14,1	29	11,3	191	74,6
Musikschulunterricht	122	61,3	32	16,1	45	22,6
Bücherausleihe	126	54,3	52	22,4	54	23,3
Theatervorführungen	31	15,9	79	40,5	85	43,6
Konzertveranstaltungen	27	11,9	124	54,6	76	33,5
Ausstellungen	37	15,6	161	67,9	39	16,5
Kindereinrichtungen	25	10,0	153	61,5	71	28,5
Jugendeinrichtungen	35	14,3	153	62,7	56	23,0
Alteneinrichtungen	10	4,4	80	35,6	135	60,0
Betrieb von Sportstätten	94	36,0	167	64,0	-	-
Schwimmbäder	187	79,2	35	14,8	14	6,0
Grünflächenpflege	134	51,7	122	47,1	3	1,2
Tierparks	13	37,1	7	20,0	15	42,9
Planung u. Bauleitung	6	2,3	234	90,7	18	7,0
Stadtplanung	51	19,5	167	64,0	43	16,5
Verkehrsplanung	18	7,0	182	70,8	57	22,2
Vermessungsleistungen	10	4,3	64	27,2	161	68,5

Verteilung der Leistungsherstellung auf Private und Gemeinden in 43 Leistungsbereichen

Leistungsbereiche	Leistungsherstellung					
	ausschließl. kommunal		teils privat, teils kommun.		ausschl. privat	
	absolut	vH	absolut	vH	absolut	vH
Wohnungsvermittlung	30	16,7	100	55,6	50	27,7
Unterhaltung v. Straßen u. Plätzen	88	33,7	165	63,2	8	3,1
Straßenreinigung	56	22,1	76	30,0	121	47,9
Winterdienst	145	55,8	109	41,9	6	2,3
Parkplätze/-häuser	121	59,3	67	32,8	16	7,9
Abwasserbeseitigung	195	75,3	57	22,0	7	2,7
Kanalreinigung	55	21,2	94	36,3	110	42,5
Müll- und Sperrmüllabfuhr	29	11,4	23	9,1	202	79,5
Märkte und Markteinrichtungen	134	60,9	56	25,5	30	13,6
Schlacht- und Viehhöfe	6	17,1	-	-	29	82,9
Kantinen	23	41,8	9	16,4	23	41,8
Friedhofsgärtnerei	43	32,3	25	18,8	65	48,9
Grabpflegedienst	8	4,7	24	14,2	137	81,1
Friedhöfe	128	51,6	94	37,9	26	10,5
Wirtschaftsförderung	171	69,5	74	30,1	1	0,4
Fremdenverkehrsförderung	110	49,3	105	47,1	8	3,6

Quelle: Finanzwissenschaftliches Forschungsinstitut an der Uniersität zu Köln, W. Steinheuer, Privatisierung kommunaler Leistungen, Köln 1991, S. 66, hrsg. vom Bund der Steuerzahler NRW, Schriftenreihe Nr. 17

Städten und Gemeinden aus Nordrhein-Westfalen und betrifft 43 Leistungsbereiche. Hervorzuheben ist, daß die Tabelle die Frage nach der Erstellung der Leistung beantwortet, nicht nach der Bereitstellung derselben. Auch dort, wo sie Private erbringen, z.B. in der Müllabfuhr, geschieht die Bereitstellung vielfach im Auftrag und nach Weisung der Kommunen. Viele Gemeinden klagen lebhaft über ihre Finanznot und über die hohe Neuverschuldung. Naheliegende Möglichkeiten, die Finanzlage durch Verkauf von Betrieben zu verbessern, werden nicht hinreichend genutzt

Eine Vielzahl belastender Regulierungen kommt noch hinzu

14. Das Bild erhält seine vollen Konturen erst, wenn die Vielzahl sonstiger belastender Regulierungen mitberücksichtigt wird. So vollzieht sich die Wirtschaftstätigkeit in zentralen Bereichen unter Bedingungen eines gesetzlich abgesicherten oder zumindest abgeschirmten Monopols. Dies gilt für die Bundespost Telekom, soweit die Netze und die leitungsgebundene Sprachübertragung betroffen sind. Es gilt in hohem Maße für den Schienenverkehr, den innerdeutschen Luftverkehr und durchgängig für die Stromversorgungswirtschaft; Auflockerungen werden hier freilich aufgrund EG-rechtlicher Regelungen unausweichlich werden. Auf Gemeindeebene gibt es Monopolstellungen, wo ein sogenannter Anschluß- und Benutzungszwang angeordnet ist (häufig bei Schlachthöfen) oder wo hohe Subventionierung praktisch den Zugang zum Markt für private Anbieter schließt (häufig bei kommunalen Schwimmbädern). Sonstige staatliche Vorbehaltsbereiche kommen hinzu. Von ihnen gehen vielfältige Wirkungen auf private Wirtschaftstätigkeit im übrigen aus. So erfaßt die Gesetzliche Rentenversicherung ca. 90 Prozent der Bevölkerung. Ähnliches gilt für das Pflichtversicherungssystem der gesetzlichen Krankenkassen. Das Bildungswesen (Schulen, Universitäten) wird fast vollständig öffentlich vorgehalten. In der Verteilkommunikation (Hörfunk und Fernsehen) kommt den privilegierten öffentlich-rechtlichen Rundfunk- und Fernsehanstalten trotz expandierender privater Anbieter weiterhin das stärkste Gewicht zu. Das Alleinvermittlungsrecht der Bundesanstalt für Arbeit besteht fort.

III. Staatstätigkeit – Gründe und Gegengründe

Der ordnungspolitische Ausgangspunkt

15. Bei der Frage, in welchem Ausmaß die öffentliche Hand anstelle von Privaten oder neben Privaten wirtschaftlich tätig sein soll, orientiere man sich an den individualistischen Grundlagen einer marktwirtschaftlichen Ordnung. Die Handlungsfreiheit des einzelnen, die auch und gerade den Bereich des Wirtschaftlichen (Vertragsfreiheit, Gewerbefreiheit) umfaßt, ist ihr oberster Wert.

Im Credo ist hier auch der Staat grundsatztreuer als im Handeln: "In der Sozialen Marktwirtschaft gebührt grundsätzlich privater Initiative und privatem Eigentum Vorrang vor staatlicher Zuständigkeit und staatlichem Eigentum (Subsidiaritätsprinzip). Privates Eigentum und privatwirtschaftliche, durch Markt und Wettbewerb gesteuerte und kontrollierte unternehmerische Tätigkeit gewährleisten am besten wirtschaftliche Freiheit, ökonomische Effizienz und Anpassung an sich verändernde Marktverhältnisse und damit Wohlstand und soziale Sicherheit für die Bürger. Soweit eine soziale Flankierung des Marktgeschehens erforderlich ist, erfolgt sie durch die Ausgleichs- und Förderinstrumente der Sozial-, Arbeitsmarkt- und Strukturpolitik, nicht dagegen durch die unternehmerische Betätigung des Staates. Für die Beteiligungspolitik des Bundes folgt daraus:

- Es ist nicht Aufgabe des Staates, dort unternehmerisch tätig zu werden, wo private Initiative Aufgaben ebenso gut und ohne Beeinträchtigung staatlicher Belange erfüllen kann.

- Es ist nicht Aufgabe des Staates, bei hoher Steuerlast und hoher Staatsverschuldung Substanzakkumulationen zu Lasten und anstelle des einzelnen Bürgers zu betreiben. Überall da, wo es möglich ist, muß in weitestgehendem Umfang privates Eigentum an die Stelle des staatlichen Eigentums treten." So das Gesamtkonzept 1990 des Bundesfinanzministers für die Privatisierungs- und Beteiligungspolitik.

Verhältnismäßigkeit

16. Von diesem Ausgangspunkt her besteht ein Regel/Ausnahme-Verhältnis zwischen privater und staatlicher Tätigkeit, verbunden mit einem strikten Verhältnismäßigkeitsgrundsatz, was die staatliche Tätigkeit anbelangt. Dabei ist zu präzisieren: Verhältnismäßigkeit schließt ein, daß spezielle staatliche Regulierungen Vorrang haben vor der unmittelbaren Wahrnehmung einer Aufgabe durch den Staat selbst. So sind z.B. auf den Märkten für Versicherungsleistungen zum Schutze der Verbraucher Regulierungen erforderlich. Solche Marktbesonderheiten ziehen aber nicht die Notwendigkeit nach sich, daß der Staat selbst zum Versicherungsunternehmer wird.

Öffentliche Güter, ...

17. Zu den originären Staatsaufgaben gehört die Bereitstellung – nicht notwendigerweise die Herstellung – sogenannter öffentlicher Güter. Öffentliche Güter im Sinne der Begriffswelt der Finanzwissenschaft sind solche Güter, "für die entweder die doppelte Bedingung erfüllt ist, daß der Gebrauch durch den einen nicht mit dem Gebrauch durch einen anderen rivalisiert und – deshalb – niemand vom Gebrauch ausgeschlossen werden soll (was sich nicht von selbst versteht), oder die einfache Bedingung, daß aus tatsächlichen Gründen ein Ausschluß vom Gebrauch unmöglich oder jedenfalls unwirtschaftlich ist. Dies führt dazu, daß solche Güter auf Märkten nicht oder nur in unzureichendem Maße angeboten und nachgefragt werden" (Deregulierungskommission). Individuelle und kollektive Logik decken sich nicht. Landesverteidigung, die innere Sicherheit, nicht zufällig klassische Aufgabenbereiche schon des liberalen Ordnungsstaates, sind Beispiele dafür. Die in Ziffern 9-13 nachgezeichneten vielfältigen Wirtschaftstätigkeiten von Bund, Ländern und Gemeinden gehören nicht in diese Kategorie.

... meritorische Güter

18. Von anderer Art sind "meritorische Güter". Hier liegt kein Marktversagen vor. Gleichwohl findet ein Staatseingriff statt. Es werden besondere Gründe vorgebracht dafür, daß die im allgemeinen hochgeachtete Souveränität des Konsumenten bei der Bewertung von bestimmten Gütern ausnahmsweise nicht gelten soll. An die Stelle der individuellen Bewertung tritt der politische Entscheid. Gängigstes Beispiel ist die Schulpflicht der Kinder. Aber auch der Besuch von Opernhäusern in einem höheren Ausmaß, als dies auf einem freien Markt erreichbar wäre, gehört hierher. Über die "Verdienstwürdigkeit" solcher Güter läßt sich im Einzelfall immer trefflich streiten. Worauf es hier nur ankommt, ist die Einsicht, daß es bei meritorischen Gütern keiner Bereitstellung durch den Staat selbst bedarf. Im Einklang mit dem oben genannten Verhältnismäßigkeitsgrundsatz genügt eine staatliche Förderung privater Bereitstellung.

Natürliches Monopol

19. Näher einzugehen ist auf den Fall des "natürlichen Monopols". Davon spricht man, wenn ein einziger Anbieter die gesamte Marktnachfrage nach einem Gut kostengünstiger befriedigen kann als mehrere oder viele; dies kann auf technischen oder organisatorischen Gründen beruhen. In solchen Fällen kann Schutz vor der Willkür des Monopolisten nötig sein (Schutz der Abnehmer vor Ausbeutung, Aufrechterhaltung eines Drucks in Richtung Kostensenkung beim Monopolanbieter). In bestimmten Fällen mag sich auch die Frage des Schutzes des "natürlichen" Monopolisten vor Konkurrenten auf einem Segment des Gesamtmarktes stellen. Die wichtigsten Beispiele für "natürliche" Monopole sind bestimmte Netzmonopole. Es gibt freilich wenige Fälle, in denen wirklich unstreitig geblieben ist, daß ein natürliches Monopol vorliegt, und noch viel weniger Fälle, in denen man Schutz des Monopolisten vor Wettbewerb verlangen muß. Selbst die Monopolstellungen im Eisenbahnverkehr und im Telefonbereich, die in vielen Ländern staatlich geschützt oder wie in Deutschland staatlichen Unternehmen vorbehalten wurden, gelten heute überwiegend nicht als gerechtfertigt.

Gründe für das Entstehen von Staatsunternehmen

20. Überprüft man die konkreten historischen Gründe für das Entstehen solcher Staatsunternehmen, so zeigt sich, daß dabei weniger wettbewerbstheoretische Überlegungen Pate gestanden haben als Gruppeninteressen und politischer Kuhhandel. Die ab 1879 forcierte Verstaatlichung der Eisenbahnen in Deutschland ging z.B. auf das Bemühen der damaligen Reichsregierung zurück, von den Finanzzuweisungen der Länder unabhängiger zu werden. Direkte Einnahmen und Zölle sollten die Mittel sein. Die Zustimmung des katholischen Zentrums wurde durch das Versprechen erreicht, den Kulturkampf zu beenden. Schutzzölle und diskriminierende Frachtraten zu Lasten ausländischer Anbieter sollten protektionistischen Interessen aus Teilen der einheimischen Industrie und der Landwirtschaft entgegenkommen. Dies war eine Gemengelage von fiskalischen Interessen, konfessionellen Wünschen und protektionistischen Gruppeninteressen. Militärische Gesichtspunkte kamen hinzu. Ähnlich zwielichtig ist die Entstehung der Postmonopole. Sie hängt mit polizeistaatlicher Zensur zusammen, mit Interessen des Souveräns an Einkommenserzielung, später nach der Erfindung des

Telegraphen mit militärischen Erwägungen, dann mit dem Schutz der vorhandenen Post vor neuartiger Konkurrenz.

21. Solche historische Betrachtung widerlegt zwar die These von einem natürlichen Monopol nicht. Sie schärft freilich das Bewußtsein für die Frage, ob nachgeschobene Rechtfertigungen nicht eher apologetischen Charakter haben. Die These vom natürlichen Monopol behält eine gewisse Plausibilität für das Vorhalten des Schienennetzes. Skeptisch stimmen allerdings gegenteilige Erfahrungen mit dem privatisierten Eisenbahnwesen in Japan mit seinen verschiedenen Eisenbahngesellschaften. In jedem Falle gibt es kein natürliches Monopol, was die Nutzung des Netzes anbelangt, also die Besorgung von Personen- und Gütertransporten auf ihm. Für die Fernmeldenetze ist die These vom natürlichen Monopol im Fernverkehr aufgrund der technischen Entwicklung obsolet geworden. Größenvorteile haben bei Mikrowellen- und Satellitenübertragung entscheidend an Bedeutung verloren. Für Verbundvorteile gilt dies aufgrund der sich auflösenden funktionalen Einheitlichkeit der Netze. Differenzierung der Bedürfnisse und damit zusammenhängend individuelle Software sind in immer mehr Bereichen wichtigere Faktoren geworden.[1] Erfahrungen aus Ländern wie Japan, den Vereinigten Staaten und Großbritannien, die anders als die Bundesrepublik auch auf der Netzebene Konkurrenz haben, selbst in der Sprachübertragung, belegen dies. Sie haben in diesem Zukunftsbereich die Bundesrepublik ordnungspolitisch längst hinter sich gelassen. Sogar im Ortsverkehr ist die These vom natürlichen Monopol ins Wanken geraten. Sie mag für die sogenannte letzte Meile, die Zubringerleitung zum Endverbraucher, unter dem Aspekt der Kabelschächte, nicht notwendig ihres Inhalts, noch zutreffen (sogenannte Nachbarschaftseffekte).

Kein Staatsmonopol erforderlich

22. Selbst im Falle eines natürlichen Monopols kann die Entscheidung, es einem Staatsunternehmen zuzuweisen, gemessen an den aufgezeigten Regulierungszielen, unverhältnismäßig sein und wäre dann abzulehnen.

---

1) Siehe KRONBERGER KREIS, "Mehr Markt in der Telekommunikation", Band 15/1987, Ziffer 26

Zunächst ist in Erinnerung zu rufen, daß bei manchen Formen natürlicher Monopole der potentielle Wettbewerb, d.h. die Drohung eines Marktzutritts von außen, als Kontrollinstrument völlig ausreicht. Dies gilt namentlich für spezielle Dienstleistungen auf lokalen Märkten. In der Fachsprache ist hier von bestreitbaren Märkten (contestable markets) die Rede. Ist ein natürlicher Monopolist sogar gegen potentielle Wettbewerber durch hohe Zugangsbarrieren geschützt, die sich etwa aus hohen irreversiblen Investitionen ergeben (sunk costs), kann man vielfach immer noch statt Wettbewerb im Markt wenigstens einen solchen um den Markt haben. Zeitlich befristete Konzessionierung ist dafür der geeignete Weg. Beispiele auf kommunaler Ebene sind die private Müllabfuhr oder der private öffentliche Personennahverkehr. Selbst in der kommunalen Stromverteilung (mit ihren hohen Marktzugangsbarrieren) gibt es große Möglichkeiten dafür. Und auch wer hier skeptischer ist, sollte erkennen, daß er mit dem privaten Angebot unter staatlicher Aufsicht immer noch besser fährt als mit einem öffentlichen Monopolunternehmen. Dies ist das in der regulierten Industrie der USA vorherrschende institutionelle Arrangement. Die staatliche Wahrnehmung der Versorgungsaufgaben löst nämlich im allgemeinen die regulativen Probleme (Schutz der Abnehmer vor Monopolmißbrauch, Aufrechterhaltung eines Kostendruckes) nicht besser. Im Einzelfall mag die Gefahr opportunistischen Verhaltens, also das Ausnutzen der Abhängigkeit des einzelnen Abnehmers, geringer sein. Dafür lädt solches Arrangement sozusagen institutionell zum Mißbrauch ein. Spieler, Schiedsrichter, in weiterem Sinne auch noch Regelaufsteller (Gesetzgeber) sind identisch. Fiskalische Interessen schlagen nach aller Erfahrung durch. In den Worten Franz Böhms: Öffentliche Monopolunternehmen haben im Vergleich zu privaten obendrein noch ein gutes Gewissen.

Umverteilung und öffentliche Unternehmen

23. Am schwächsten ist die Rechtfertigung staatlicher Wirtschaftstätigkeit, wenn sie (auch) damit begründet wird, daß öffentliche Unternehmen die Möglichkeit haben, Preispolitik nach sozialen Gesichtspunkten zu treiben. Es gehört zum Elend fast aller hochdefizitären öffentlichen Unternehmen, daß die Befrachtung mit sozialpolitischen (und allen möglichen strukturpolitischen) Aufgaben ihnen die Möglichkeit zu marktwirtschaftlicher Rationalität nimmt und die (meist) damit be-

gründete Abschirmung gegen Wettbewerb dann auch noch den Zwang dazu. Keine Sozialpolitik ist teurer als die mit Ineffizienz bezahlte.

Setzt man öffentliche Unternehmen auf offenen Märkten zu verteilungspolitischen Zwecken ein, so leidet das gesamte institutionelle Arrangement an einem konzeptionellen Defekt. Unter Bedingungen eines funktionierenden Marktes ist es nicht möglich, auf Dauer einen spezifischen öffentlichen Auftrag durchzuhalten. Er wird im Wettbewerb eliminiert. Ermöglicht man die Erledigung eines solchen Auftrages mit Hilfe von Steuerprivilegien oder protektionistischen Techniken, z.B. bevorzugte Geschäftsbeziehungen zwischen öffentlicher Hand und ihren Unternehmen, so zieht dies auf offenen Märkten notwendigerweise Wettbewerbsverfälschungen nach sich. Das Problemlösungsverfahren Markt wird nicht mehr nach seiner eigenen Logik genutzt. Umverteilung durch Preispolitik setzt vielmehr eine monopolistische oder teilmonopolistische Marktstellung des öffentlichen Unternehmens voraus. Vielfach sind sie sogar rechtlich abgesichert wie bei der Deutschen Bundespost Telekom. Es kann zu verdeckten Quersubventionierungen kommen, etwa beim Telefonverkehr zwischen gewerblichen und privaten Nutzern, zwischen Ortsverkehr und Fernverkehr, zwischen Stadt und Land. Kein Außenstehender kennt das genaue Ausmaß. Solche Umverteilung wirkt wie eine blinde Verbrauchsteuer. Schon das Kriterium der Transparenz wird verfehlt. Aus eben diesem Grunde wird ein solches Regime von seiten der Politik vielfach geschätzt: Umverteilungen außerhalb des Budgets und außerhalb jeglicher Verantwortung vor der Öffentlichkeit. Bedenkt man, daß in dem hier gewählten Beispiel zur Erreichung eines solches Umverteilungsziels ein riesiger und zukunftsträchtiger Wirtschaftsbereich den Effizienzwirkungen des Wettbewerbs entzogen wird, dann erscheint der dafür gezahlte Preis gesamtwirtschaftlich außerhalb jeglicher Proportion.[2)]

Einnahmenerzielung

24. Das Ziel, Einnahmen für den Fiskus zu erwirtschaften, ist historisch ein wichtiger Beweggrund für die Errichtung öffentlicher Unternehmen gewesen. Dies reichte von Staatsdomänen in der Landwirtschaft

2) Im einzelnen schon KRONBERGER KREIS, "Mehr Markt in der Telekommunikation", Band 15/1987, Ziffern 29-30

bis hin zur Inanspruchnahme von Regalien für den Feudalherrn, z.B. im Erzbergbau. Mit der Erschließung solcher Quellen wurde es gleichzeitig möglich, Einkünfte außerhalb des bestehenden Verfassungsrahmens zu erzielen. Genau darin wurzelt heute ein gewichtiger verfassungspolitischer Einwand gegen solche Art der Staatsfinanzierung: Das adäquate Instrument dafür ist die Besteuerung. Nur so läßt sich eine parlamentarische und mittelbar eine öffentliche Kontrolle über den Umfang der Staatstätigkeit wahren. Die eingerissene Praxis diverser Quasi-Steuern und Schattenhaushalte erschwert diese Aufgabe ohnehin schon über Gebühr.

Schlimmer noch wird die Sache durch die geringe Eignung dieser Finanzierungsform: Mit einer adäquaten Besteuerung privater Unternehmen läßt sich mehr für den Fiskus holen. Öffentliche Unternehmen können in aller Regel mit der Effizienz privater Unternehmen nicht mithalten. Das privatwirtschaftliche Anreiz- und Sanktionssystem ist zumindest teilweise außer Kraft gesetzt. Allein für den Zeitraum von 1981 bis 1990 liegen über 40 Einzeluntersuchungen aus mehreren Ländern und über viele Branchen vor. Sie kommen zu dem Ergebnis, daß staatliche Betriebe immer – eine gewisse Ausnahme besteht bei den Versicherungen – unwirtschaftlicher arbeiten als Privatbetriebe. Die verlustreichen japanischen Staatsbahnen wiesen schon wenige Jahre nach der Privatisierung Gewinne aus. So oder ähnlich sind auch die britischen, chilenischen, mexikanischen Erfahrungen etc. Es ist kein Zufall, daß Entwicklungshilfeinstitutionen wie die Weltbank oder auch der Internationale Währungsfonds mit seinen Krediten ihre Hilfe an Schwellen- und Entwicklungsländer abhängig machen von einer energischen Reduzierung staatlicher Wirtschaftstätigkeit.

Dabei sei in Erinnerung gerufen: Privatisierung wird nicht schon dadurch ausgeschlossen, daß sich ein zu privatisierendes Unternehmen in der Verlustzone befindet. Worauf es ankommt, ist nur, daß private Investoren mit künftigen Gewinnen rechnen, nicht zuletzt aufgrund der Chance zur Leistungssteigerung nach der Privatisierung. Regelmäßig ist diese Chance bei Unternehmen in der Verlustzone sogar größer als bei hochrentierlichen Unternehmen. Bei letzteren gäbe es weniger zu verbessern.

Wo öffentliche Unternehmen sich wie private verhalten können und Gewinne erwirtschaften – dies schließt ein, daß sie keinen spezifischen öffentlichen Auftrag mehr erfüllen –, tritt ein anderer Strukturdefekt hinzu: Die Unternehmensanteile sind de jure oder de facto nicht veräußerlich. Unter dem Aspekt der Einkommenserzielung haben die Eigner wenig zu erwarten. Der Grund dafür liegt darin, daß Gewinne vielfach kein verteilbares Einkommen mehr sind. Die Betriebe brauchen sie zur Wachstumsfinanzierung. Der Zusammenhang ist besonders deutlich im öffentlichen Bankgewerbe. Der Sparkassensektor ist insgesamt lukrativ. Von den Gewinnen sehen die öffentlich-rechtlichen Gewährträger fast nichts. Sie werden einbehalten, um bei steigendem Geschäftsvolumen die bankaufsichtsrechtlich vorgeschriebene Eigenkapitalquote halten zu können. Bei privaten Aktienbanken ist das nicht anders. Die Summe der Ausschüttungen liegt im Zeitablauf häufig unter der Summe der Eigenkapitalzuführungen seitens der Aktionäre. Doch partizipieren hier die Anteilseigner an dem Wertzuwachs ihrer Anteile, die eben veräußerbar sind.

Substantielle Gewinne pflegen öffentliche Unternehmen am ehesten dann zu erzielen, wenn sie in gesetzlich abgesicherter Monopolstellung eine Sucht befriedigen können: Staatliche Spielbanken, Lottozentralen und staatliche Lotterien sind die wichtigsten Beispiele. Das monopolistische Angebot lebensnotwendiger Güter, etwa von Elektrizität, gehört in die unmittelbare Nachbarschaft davon.

Lukrative Personalstellen

25. Zum Schluß und besonders wichtig: Das Interesse von Politikern, in öffentlichen Unternehmen über lukrative Personalstellen disponieren zu können und umgekehrt von solchen Unternehmen mancherlei Unterstützung im politischen Willensbildungsprozeß zu erhalten, ist nicht schutzwürdig. Dies ist eine subtile Form der Korruption. Sie ist geeignet, die Identifizierung der Bürger mit ihrem Gemeinwesen zu untergraben.

IV. Formen der Privatisierung und zugeordnete Zwecke

Einfache Dichotomie?

26. Man könnte aus den hier angestellten Überlegungen die Schlußfolgerung ableiten, zur effizienten Wahrnehmung staatlicher Aufgaben

bedürfe es nur der klassischen steuerfinanzierten Hoheitsverwaltung einerseits im Unterschied zum privatwirtschaftlich geführten marktfinanzierten Unternehmenssektor andererseits. Ob eine Forderung nach so einfacher Dichotomie realistisch wäre, mag dahinstehen. Wer praktische Reformschritte anstrebt, tut jedenfalls gut daran, Mischformen dieser beiden Bereiche nicht zu verwerfen. Wichtiger ist dies: Die Theorie der öffentlichen Güter gibt Hinweise nur auf die Frage, welche Güter öffentlich bereitgestellt, nicht jedoch, welche auch öffentlich hergestellt werden sollten. Eine Einschaltung Privater ist nur in wenigen Fällen ausgeschlossen. So mag das öffentliche Gut Straßenbeleuchtung von der Gemeinde bereitgestellt werden (Entscheidung über Art und Umfang des Angebots sowie über dessen Finanzierung); die Herstellung (Installation und Wartung) kann – wie dies auch häufig geschieht – auf Private übertragen werden. Es gibt also auch konzeptionell Mischformen von staatlicher und privater Tätigkeit. Aus dieser Sicht ist zwischen verschiedenen Formen der Privatisierung – formelle und materielle Privatisierung, Contracting out – zu unterscheiden, denen auch durchaus unterschiedliche Zwecke zugeordnet sind.

Formelle Privatisierung unter Monopolbedingungen ...

27. Bei der Privatisierung im formellen Sinne bleibt eine Aufgabe als Staatsaufgabe definiert. Die öffentliche Hand bedient sich dabei aber nicht hoheitlicher Handlungsformen, sondern der Instrumente des privaten Rechts. Man spricht auch von Organisationsprivatisierung. Unter dem Aspekt einer sachgerechten Aufgabenverteilung zwischen Staat einerseits und Privaten andererseits ändert sich bei dieser Privatisierungsform nichts. Es handelt sich im Kern um ein Effizienzproblem. Ordnungspolitisch ist dabei auseinanderzuhalten, ob solche Organisationsprivatisierung sich unter Monopol- oder unter Wettbewerbsbedingungen vollzieht.

28. Eine formelle Privatisierung unter Monopolbedingungen ist nichts weiter als eine Flucht aus den engen Fesseln des öffentlichen Rechts, namentlich des Haushaltsrechts und des Besoldungsrechts, in das Reich der Freiheit des privaten Rechts. Im Sinne einer Ursachentherapie sollte besser bei den Defiziten des öffentlichen Rechts angesetzt werden. Wir haben diesbezüglich detaillierte Vorschläge gemacht.[3)]

3) KRONBERGER KREIS, "Reform der öffentlichen Verwaltung", Band 23/1991

In diese Kategorie der Halbheiten gehört die angestrebte Umwandlung der Deutschen Bundespost Telekom in eine Aktiengesellschaft mit anschließender Teilprivatisierung, soweit ihre gesetzlich abgesicherten Monopolrechte bei Netz und Telefon – immerhin ca. 90 Prozent ihres Umsatzes – beibehalten werden. Telekom wird als Aktiengesellschaft flexibler agieren können, namentlich in der Personalpolitik. Sie hat die Möglichkeit, Eigenkapital von außen, nämlich von den Minderheitsaktionären zu beschaffen. Diese stehen dann auch unter dem Schutz des Konzernrechts, was potentielles Fehlverhalten der verbleibenden Großaktionärin Bundesrepublik anbelangt; doch bringt dies in der Praxis – von krassen Fällen abgesehen – nichts Wesentliches. Telekom könnte ihre Geschäftstätigkeit ins Ausland ausdehnen, etwa auf osteuropäische Märkte, ohne – wie gegenwärtig – zu Umgehungskonstruktionen greifen zu müssen. Ordnungspolitisch ist ein solches Konzept nicht im Gleichgewicht: Mit Rücksicht auf einen öffentlichen Auftrag hält man sich private Konkurrenz vom Leibe. Den mit solchem Auftrag verbundenen Lasten möchte man sich durch die private Rechtsform entziehen. Dies ist eine Art ordnungspolitisches Rosinenpicken. Telekom würde in der besten aller Welten leben. Für ihre Kunden gilt das freilich nicht. Privatisierung dieser Art ist nur als Zwischenschritt akzeptabel, nicht als Endziel.

Ähnlich liegt es bei der beabsichtigten Reform des hochdefizitären deutschen Eisenbahnwesens. Unter einer bundeseigenen Holding sollen nach einigen Zwischenschritten drei getrennte Aktiengesellschaften geschaffen werden für die Bereiche Fahrweg, Personenverkehr sowie Güterverkehr. Dies mag zu den erhofften Effizienzsteigerungen beitragen. Eine durchgreifende Lösung wäre freilich erst dann erreicht, wenn mindestens auf der Ebene der Transporte Wettbewerb durch andere Nutzer der öffentlich vorgehaltenen Schienenwege entstehen würde.

Als Fehlentwicklung ist eine formelle Privatisierung bei Hoheitsaufgaben im engeren Sinne (obrigkeitliche Verwaltung) zu sehen. Als Beispiel ist die im Jahre 1992 durchgeführte Organisationsprivatisierung der Flugsicherung zu nennen. Die Hoheitsaufgabe Luftverkehrspolizei wurde bislang im Einklang mit Art. 33 Abs. 4 Grundgesetz von Beamten erfüllt. Nach dieser Vorschrift ist die Ausübung hoheitsrechtlicher Befugnisse als ständige Aufgabe in der Regel Angehörigen des öffentlichen Dienstes zu übertragen, die in einem öffentlich-rechtlichen Dienst- und Treueverhältnis stehen. Beamte dürfen nach deutschem

Recht nicht streiken. Bei rechtswidrigen Ersatzmaßnahmen wie Bummelstreik, Dienst nach Vorschrift, wozu es in früheren Jahren bei den Fluglotsen mehrfach gekommen war, haftet der Bund allen Geschädigten aus Amtspflichtverletzung auf Schadensersatz. Jetzt wird eine privatrechtliche GmbH, die zu 100 Prozent im Besitz des Bundes steht, mit dieser Hoheitsaufgabe beliehen. Die Fluglotsen sind künftig private Angestellte dieser GmbH und verfügen demgemäß über das Streikrecht. Dies ist, wie die Monopolkommission zu Recht bemerkt hat, gleichbedeutend mit einer Lizenz an eine kleine Gruppe von Beschäftigten zur Ausplünderung von Verbrauchern und Steuerzahlern. Die Beleihung der GmbH mit dieser Hoheitsaufgabe wird zwar abhängig gemacht vom Abschluß tarifvertraglicher Notdienstvereinbarungen mit den Beschäftigten. Doch ist dies bei hoheitlicher Schlüsselfunktion unter gleichzeitiger Monopolstellung keine ausreichende Sicherung. Die Möglichkeit, daß die Rechtsprechung in solchen Sonderfällen den Umfang des Streikrechts einschränkt, ist nichts weiter als eine Hoffnung. Vom Gesetzgeber, der in diesem sensitiven Bereich auf die Wahrnehmung seiner Verantwortung längst verzichtet hat, steht ohnehin nichts zu erwarten. Das wesentliche Motiv für diese Änderung war schlicht, den knapp gewordenen Fluglotsen höhere Gehälter zahlen zu können. Eine strukturelle Anpassung innerhalb des Besoldungsrechts für den öffentlichen Dienst galt als unerwünscht. Man fürchtete Nachahmungsforderungen seitens anderer Beamtengruppen wie Polizeidienst u.ä.. Solche Privatisierung kann allenfalls richtig sein unter Bedingungen einer im übrigen falschen Politik.

... und unter Wettbewerbsbedingungen

29. Formelle Privatisierung unter Wettbewerbsbedingungen bedeutet die Teilnahme öffentlicher Unternehmen in Privatrechtsform am Wettbewerb auf offenen Märkten. Sie beruht, wie oben im einzelnen begründet (Ziffer 23), auf einem konzeptionellen Defekt des gesamten institutionellen Arrangements. Diese Aussage ist unabhängig von der Rechtsform. Sie gilt in gleicher Weise, wenn öffentliche Unternehmen in Formen des öffentlichen Rechts, etwa als Körperschaften oder Anstalten, auf offenen Märkten tätig werden. Ordnungspolitisch angezeigt ist bei solchem konzeptionellen Defekt eine materielle Privatisierung, d.h. ein Rückzug des Staates aus der Leistungserbringung überhaupt.

Materielle Privatisierung

30. Von Privatisierung im materiellen Sinne wird gesprochen, wenn sich die öffentliche Hand aus der Bereitstellung wie der Herstellung eines Gutes zurückzieht. Etwas unscharf spricht man auch von Aufgabenprivatisierung. Der Hauptfall ist die Veräußerung eines Staatsunternehmens, sei dieses in öffentlich-rechtlicher, sei es in privater Rechtsform betrieben, an Private. Dabei kommt den ordnungspolitischen Zwecken das stärkste Gewicht zu. Einmal-Zwecke können hinzutreten. Dabei dominieren meist fiskalische Gründe. Sie sind nicht notwendigerweise von nur temporärer Art. Erlaubt ein Privatisierungserlös die Reduzierung öffentlicher Verschuldung, so wird dadurch auf Dauer Zinsaufwand eingespart. Als Zwecke minderen Gewichts, die innerhalb der Privatisierungspolitik der Bundesregierung noch eine gewisse Bedeutung haben, seien erwähnt: die Individualisierung bislang anonymen Staatseigentums in breiter Streuung, die Beteiligung von Belegschaftsmitgliedern an ihren Unternehmen, die Anreicherung des Börsenpotentials und die Stärkung des Finanzplatzes Bundesrepublik.

Contracting out

31. Eine dritte Art der Privatisierungsform ist das Contracting out, die Überantwortung einer unverändert öffentlichen Aufgabe an selbständige Private. Sie ist namentlich auf Gemeindeebene anzutreffen. Vier Grundformen lassen sich unterscheiden:

- Staatliche Eigenproduktion wird durch Fremdbezug ersetzt. Eine Gemeinde überträgt z.B. die Aufgabe der Gebäudereinigung einer privaten Firma und hält für diesen Zweck kein eigenes Personal mehr vor.

- Bei einem sogenannten Submissionssystem erbringt ein privater Anbieter gegen Entgelt einer Gebietskörperschaft eine Leistung, die unmittelbar den Bürgern zugute kommt. Ein Beispiel ist das sogenannte Betreibermodell im Abwasserbereich. Die Entsorgungsaufgabe einer Gemeinde wird in ihrem Auftrag von einem privaten Unternehmen erfüllt. Hierbei gibt es auch Mischformen der Kooperation von Gebietskörperschaft und privatem Anbieter.

- Beim sogenannten Konzessionsmodell leistet ein privater Betreiber direkt an den Bürger gegen ein von diesem zu erbringendes Entgelt. Ein Beispiel dafür ist eine privat besorgte Müllabfuhr oder ein öffentlicher Personennahverkehr aufgrund einer gemeindlichen Konzession.

- Im Falle des Gutschein-Systems vergibt die öffentliche Hand steuerfinanzierte Gutscheine, die zur Bezahlung beliebiger Lieferunternehmen dienen. Das System spielt innerhalb der Sozialhilfe eine Rolle. Der Gedanke wird ferner im Zusammenhang mit einer Reform des Bildungswesens diskutiert. Der Staat hält Institutionen wie Universitäten nicht unmittelbar vor, oder – realistischer – er tut dies nicht zur Gänze. Ein Teil der Finanzierung vollzieht sich vielmehr über Gutscheine, welche an Studenten ausgegeben werden. Von daher kann ein Anreiz für Universitäten entstehen, um die Studenten zu konkurrieren und leistungssteigernde Anstrengungen zu unternehmen.

Abwägung

32. Auch beim Contracting out steht nicht das "ob" einer öffentlichen Leistungsbereitstellung auf dem Prüfstand, sondern nur das "wie". Wiederum handelt es sich um ein Effizienzproblem. Contracting out ist problemlos, wenn die zu erbringende Leistung einfach zu definieren und zu kontrollieren ist, wenn mehrere private Anbieter vorhanden sind, der private Auftragnehmer keine sehr hohen irreversiblen Investitionen tätigen muß und die Vertragsdauer nicht sehr lang zu sein braucht. Auch bei natürlichen Monopolen – beispielsweise Abwasserentsorgung – ist dies möglich. Die Erfahrung zeigt, daß die Einschaltung Privater regelmäßig kostengünstiger ist (Rationalisierungs-, insbesondere Spezialisierungsvorteile). Auch eine zeitliche Komponente – rasche Projektverwirklichung seitens Privater – spielt eine Rolle. Zu beachten ist, daß diese Privatisierungsform abhängig bleibt vom Gesamtrahmen, in den sie eingebettet ist. Ein Gutschein-System zur Finanzierung von Universitäten würde dort zum Beispiel eine gewisse Flexibilität bei Investitionen und namentlich in der Personalpolitik voraussetzen. Sonst könnte auf eine Zunahme oder Abnahme der Studentenzahlen nicht rasch genug reagiert werden. Wenn ein starres Arbeitsrecht Entlassungen praktisch unmöglich macht, kann das mit Bil-

dungsgutscheinen angestrebte Anreiz- und Sanktionssystem nicht optimal funktionieren.

Qualitätsprobleme

33. Probleme entstehen bei wenig tangiblen Dienstleistungen. Das sind solche, deren Qualität sich nicht ohne weiteres erkennen läßt. Sie sind dann vertraglich nur schwer festzulegen und nur schwer zu kontrollieren. Viel spricht dennoch dafür, daß auch hier die Einschaltung Privater von Vorteil ist. Wie sehr es hier in Deutschland an Phantasie fehlt, hat kürzlich die Monopolkommission mit Blick ins benachbarte Ausland deutlich gemacht: In Frankreich, einem Staat mit ausgeprägter administrativer Tradition, beginnt man damit, Teile der Gefängnisverwaltung zu privatisieren. Hoheitsaufgaben im engeren Sinne (Einlieferung, Bewachung, Entlassung) bleiben staatlich. Wartung der Gebäude, Verpflegung, medizinische Betreuung, Beschäftigung und Ausbildung der Insassen können von darauf spezialisierten Unternehmen privat besorgt werden.

V. Rahmenbedingungen staatlicher Wirtschaftstätigkeit

Steuerliche Rahmenbedingungen

34. Die Entscheidung einer Gebietskörperschaft oder einer öffentlichen Anstalt, bestimmte Wirtschaftstätigkeiten selbst auszuführen oder eigene Unternehmen dafür zu unterhalten, wird in hohem Maße von steuerlichen Rahmenbedingungen geprägt. Die gemeindeeigene Müllabfuhr zahlt keinerlei Steuern, während das private Unternehmen, das mit dieser Müllabfuhr konkurriert, Körperschaftsteuer, Umsatzsteuer, Gewerbesteuer und Vermögensteuer zahlt. Selbst wenn die eigene Müllabfuhr unwirtschaftlicher als die private Konkurrenz arbeitet, bleibt sie doch insofern billiger, als Steuerersparnisse eintreten. Aber diese Ersparnisse werden zu Lasten anderer öffentlicher Kassen – hier des Bundes und des Landes – erzielt. Ein Handeln, das vom Standpunkt der Gemeinde vernünftig erscheint, erweist sich gesamtwirtschaftlich gesehen als verschwenderisch. Auf diese Weise kommt es dazu, daß Gemeinden Gärtnereien und Leihbüchereien, Schlachthöfe und Straßenreinigungsbetriebe, Schwimmbäder, Wasserwerke, Elektrizitätswerke, Busse und Bahnen, Wälder und Mietwohnungen unterhalten auch dann,

wenn solche Leistungen privat billiger erbracht werden könnten. Für Universitäten gilt ähnliches. Sie betreiben Busse und Ferienheime, Druckereien und Anstreicherbetriebe, die fast regelmäßig wenig effizient sind, sich wegen der Steuerersparnis aber trotzdem rechnen können. Derselbe Effekt tritt bei Bahn und Post auf: Die Unterhaltung von Nebenbetrieben löst keine zusätzlichen Steuerpflichten aus. Deshalb gibt es einen starken Anreiz zur Integration möglichst vieler Zulieferbetriebe.

Ausdehnung des Steuerrechts auf öffentliche Betriebe

35. Werden solche Betriebe in eigener Rechtsform ausgegliedert, so geschieht das meist in der Weise, daß gewinnbringende und verlustbringende Betriebe gekoppelt werden, also weiterhin keine Steuern anfallen. Die Gestaltungsformen liegen dabei weitgehend im Ermessen des Trägers: Eine Gemeindegärtnerei, die viele Stellen entgeltlich beliefert, aber gleichzeitig mit der Pflege des Parks beauftragt wird, aus der sie keine Erlöse erzielt, erwirtschaftet nie Gewinne. Daß sie irgendeine ihrer Aufgaben kostengünstig erfüllt, bleibt verläßlich unbekannt. Ganz anders bei gemeinnützigen Vereinen, die gewerbliche Nebenbetriebe – etwa eine Gastwirtschaft – unterhalten. In diesen Fällen wird der Nebenbetrieb von dem Trägerverein steuerlich getrennt. Er unterliegt der vollen Besteuerung auch dann, wenn seine Gewinne dem Verein zufließen.

Geboten wäre also die Ausdehnung des allgemeinen Steuerrechts auf Betriebe öffentlicher Körperschaften und Anstalten in ähnlicher Form, wie das bei gemeinnützigen Vereinen der Fall ist, also ohne die Möglichkeit, gewinnbringende und verlustbringende Tätigkeiten zu koppeln.

Ausschreibungen und Privatisierungsrechnungen

36. Damit wäre erst einmal der Rahmen geschaffen, in dem Entscheidungen über Eigenbetrieb oder Privatisierung vernünftig getroffen werden können. Das stellt noch nicht sicher, daß auch so entschieden wird. Im Gegensatz zum privaten Unternehmen fehlt der öffentlichen Hand ein zwingendes Gewinninteresse. Das Problem ist bekannt, und es tritt ebenso auf, wenn der Staat etwas einzukaufen hat. Es wird dort durch

die Pflicht zur öffentlichen Ausschreibung gelöst (Verdingungsordnung für Bauleistungen und Verdingungsordnung für Leistungen). Entsprechend sollte beim öffentlichen Wirtschaftsvermögen verfahren werden. Leistungen, die eine öffentliche Körperschaft für ihre Bürger oder andere Begünstigte erbringt, sollten in regelmäßigen Abständen, beispielsweise einem Fünf-Jahres-Turnus, öffentlich ausgeschrieben werden. Es mag dann durchaus sein, daß sich eine Gemeinde entschließt, die eigene Müllabfuhr weiter zu betreiben, obgleich ein privates Angebot günstiger wäre. Aber eine solche Entscheidung müßte doch begründet werden; sie wäre damit öffentlicher Kritik zugänglich. Heute dagegen gibt es einen solchen Begründungszwang nicht. Das Ergebnis einer Ausschreibung kann auch eine Zuschußforderung des Bieters sein. Wenn eine Gemeinde aus einem Schwimmbad einen Verlust von jährlich 2 Millionen DM erleidet, ein Bieter sich aber bereit findet, das Bad mit einem Zuschuß von einer Million DM zu betreiben, so liegt darin ebenfalls eine Ersparnis.

Es gibt Fälle, in denen regelmäßige Aussschreibungen unpraktikabel sind. So kann man sich schwer vorstellen, daß eine Sparkasse alle fünf Jahre öffentlich zum Verkauf angeboten wird. In solchen Fällen sollten zumindest regelmäßig Privatisierungsrechnungen in standardisierter Form vorgelegt werden. Da solche Rechnungen den zuständigen Parlamenten vorgelegt werden müßten, also öffentlich sind, wären allzu starke Abweichungen von realistischen Zahlen unwahrscheinlich. Sie würden von einem interessierten Publikum entdeckt.

Schaffung eines geeigneten Rechnungswesens

37. Ein sachgerechter Vergleich zwischen Eigenleistung und Zukauf setzt ein geeignetes Rechnungswesen voraus. Wir haben in der schon zitierten Schrift “Reform der öffentlichen Verwaltung” vorgeschlagen, das bisherige staatliche Rechnungswesen um Kostenrechnungen (wo nicht bereits vorgeschrieben) und Bilanzen zu ergänzen. Mit einer Einnahmen/Ausgaben-Rechnung ist ein Vergleich von Eigenleistung und Zukauf nicht zu leisten. Sie vernachlässigt z.B. die Abschreibungen und damit den unregelmäßig auftretenden Investitions- und Erneuerungsbedarf.

Darüber hinaus bietet eine Bilanz den Gemeindeparlamenten Anhaltspunkte dafür, ob fehlende Mittel durch eine Steuererhöhung oder durch eine Verschuldung beschafft werden müssen oder ob sie sich nicht besser durch Privatisierung vorhandenen Wirtschaftsvermögens gewinnen lassen.

VI. Die Privatisierungsmöglichkeiten im einzelnen

Industrieller Beteiligungsbesitz

38. Schon wenn man nur die klaren Fälle ins Bild rückt, sind die Privatisierungsmöglichkeiten in der Bundesrepublik beträchtlich. Wir gehen im folgenden nur auf sie näher ein. Bereits die Monopolkommission, der Wissenschaftliche Beirat beim Bundeswirtschaftsministerium und der Sachverständigenrat, kraft Amtes zu den ordnungspolitischen Wächtern gehörend, haben diese Fälle mit Nachdruck zur echten, zur materiellen Privatisierung vorgeschlagen.

Zu diesen Fällen gehört insbesondere der industrielle Beteiligungsbesitz der öffentlichen Hand. Er sollte vollständig abgebaut werden. Der Bund ist für seinen Bereich dazu entschlossen. Die Industrieverwaltungs AG wird wohl im Jahre 1993 zur Privatisierung kommen. Ein Rückzug aus der Saarbergwerke AG bleibt eingebettet in die noch ungeklärte Reform des Steinkohlebergbaus in der Bundesrepublik. Viel zu wenig geschieht dagegen auf der Ebene der Länder. Unabhängig von der jeweiligen parteipolitischen Ausrichtung ihrer Regierungen erwecken sie allzuoft den Eindruck, ordnungspolitische Prinzipien seien so hoch zu hängen, daß man in der Praxis mühelos darunter hindurchschlüpfen kann. So gibt es z.B. für die Beteiligung des Landes Niedersachsen bei VW ebenso wenig eine Rechtfertigung wie für das Engagement von Hamburg und Bayern im Luft- und Raumfahrtbereich. Das Motiv, bei einem als bedeutsam eingestuften Unternehmen als Aktionär regionalpolitisch Einfluß nehmen zu wollen, liegt in einer Grauzone der Rechtswidrigkeit. Gebietskörperschaften haben als Aktionäre einer AG keine anderen Rechte als alle sonstigen privaten Mitgesellschafter auch. Für die Geschäftspolitik eines Unternehmens ist deren in der Satzung verankerter Gesellschaftszweck entscheidend. Regionalpolitische und strukturpolitische Interessen, für welche sich die Politik zuständig erklären mag, gehören in aller Regel nicht dazu.

Versicherungen

39. Wir sehen auch keine legitimen Gründe mehr für die ausgedehnte Tätigkeit der öffentlichen Hand im allgemeinen Versicherungs- und im allgemeinen Bankgeschäft. Derzeit gibt es 39 öffentliche Versicherer, welche insgesamt die ganze Bandbreite von Versicherungsleistungen erbringen, von der Lebensversicherung über die Sachversicherung, die Haftpflicht-, Unfall- und Kraftfahrzeugversicherung und die Rechtsschutzversicherung bis hin zur Krankenversicherung. Sie ließen sich "umstandslos", wie die Monopolkommission sich ausdrückte, privatisieren. Soweit diese Unternehmen, wie es die Regel ist, in öffentlich-rechtlicher Organisationsform betrieben werden, müßten sie vorher in eine private Rechtsform überführt werden. Im Falle spezieller Errichtungsgesetze für solche juristischen Personen des öffentlichen Rechts wären diese aufzuheben. Regionale Versicherungsmonopole, wie sie teilweise bei der Gebäudebrandversicherung bestehen, lassen sich schon mit Rücksicht auf das Europäische Gemeinschaftsrecht nicht aufrechterhalten. Nach einer Übergangszeit werden sie entfallen. Unter den Bedingungen des dann möglichen Wettbewerbs empfiehlt sich auch hier die materielle Privatisierung. Auf halbem Weg bleibt man stehen, wenn – wie in Baden-Württemberg beschlossen – die Monopolanstalten an die Versicherungsgruppe der dortigen Sparkassen, also wiederum an ein öffentliches Unternehmen, veräußert werden.

Öffentliche Kreditwirtschaft

40. Im Bankgewerbe löst sich der Bund mehr und mehr von seinen Beteiligungen. Zuletzt wurde im August 1992 die Berliner Industriebank AG veräußert, allerdings mit dem Schönheitsfehler, daß sich im Kreis der Erwerber mit der Landesbank Berlin wieder ein öffentliches Institut befindet. Auch bei der Deutschen Siedlungs- und Landesrentenbank (DSL-Bank) ist nach einer Teilprivatisierung im Jahre 1989 mittelfristig eine Veräußerung der gesamten Bundesbeteiligung vorgesehen.

Zu reden ist vor allem über das Tabuthema einer echten Privatisierung der Landesbanken/Girozentralen auf Länderebene und der Sparkassen auf kommunaler Ebene. (Nicht gemeint sind bloße Versuche, die Eigenkapitalposition von Sparkassen durch eine Beteiligung Privater zu verbessern.) Der fiskalische Ertrag wäre hier riesig. Schätzungen von mehr als 100 Milliarden DM für die Gesamtheit der Kreditinstitute in öffentlicher Trägerschaft dürften realistisch sein. Die öffentliche Verschuldung ließe sich beträchtlich reduzieren, der jährlich anfallende Verzinsungsaufwand entsprechend einsparen. Einzelne Kommunen könnten auf diese Weise ihre finanzpolitische Handlungsfähigkeit wiedergewinnen. Soweit gegenwärtig Landessparkassengesetze vorschreiben, Erträge aus der Auflösung von Sparkassen dürften nicht in den allgemeinen Haushalt eingestellt werden, sondern seien für gemeinnützige Zwecke zu verwenden, müßten diese Vorschriften geändert werden.

Rechtfertigungen, die für die ausgedehnte Tätigkeit der öffentlichen Hand im Bankensektor früher einmal bestanden haben mögen, sind heute längst entfallen. Für die "Förderung des Sparsinns" braucht man keinen öffentlichen Bankenapparat. Die Idee einer flächendeckenden Präsenz als eine Art Infrastrukturaufgabe öffentlicher Banken im Raum bleibt ein Vorwand. In Deutschland arbeiten gegenwärtig 4.453 Kreditinstitute mit 49.315 inländischen Bankstellen. Eine Bankstelle bedient hierzulande rund 1.600 Einwohner, in den Vereinigten Staates dagegen 3.800 Einwohner. Deutschland gilt als overbanked. Es gibt nicht den Hauch einer Unterversorgung. Dies trifft nicht nur für das Einlagengeschäft, sondern auch für das Kreditgeschäft zu. Soweit Länder wie Kommunen Bankgeschäfte tätigen (Zwischenanlage von Geldern usf.), bedürfen sie dazu keiner in eigener Trägerschaft vorgehaltenen Kreditinstitute. Funktionsfähiger Wettbewerb zwischen den Geschäftsbanken reicht auch hier völlig aus. Die Rede ist auch davon, öffentliche Kreditinstitute müßten aus Gründen regionaler Wirtschaftsförderung das allgemeine Bankgeschäft betreiben. Die Realität ist eine andere. Sparkassen treten nicht mit subventionierten Konditionen im Markt auf. Bei funktionierendem Wettbewerb wäre ihnen dies auf Dauer auch gar nicht möglich. Gängig ist auch das Argument, der historisch gewachsene Gruppenwettbewerb zwischen privaten Kreditbanken, den Genossenschaftsbanken und den öffentlichen Kreditinstituten gewährleiste eine wettbewerblich ausgewogene Branchenstruktur. Ein solches Argument beruht auf der konzeptionell verfehlten Vorstellung eines geschlossenen Marktes.

Was zählt, ist freier Wettbewerb und offener Marktzugang. Daran fehlt es: Im Massengeschäft, namentlich im Einlagengeschäft, ist der deutsche Markt gegenüber ausländischer Konkurrenz de facto geschlossen.

Letztere könnte kaum durch den Aufbau neuer Filialnetze, sondern nur durch den Erwerb bestehender Kreditinstitute Fuß fassen. Eine Privatisierung der Sparkassen würde hier eine enorme Chance zur Wettbewerbsbelebung bieten. Auch intern ist das gegenwärtige Arrangement nicht effizient. Sparkassen unterliegen kraft Gesetzes einem sogenannten Regionalprinzip. Das heißt, sie dürfen Zweigstellen nur auf dem Gebiet ihres Anstaltsträgers betreiben. Solcher Geschäftszuschnitt beruht auf den Zufälligkeiten politischer Grenzziehungen und folgt keiner wirtschaftlichen Überlegung. Das Regionalprinzip wirkt wie ein Gebietskartell bei privaten Kreditinstituten. Die wettbewerblichen Negativwirkungen sind identisch. Die Befürchtung, nach einer Privatisierung des öffentlichen Bankensektors komme es zu einer unerwünschten Konzentrationsbewegung, ist nicht fundiert. Soweit Unternehmenszusammenschlüsse wettbewerblich kritisch werden, steht das Instrumentarium der Fusionskontrolle nach dem deutschen Kartellgesetz und nach der europäischen Fusionskontrollverordnung zur Verfügung. Soweit deren Eingriffsschwellen im konkreten Fall nicht erreicht sind, verlieren die geltend gemachten Bedenken ihre Basis. Privatisierung würde dem öffentlichen Bankensektor demgegenüber jene Beweglichkeit verschaffen, namentlich bei der Aufnahme von Eigenkapital, die angesichts der Entwicklung hin zu einem europäischen Binnenmarkt wünschenswert ist.

41. Öffentliche Kreditinstitute sind ordnungspolitisch zu rechtfertigen, soweit sie auf einen spezifischen öffentlichen Auftrag beschränkt bleiben und sich vom allgemeinen Bankgeschäft fernhalten wie etwa die Kreditanstalt für Wiederaufbau oder die Bayerische Landesanstalt für Aufbaufinanzierung. Selbst hier kann überlegt werden, ob aus fiskalischen Gründen private Minderheitsgesellschafter in den Trägerkreis aufgenommen werden könnten.

Keine ordnungspolitische Rechtfertigung gibt es für eine gegenläufige Entwicklung, nämlich die Expansion öffentlicher Banken mit spezifischem Auftrag hinein in das allgemeine Bankgeschäft. Mit schlechtem Beispiel war hier das Land Baden-Württemberg vorangegangen, indem es den Auftrag für seine Landeskreditbank erweitert hat. Buchmäßige Trennungen des "öffentlichen Fördergeschäfts" und des allgemeinen Bankgeschäfts unter dem einheitlichen Dach des Kreditinstituts und bei einheitlichem Bankvorstand bleiben dabei nur Scheinvorkehrungen gegen die hier bewirkten Verzerrungen der Wettbewerbsverhältnisse.

Ähnlich kritisch zu sehen sind Versuche, die Eigenkapitalbasis von Landesbanken/Girozentralen dadurch zu stärken, daß mit ihnen Spezialinstitute staatlicher Wohnungsbauförderung verschmolzen werden.

42. Unter der Prämisse einer materiellen Privatisierung ergäben sich auch keine Bedenken mehr gegen einen Ausbau der Deutschen Bundespost Postbank in Richtung Universalbank mit umfassender Tätigkeitspalette. Ein Anlaß zu Klagen des privaten Kreditgewerbes über Verstöße dieses Instituts wider das Gesetz gegen den unlauteren Wettbewerb, wie sie gegenwärtig erhoben werden, entfiele dann von selbst. Der Vorstand der Postbank selbst spricht sich nachdrücklich für eine Privatisierung dieses Spezialinstituts für Zahlungsverkehr und Einlagengeschäft aus. Die Bank könne dann dauerhaft wettbewerbsfähig werden. Dem ist beizupflichten. Nur muß es eine materielle Privatisierung sein, nicht bloß ein Auswechseln der Rechtsform.

Verkehrsbereich

43. Im Verkehrsbereich ist namentlich an eine materielle Privatisierung der Lufthansa AG zu erinnern (Beteiligung des Bundes mit 52,95 Prozent, der Kreditanstalt für Wiederaufbau mit 1,77 Prozent und des Landes Nordrhein-Westfalen mit 2,21 Prozent, Rest im Streubesitz). Für ein Verhandlungsgleichgewicht bei internationalen Regierungsabkommen ist eine Staatsbeteiligung an diesem Dienstleistungsunternehmen nicht erforderlich. Ebenso ist das Unternehmen in seiner Geschäftspolitik nicht auf den Status eines öffentlichen Unternehmens angewiesen. Mit Verwirklichung des Europäischen Binnenmarktes auch im Luftverkehr werden solche Vorstellungen vollends anachronistisch. Der Bund ist grundsätzlich bereit, sich auf Dauer vollständig zurückzuziehen. Noch nicht gelöste Schwierigkeiten ergeben sich freilich aus dem Anschluß der Lufthansa AG an die Versorgungsanstalt des Bundes und der Länder (VBL) in Karlsruhe. Dadurch wird allen Lufthansa-Mitarbeitern eine – der Beamtenversorgung ähnliche – zusätzliche betriebliche Altersversorgung garantiert. Doch können nur Unternehmen, an denen der Bund eine Mehrheit hält, einen sogenannten Beteiligungsvertrag mit der VBL abschließen. Falls die Lufthansa AG bei einer materiellen Privatisierung aus der VBL ausscheiden müßte, wäre der Schuldner für ca. 3 Milliarden DM zur Abgeltung bereits begründeter Versorgungsansprüche zu bestimmen. Noch ist ungeklärt, wer zu welchen Anteilen diese Last tragen soll. Am einfachsten erscheinen

Treuhandlösungen, mit denen der status quo bis zum Auslaufen erworbener Rechte aufrechterhalten werden kann.

Weitere Privatisierungsmöglichkeiten sind auf der Ebene des Bundes die Beteiligungen an der Rhein-Main-Donau-AG, an verschiedenen Flughafengesellschaften – englische Erfahrungen belegen, daß es zur Wahrung öffentlicher Interessen auch hier keiner gesellschaftsrechtlichen Mitgliedschaft bedarf – und an dem Speditionsunternehmen Schenker & Co (Beteiligung der Deutschen Bundesbahn in Höhe von 20 Prozent). Ein problemloser Privatisierungskandidat ist ferner die Gesellschaft für Nebenbetriebe der Bundesautobahnen mbH. Geplant ist gegenwärtig nur eine Teilprivatisierung in Höhe von 49 Prozent.

Auf die halbherzig bleibenden Teilprivatisierungspläne bezüglich der Deutschen Bundespost Telekom und – in einer sehr langen Perspektive – auch für den Komplex Deutsche Bundesbahn/Deutsche Reichsbahn wurde bereits hingewiesen (Ziffer 28). Was not tut, ist nicht nur, die Leistungsfähigkeit des Staatsunternehmens zu erhöhen, sondern wettbewerbliche Ordnungsstrukturen zu schaffen. Das unverändert fortbestehende Monopol der Telekom bei Netzen, technisch wie ordnungspolitisch das Rückgrat der gesamten Individualkommunikation, sowie beim Golddukaten-Esel Telefondienst (außerhalb des Mobilfunks), wächst sich allmählich zum Skandal aus. Änderungen hier scheinen nur aufgrund europarechtlich erzwungener Deregulierungen realistisch. Erwogen wird jedenfalls eine Öffnung des grenzüberschreitenden Telefonverkehrs innerhalb der EG für private Anbieter.

Bezüglich einer materiellen Privatisierung der Bundespost verschanzen sich viele Politiker hinter Art. 87 Abs. 1 Grundgesetz (GG), wonach die Bundeseisenbahnen und die Bundespost in bundeseigener Verwaltung geführt werden. Für eine Aufgabenprivatisierung sei eine Verfassungsänderung erforderlich, welche aufgrund der bestehenden parlamentarischen Mehrheitsverhältnisse bestenfalls auf einem ordnungspolitischen Minimalnenner erreichbar ist. Praktisch muß die Deutsche Postgewerkschaft ihre Zustimmung signalisieren. Es ist dies ein weiteres Beispiel für eine Politik, die in Zeiten, in denen es opportun erscheint, verfassungsrechtliche Fesseln herbeiredet und diese später bei veränderten Verhältnissen, wenn die Fesseln zur Last werden, nicht mehr los wird. Art. 87 Abs. 1 GG ist zunächst nichts weiter als eine Kompetenzvorschrift. Sie war schon deshalb erforderlich, weil Verwaltung nach dem

Grundmuster der Verfassung Länder- und nicht Bundessache ist. Unstreitig erfordert das Grundgesetz keine staatlichen Monopole im Post- oder im Eisenbahnwesen. Der einfache Gesetzgeber war nie gehindert, private Konkurrenz zuzulassen. Zuletzt ist dies beim Mobilfunk geschehen. Eine wettbewerbliche Ordnung schließt aber die Möglichkeit, ja die Hoffnung ein, daß sich die überragende Dominanz des Staatsunternehmens allmählich abbaut. Das öffentliche Unternehmen kann zum Marktteilnehmer unter vielen werden. Von daher liegt die Schlußfolgerung nahe, daß Art. 87 Abs. 1 GG, wenn er denn überhaupt einen materiellen Gehalt haben sollte, bestenfalls zur Verpflichtung des Gesetzgebers führt, eine Rahmenordnung vorzuhalten, die gewährleistet, daß die dort genannten Infrastrukturaufgaben im Markt erfüllt werden.[4)] Dies ist ein Gedanke, wie er in der Rechtsprechung des Bundesverfassungsgerichts zu jener "positiven Ordnung" vertraut ist, die der Gesetzgeber im Bereich Hörfunk und Fernsehen vorhalten muß. Auch dort bleibt freilich bei Beachtung dieses legislativen Erfordernisses ein sogenanntes außenplurales, d.h. ein im Wettbewerb gesteuertes System ausschließlich privater Anbieter verfassungsrechtlich möglich.

Stromversorgungsunternehmen

44. Die deutschen Stromversorgungsunternehmen sind in aller Regel als private Kapitalgesellschaften organisiert. Sie befinden sich mit nur wenigen Ausnahmen im Mehrheitsbesitz öffentlicher Hände. Wer dabei wen beherrscht, ist freilich eine offene Frage. Dies gilt namentlich für die großen Verbundunternehmen. Einzelne von diesen tragen gegenwärtig über forcierte Unternehmensaufkäufe zu einer weiteren Ausdehnung mittelbarer Staatstätigkeit (vgl. Ziffer 13). Auch hier gibt es keine Gründe, die einer materiellen Privatisierung zwingend entgegenstehen. Sicherheit und Preiswürdigkeit der Versorgung, die Fixsterne dieser Branche, sind es gewiß nicht. Der Wirtschaftsbereich ist vielmehr mit seinen regionalen Monopolen so geordnet, daß Milliardeninvestitionen in den Sand gesetzt werden können, oft genug unter politischem Druck, ohne daß die Unternehmensleitungen oder die öffentlichen Anteilseigner auch nur mit der Wimper zucken (Kalkar, Wackersdorf, Hamm-Uentrop). Mißwirtschaft wird möglich, weil anfallende Kosten schlicht an die Endverbraucher durchgeschoben werden kön-

4) Vgl. schon KRONBERGER KREIS, "Mehr Markt in der Telekommunikation", Band 15/1987, Ziffer 38

nen. Materielle Privatisierung hier bleibt eingebettet in die auf mehr Wettbewerb zielenden Deregulierungsbemühungen seitens der EG-Kommission in Brüssel.[5] Gegenwärtig wird die Kommission vom Ministerrat, dem Vertretungsorgan der Mitgliedstaaten, blockiert. Gestützt auf die Ermächtigungsgrundlage des Art. 90 Abs. 3 EWG-Vertrag, zum primären und damit zum de facto unabänderlichen Gemeinschaftsrecht gehörend, könnte die Kommission in Grenzen auch allein handeln. Im Sektor Individualkommunikation hat sie dies – gegen den erbitterten Widerstand der meisten Mitgliedstaaten – getan. Sie sollte es auch hier tun.

Rundfunkanstalten

45. Im Hörfunk und Fernsehen der Bundesrepublik haben die öffentlich-rechtlichen Sendeanstalten nach wie vor das größte Gewicht. Würde man vom gegenwärtigen sogenannten dualen Rundfunksystem auf ein außenplurales, d.h. im Wettbewerb gesteuertes Ordnungssystem übergehen, so ergibt sich auch hier ein umfängliches Privatisierungspotential.[6] Die Chancen sind gegenwärtig nicht groß. Die Sachlage wird überdies dadurch erschwert, daß die Ordnung des Rundfunks nach der Verfassungslage zur Kompetenz der einzelnen Länder, nicht des Bundes gehört. Reformzwänge könnte es geben, wenn das öffentlich-rechtliche System im Wettbewerb mit den Privaten auf die Dauer nachhaltig an Boden verlieren sollte. Erwägungen, möglicherweise sei das ZDF aus Gründen erleichterter Kapitalbeschaffung in eine Aktiengesellschaft umzuwandeln, sind schon nicht mehr tabu.

Öffentliches Grundvermögen

46. Weniger wettbewerbspolitisch als fiskalisch bedeutsam ist eine Privatisierung des umfänglichen öffentlichen Grundbesitzes. Dies gilt namentlich für Bundesbahn und Reichsbahn mit zahlreichen Immobilien, auch in guten Stadtlagen, die für den Bahnbetrieb nicht mehr erforderlich sind. Die Veräußerung solcher Vermögenswerte war nach der Privatisierung des Eisenbahnwesens in Japan ein Schlüssel zur

---

5) Zu den Vorschlägen des KRONBERGER KREISES siehe, "Mehr Markt in der Energiewirtschaft", Band 17/1988

6) Im einzelnen KRONBERGER KREIS, "Mehr Markt in Hörfunk und Fernsehen", Band 19/1989

Sanierung der dortigen sieben Eisenbahngesellschaften. Es gilt weiter für nicht mehr benötigte Flächen der Bundeswehr. Das umfängliche Liegenschaftsvermögen, das dem Bund in den neuen Bundesländern zugefallen ist, wurde schon genannt (Ziffer 9). Der Bund ist grundsätzlich zu einer umfassenden Reprivatisierung bereit. Eine große Privatisierungsaufgabe liegt außerdem bei den zahlreichen öffentlichen Wohnungsbaugesellschaften, jedenfalls soweit für den mit deren Wohnungen verfolgten Zweck der Wohnungsfürsorge die Zurückhaltung von Belegungsrechten ausreicht.

Öffentliches Grundvermögen

47. In welchem Ausmaß das Grundgesetz einer Wirtschaftstätigkeit der öffentlichen Hand Grenzen auferlegt, ist in hohem Maße streitig. Das häufig mißverstandene Diktum des Bundesverfassungsgerichts von der "wirtschaftspolitischen Neutralität" des Grundgesetzes spielt hier eine ungute Rolle. Auf der Ebene einfacher Gesetze sehen die Bundeshaushaltsordnung, die verschiedenen Landeshaushaltsordnungen und die Kommunalgesetze der Länder Beschränkungen vor. Danach muß für eine staatliche Wirtschaftstätigkeit ein wichtiges öffentliches Interesse vorliegen und der angestrebte Zweck darf sich nicht besser und wirtschaftlicher auf andere Weise erreichen lassen. Mit der begrenzenden Wirkung dieser unbestimmten Rechtsbegriffe ist es in der Praxis nicht weit her. Der Zweck dieser Normen wird auch eher darin gesehen, daß die öffentliche Hand von finanziellen Abenteuern abgehalten werden muß. Wir unterstützen Anregungen, strikte Grenzen für eine Wirtschaftstätigkeit der öffentlichen Hand anläßlich der anstehenden Änderungen des Grundgesetzes in die Verfassung aufzunehmen. Da sich diese vom Einigungsvertrag erzwungenen Änderungen des Grundgesetzes ohnehin nur im Wege von Paketlösungen verwirklichen lassen, mag eine Chance bestehen, dafür die erforderliche Zweidrittelmehrheit in Bundestag und Bundesrat zu erreichen. Auf Gemeindeebene wären legislative, vielfach auch nur administrative Hindernisse zu beseitigen, welche einem verstärkten Contracting out im Wege stehen können (Kommunalaufsichtsrecht, partiell auch das Steuerrecht). Namentlich für die Kommunen in den fünf neuen Bundesländern wäre solch vergrößerter Handlungsspielraum wünschenswert (zum Vorschlag obligatorischer Privatisierungsrechnungen siehe oben Ziffer 36).

Anreize zur Privatisierung

48. Positiv ist an Anreize für eine entschlossene weitere materielle Privatisierung auf allen Ebenen zu denken. Der Widerstand seitens betroffener Unternehmensleitungen pflegt eher gering zu sein. Viele ziehen eine Kontrolle durch die anonymen Kräfte des Marktes der persönlichen Abhängigkeit von Politfunktionären vor. Im Einzelfall erweist sich das Instrument des “goldenen Händedrucks” als hilfreich. Einem Widerstand betroffener Belegschaften läßt sich – wie englische Erfahrungen belegen – durch ein Angebot von Belegschaftsaktien zu Vorzugspreisen entgegenwirken. Der größte Widerstand kommt aus dem Bereich politischer Mandatsträger. Jede Form der Privatisierung wie der Deregulierung führt zu einem Abbau politischer Einfluß- und Handlungsmöglichkeiten. Hier auf Einsicht zu setzen, führt jedenfalls in sensitiven Bereichen wie Bundespost, Rundfunk u.ä. nicht zum Erfolg. Man wird auf Handlungszwänge setzen müssen. Sie ergeben sich einerseits aus den sich abzeichnenden finanziellen Belastungen des öffentlichen Gesamthaushalts als Folge der deutschen Wiedervereinigung. Sie ergeben sich andererseits daraus, daß die Bundesrepublik ordnungspolitisch bedingte Vorsprünge im internationalen Standortwettbewerb weitgehend eingebüßt hat, in einzelnen Bezügen – namentlich in der Telekommunikation – sogar ins Hintertreffen geraten ist.

Zur Reform der Hochschulen

Vorbemerkung

Die deutschen Hochschulen hatten einmal eine Spitzenstellung – im vorigen Jahrhundert. Heute befinden sie sich in einem beklagenswerten Zustand. Sie sind überfüllt, haben im internationalen Vergleich die längsten Ausbildungszeiten und gelten in der Öffentlichkeit als reformunwillig, wenn nicht reformunfähig. In der Tat wird über die Hochschul- und Studienreform seit zwanzig Jahren diskutiert, aber die durchschnittlichen Studienzeiten sind immer länger geworden. Alle Reformvorgaben der Vergangenheit – von den Wissenschaftsministerien in guter Absicht verordnet – haben eher zur Verschärfung denn zur Bewältigung der Krise beigetragen. Ausufernde Gremienwirtschaft und Bürokratisierung haben den Willen zur Erneuerung in den Hochschulen erlahmen lassen. Nunmehr, so glauben heute viele, bleibe für die Hochschulpolitik nur noch der Ausweg staatlicher Sanktionen: gegen Hochschullehrer, denen die Lust zur Lehre verloren gegangen sei, und gegen Studenten, denen die Motivation fehle, zielgerichtet zu studieren und sich rechtzeitig Abschlußprüfungen zu stellen. Aber eine Verschärfung staatlicher Kontrollen und Sanktionen kann nicht viel bewirken, wo die Anreizstrukturen verzerrt sind und sich besonders für Hochschullehrer, ihre Mitarbeiter und die Verwaltungskräfte der Hochschulen Innovation nicht lohnt. Effizienz an der Einhaltung ministerialbürokratischer Vorgaben messen zu wollen, ist falsch.

Wir halten eine motivationsschaffende Stärkung der Eigenverantwortung der Hochschulen und die Einrichtung eines funktionsfähigen Wettbewerbs in und zwischen den Hochschulen für den besseren Weg. Es ist an der Zeit, die richtigen Schlußfolgerungen zu ziehen und politische Entscheidungen zu treffen, die nicht nur populär sein können. Für solche längst fälligen Entscheidungen werden in der vorliegenden Schrift einige Empfehlungen erarbeitet. Die Auffassung, daß auch unter staatlichen Hochschulen mehr Wettbewerb möglich ist als gegenwärtig, gewinnt in den letzten Jahren an Boden, wenngleich die politisch Verantwortlichen bisher dafür wenig getan haben. Leistungsfördernder Wettbewerb setzt eine größere Autonomie der Hochschulen voraus, also einen Abbau hochschulpolitischer Regulierung und nicht weitere Verdichtung.

Unsere Empfehlungen zur Hochschulreform beschränken sich auf die Lehre, auf die Erstausbildung der Studenten, die zu Recht im Mittelpunkt der Reformdiskussion steht. Andere Aufgaben der Hochschulen – Forschung, Weiterbildung und allgemeine Krankenversorgung –, so wichtig sie sind, bleiben hier außer Betracht. Dies bedeutet jedoch nicht, wie betont sei, daß etwa die für die deutsche Bildungstradition typische, im großen und ganzen bewährte Einheit von Forschung und Lehre von uns aufgegeben würde. Einer von der Forschung abgetrennten Lehre drohte die Gefahr der Verflachung.

Artur Woll hat zu diesem Gutachten und zu seinen zentralen Aussagen Wesentliches beigetragen. Dafür danken wir ihm.

September 1993

Juergen B. Donges, Wolfram Engels
Walter Hamm, Wernhard Möschel
Manfred J. M. Neumann, Olaf Sievert
(KRONBERGER KREIS)

I. Der Befund: Überfüllung der Hochschulen

Vervielfachung der Studentenzahlen

1. Der gesellschaftliche Wandel in den letzten Jahrzehnten hat auch das Bildungswesen voll erfaßt. Dieser Wandel zeigt sich vor allem in einer wachsenden Nachfrage nach einer Ausbildung durch höhere Schulen und Hochschulen. Zunehmend nutzen Eltern für ihre Kinder Ausbildungsmöglichkeiten, die sie selbst nicht wahrnehmen konnten. Derzeit erwirbt – bei steigender Tendenz – ein Drittel eines Altersjahrgangs die Berechtigung zum Besuch einer Hochschule. Der größte Teil davon macht von dieser Möglichkeit auch Gebrauch. Im Vergleich zur früheren Nachfrage, die über lange Zeiträume hinweg bis hin zum ersten Jahrzehnt der Nachkriegszeit relativ konstant gewesen war, bedeutet dies mehr als eine Verzehnfachung (siehe Tabelle).

Steigende Nachfrage als Reflex des gesellschaftlichen Umfelds

2. Die steigende Nachfrage nach einer Hochschulausbildung ist ein realistischer Reflex auf wesentliche Bedingungen für einen individuel-

Studienanfänger und Studenten (in Tausend)*)

Jahr	Studien-anfänger	Anteil in v.H. am Altersjahrgang	Studenten insgesamt
1950	26,1	3,2	128,4
1960	79,4	7,9	291,1
1970	125,7	15,4	510,5
1980	195,0	19,1	1.044,2
1991	271,2	33,7	1.647,0

*) Alte Bundesländer; alle Hochschulen
Quelle: Bundesministerium für Bildung und Wissenschaft

len Erfolg in Gesellschaft, Wirtschaft und Staat. Diesem Trend hat nicht entgegengewirkt, daß der staatliche Sektor in der Bundesrepublik Deutschland in den siebziger Jahren enorm expandierte, danach aber fast stagnierte. Bedeutsamer war wohl, daß die erwarteten Einkommen von Hochschulabsolventen die der Altersjahrgangsgenossen in nicht-

Ausbildungsspezifische Einkommensrelationen*)

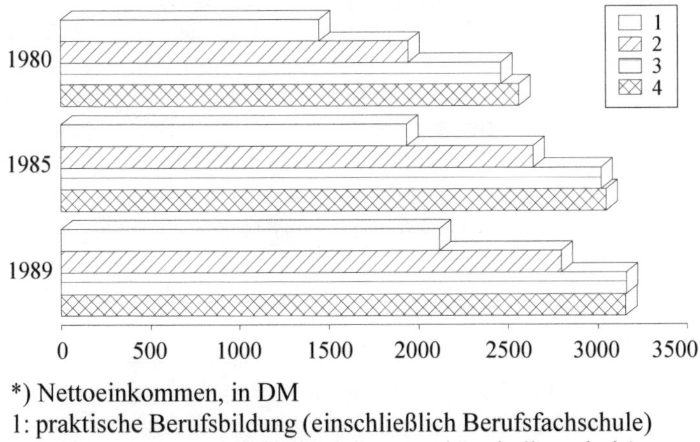

*) Nettoeinkommen, in DM
1: praktische Berufsbildung (einschließlich Berufsfachschule)
2: Fachschule (einschließlich Meister- und Technikerschule)
3: Fachhochschule (einschließlich Ingenieurschule)
4: Hochschule (einschließlich Lehramtsausbildung)
Quelle: Statistisches Bundesamt, Ergebnisse des Mikrozensus

akademischen Berufen übersteigen (siehe Grafik S. 47). Hinzu kommen oft immaterielle Vorteile. Solche Ergebnisse der amtlichen Statistik und der empirischen Bildungsforschung decken sich offenkundig mit dem common sense großer Teile der Bevölkerung. Daß – im Hinblick auf den beruflichen Erfolg der Jugend – Hochschulausbildung verstärkt nachgefragt wird, ist im Prinzip auch positiv zu bewerten.

3. Die Tatsache, daß auf dem Arbeitsmarkt eine höhere Qualifikation besser entgolten wird als eine geringere, ist nicht nur ordnungskonform, sondern erwünscht. Die internationale technisch-wirtschaftliche Entwicklung verlangt von fast jedem höhere Arbeitsqualität und bietet akademischen Absolventen eine Reihe neuer, bisher unbekannter Betätigungsmöglichkeiten. Die steigende Nachfrage nach einer Hochschulausbildung korrespondiert mit der Entwicklung in vergleichbaren Ländern. Es gibt freilich Besonderheiten, die aus verschiedenartigen Berechtigungssystemen und Organisationsformen im Bildungswesen folgen. So ist in vielen Ländern der Anteil der Studenten, die ein wissenschaftsorientiertes – und deswegen meist langes – Studium absolvieren, im Vergleich zur Bundesrepublik Deutschland gering.

4. Die Errichtung und die Unterhaltung von Hochschulen werden in der Bundesrepublik Deutschland zu den staatlichen Aufgaben gerechnet. Staatliche Hochschulen haben in Deutschland eine lange Tradition. In anderen hochentwickelten Ländern sind sie eher untypisch. Nach deutscher Tradition obliegt es dem Staat, aus Zwangsbeiträgen aller Bürger die gesamte universitäre Ausbildung und nach verbreiteter Ansicht auch den Lebensunterhalt minderbemittelter Studenten zu finanzieren. Ob diese staatliche Aufgabe aus ordnungspolitischer Sicht und im Hinblick auf den internationalen Wettbewerb der Bildungssysteme dauerhaften Bestand haben kann, bleibe zunächst dahingestellt.

1960-1975: Vervierfachung der Professorenzahl

5. Die sprunghaft steigende Nachfrage nach Hochschulausbildung wurde Ende der fünfziger Jahre erkennbar. Die staatlichen Stellen reagierten – in einer Zeit, in der Bildungspolitik populär und eine Expansion öffentlicher Ausgaben leicht möglich war – bemerkenswert großzügig. Zahlreiche neue Hochschulen wurden gegründet. In vergleichsweise kurzer Zeit wurden die Hochschulen ab 1960 – vor allem zwischen 1965 und 1975 – finanziell so reichlich ausgestattet, daß es Schwierig-

Personalstellen in Tausend (alte Bundesländer)				
Jahr	Personalstellen	Wissenschaftliches Personal		Nichtwissenschaftliches Personal
		insgesamt	Professoren	
1960	58,5	16,9	5,2	41,6
1965	93,8	32,8	8,8	61,0
1975	188,6	68,6	22,2	120,0
1980	197,7	69,7	24,2	128,0
1992	226,2	75,5	22,7	150,7
Quelle: Bundesministerium für Bildung und Wissenschaft				

keiten gab, personell dem Ausbautempo zu folgen. Die Zahl an Stellen für Professoren, die sich über ein volles Jahrhundert nicht verändert hatte, wurde binnen kurzem vervierfacht (siehe Tabelle) – mit negativen Folgen für die Qualität der erbrachten Ausbildungsleistung.

Ab 1975 zunehmende Überfüllung der Hochschulen

6. In jener Zeit ist das Hochschulpersonal erheblich stärker ausgeweitet worden als die Zahl der Studenten, bei gravierenden Abweichungen zwischen den Fächern. Dieses Bild kehrte sich in der zweiten Hälfte der siebziger Jahre um. Die freien Kapazitäten der Hochschulen wurden zunehmend absorbiert, das öffentliche Angebot an Studienplätzen trotz einer unverändert wachsenden Nachfrage tatsächlich nur noch wenig erhöht. Stattdessen wurde durch eine Heraufsetzung der Mindeststudentenzahlen eine fiktive Kapazitätserhöhung ausgewiesen. Mit etwa 22.000 Professoren lehren und forschen an deutschen Hochschulen nicht mehr Kräfte als 1975. Die Bildungspolitik hat in der öffentlichen Diskussion aus einer Reihe von Gründen einen geringen Stellenwert, und die Expansion der öffentlichen Haushalte stößt auf deutliche Grenzen. Die generelle Überfüllung der Studiengänge – mit erheblichen Unterschieden im einzelnen – und die Verlängerung der Studienzeiten wurden zum beherrschenden, öffentlich registrierten Merkmal der wissenschaftlichen und künstlerischen Ausbildung, mit dem sich die Hochschulen in der Bundesrepublik Deutschland auch international deutlich abheben. Gegenwärtig beträgt das Durchschnittsalter beim ersten berufsqualifizierenden Abschluß 28 Jahre (siehe Tabelle S. 50), womit

Studiendauer bei bestandener Prüfung*)					
Hochschulart	Merkmal**)	Studiendauer bei Prüfung 1980	1985	1990	Alter bei der Prüfung 1990
Universitäten	Abs	7,1	7,5	7,8	28,7
	FS	5,6	6,1	6,4	
Fachhochschulen	Abs	4,1	4,6	5,1	27,1
	FS	3,8	4,1	4,5	

*) in Jahren; alte Bundesländer
**) Abs= Gesamtstudiendauer;
FS= Fachstudiendauer
Quelle: Bundesministerium für Bildung und Wissenschaft

die alten Bundesländer weltweit an der Spitze liegen – bei einem drastisch gesunkenen Berufsaustrittsalter.

Mit dem verlängerten Studium hat sich auch das Alter für weitere Qualifikationen – wie Promotion und Habilitation – deutlich nach oben verschoben. Wissenschaftliche Nachwuchskräfte können immer weniger an der Hochschule gehalten werden.

Durch das lange Studium wird die Belastung der Steuerzahler, die für eine freiheitliche Ordnung ohnehin an der Grenze des Vertretbaren angekommen sein dürfte, in bedenklicher und vermeidbarer Weise erhöht.

II. Ursachen der Fehlentwicklung

Bildungs- und Beschäftigungssystem unterschiedlich geordnet

7. Die Hochschulausbildung und der Arbeitsmarkt, das Bildungssystem und das Beschäftigungssystem, sind in der Bundesrepublik Deutschland unterschiedlich verfaßt. Das Bildungssystem – Grund- und Hauptschu-

len, weiterführende Schulen, Hochschulen – besteht weit überwiegend aus staatlichen Einrichtungen, deren Ausgestaltung und Aufgabenstellung im Entscheidungsprozeß vor allem politischen Maßgaben und nur sekundär den Anforderungen des Arbeitsmarktes folgt. Das Beschäftigungssystem ist demgegenüber Teil der marktwirtschaftlichen Ordnung.

Beide stehen in einer funktionalen Beziehung. Die Ausbildung geschieht für den Arbeitsmarkt – auch wenn die Bildung nicht nur ökonomische Aspekte aufweist –, so daß der Arbeitsmarkt das Bildungswesen letztlich steuern müßte. Zugleich folgt aber aus den Grundrechten, daß der Staat die Bildungs- und Berufswahlentscheidungen der Bürger hinzunehmen hat und diese allenfalls indirekt – etwa durch Beratung und Hilfen bei bestimmten Ausbildungen – beeinflussen kann. Der Konflikt zeigt sich darin, daß das subordinierte Bildungssystem auf die Signale des Arbeitsmarktes entweder nicht – manchmal auch falsch – oder nur verzögert reagiert. Für die Lösung diese Konflikts bleibt nur der verfassungsrechtlich offene und ordnungspolitisch erwünschte Weg, das Bildungssystem zu deregulieren, das heißt den staatlichen Einfluß zurückzunehmen.

Lange Studienzeiten: Hochschulexterne Gründe und ...

8. Im bestehenden Hochschulsystem sind die Studienzeiten seit zwei Jahrzehnten permanent länger geworden. Alle Bemühungen zur Studienreform haben keinen greifbaren Erfolg gezeitigt. Dafür gibt es hochschulexterne und -interne Gründe. Zu den hochschulexternen Gründen zählt, daß im internationalen Vergleich die Studenten relativ spät mit dem Hochschulstudium beginnen – im Durchschnitt mit 21 Jahren –, wozu neben der Schulzeit von 13 Jahren in den alten Bundesländern auch die allgemeine Wehrpflicht beiträgt. In wichtigen anderen Industrienationen – wie in den Vereinigten Staaten, Japan und Großbritannien – ist die Schulzeit kürzer, das Schuleintrittsalter niedriger und die Wehrpflicht abgeschafft. Hinzu kommt bei uns die Vervielfachung der Studentenzahl in den letzten Jahrzehnten. Dadurch wurden die Begabungsreserven mehr als ausgeschöpft und viele junge Menschen zum Studium zugelassen, die den Anforderungen nicht gewachsen sind. Aus diesen und anderen Gründen (Parkstudium, Zweitstudium etc.) hat die Anzahl der Hochschulabsolventen im Verhältnis zur Gesamtzahl der Studenten abgenommen (siehe Tabelle S. 52).

Hochschulprüfungen*)			
Jahr	Absolventen	Anzahl der Absolventen im Verhältnis zur Anzahl der Studenten (in v.H.)	
		Sämtliche Hochschulen	Ohne Fachhochschulen
1960	42.600	14,6	12,5
1970	77.100	15,1	13,6
1980	112.498	10,8	9,2
1990	148.230	9,4	7,6

*) erster Abschluß (Diplom; Magister; Staatsexamen; Promotion, soweit erster Abschluß)
Quelle: Bundesministerium für Bildung und Wissenschaft; eigene Berechnungen

Schließlich führen Defizite in der Schulausbildung dazu, daß während des Studiums ein Teil der Schulausbildung nachgeholt werden muß. Die lange Verweildauer an den Hochschulen ist aber auch ein Reflex des gesellschaftlichen Wertewandels. Die heutige Studentengeneration scheint zu einem erheblichen Teil nicht mehr durchweg bereit zu sein, sich ausschließlich auf das Studium zu konzentrieren. Zum Beispiel gehen viele Teilzeit-Studenten – nicht nur in den Semesterferien – einer Erwerbstätigkeit auch dann nach, wenn dies für die Existenzsicherung nicht notwendig wäre.

... hochschulinterne Gründe

9. Für die permanente Verlängerung der Studienzeit gibt es auch eine Reihe hochschulinterner Gründe. Mit der personellen Expansion in den sechziger und siebziger Jahren ist der Lehrstoff stark ausgeweitet worden. Vor allem die Spezialisierung hat in der Lehre ein beträchtliches Ausmaß erreicht, was in großen Fakultäten offenkundiger sein dürfte als in kleinen. Die Spezialisierung ist zum Teil die Folge der wissenschaftlichen Entwicklung, die im übrigen auch zu einer Entlastung von überholtem Stoff führt, jedenfalls führen sollte. Mit der Ausweitung und Spezialisierung des Lehrstoffes hat sich das Examensrisiko für die Studenten erheblich erhöht, dem sie durch eine Verlängerung des Studiums Rechnung zu tragen suchen. Daß – wie die Prüfungsstatistik

durchweg zeigt – Studiendauer und Examensnoten negativ korrelieren, bei längerer Studiendauer also im Durchschnitt eine schlechtere Note erzielt wird, ist kein Einwand gegen diese Beobachtung. Zur Verlängerung des Studiums trägt bei, daß an Abschlußarbeiten oft unnötig hohe Anforderungen gestellt werden. Von solchen Arbeiten sollte jedenfalls nicht ein eigenständiger Beitrag zur Forschung verlangt werden. Schließlich sind die Prüfungsverfahren aus verschiedenen Gründen zu zeitraubend.

Politsche Entscheidungen: ...

10. Parlamente und Wissenschaftsverwaltungen sind seit einer Reihe von Jahren – etwa durch Einführung des Numerus clausus – bemüht, der Überfüllung der Studiengänge – vor allem in Massenfächern wie der Betriebswirtschaftslehre – zu begegnen. Mit diesem Bemühen konnten aber nicht die Folgen jener politischen Entscheidungen korrigiert werden, die das Lehrangebot verknappt, die Lehrnachfrage erhöht und die Planungsfehler vermehrt haben.

... Kolleggeldreform, Beseitigung der Emeritierung, Herabsetzung des Ruhestandsalters und ...

11. Zur Lehrangebotsverknappung hat die Kolleggeldreform Ende der sechziger Jahre beigetragen, mit der der Lehreifer der Hochschullehrer vermindert wurde. In die gleiche Richtung wirkte die Beseitigung der Emeritierung Ende der siebziger Jahre, mit der ein erhebliches Potential erfahrener Hochschullehrer für die Lehre verlorengegangen ist. (Emeritierung bedeutete Entpflichtung von der Lehre, jedoch nicht die Beseitigung des Rechts zur Lehre, bei Fortführung der vollen ruhegehaltsfähigen Dienstbezüge.) Welche Lehrkapazitäten brachliegen, hat sich in den ersten beiden Jahren der deutschen Einigung gezeigt, in denen die Emeriti nennenswerte Teile des Lehrangebots und des akademischen Wiederaufbaus in den neuen Bundesländern übernommen haben. In den Stadtstaaten und im hochschulreichen Nordrhein-Westfalen ist sogar das Höchstalter für den Eintritt in den Ruhestand von 68 auf 65 Jahre herabgesetzt worden. Abgesehen von der Beseitigung der Emeritierung, deren Beibehaltung einen geringen finanziellen Mehraufwand erfordert hätte, sind diese Maßnahmen bestenfalls ausgabenneutral (Kolleggeldpauschalierung) oder mit erheblichen Mehrbelastungen der öffentlichen Haushalte verbunden gewesen (Herabsetzung

des Ruhestandsalters). Alles in allem ist das Lehrangebot mit viel Geld verknappt worden.

... Abschaffung von Studiengebühren

12. Die starke Ausweitung der Nachfrage nach Studienplätzen dürfte gefördert worden sein, als um 1970 jegliche Gebühren abgeschafft wurden. Von der Zahlung waren früher nur bestimmte Studenten befreit, insbesondere die Stipendiaten der Hochbegabtenförderungswerke. Auch das Bundesausbildungsförderungsgesetz (BAföG) hat die Nachfrage nach Studienplätzen angeregt, vor allem soweit es sich um Zuschüsse handelt. Zuschußcharakter haben nicht nur verlorene Zahlungen, sondern auch Kredite, die zu subventionierten Zinsen gewährt werden. Günstige Rückzahlungsmodalitäten – überdies auch die Inflation – mindern die reale Belastung des studentischen Kreditnehmers so erheblich, daß auch bei Krediten ein wesentlicher Teil praktisch aus Steuermitteln beglichen wird. Schließlich dürfte die zeitliche Streckung der akademischen Abschlußprüfungen sowie die Beseitigung der Zwangsexmatrikulation die Verweildauer der Studenten an den Hochschulen erhöht haben.

Zug zur Zentralisierung

13. Zu den ordnungspolitischen Fehlentwicklungen im Hochschulbereich zählt der Zug zur Zentralisierung. Träger der Hochschulen sind mit wenigen Ausnahmen die Bundesländer. Beginnend im Besoldungsrecht, in dem die Länder schon in den fünfziger Jahren Vereinbarungen getroffen haben, über gemeinsame Planungen für den Hochschulbau bis hin zu Vereinheitlichungen des Hochschulrechts, die über das unerläßliche Minimum an Homogenität weit hinausreichen, sind Unterschiede zwischen den Ländern zunehmend beseitigt worden – mit den zu erwartenden Folgen. Die Leistungsanreize, die vom früher stärkeren Wettbewerb der Länder um Hochschulstandorte, Hochschullehrer oder Fachrichtungen ausgingen, sind auf diese Weise vermindert worden. So mehren sich seit etwa zwei Jahrzehnten die Fälle der Verschwendung von knappen Ressourcen im Hochschulbereich, die auf mangelnden Wettbewerb oder auf zentrale Fehlplanungen zurückgehen. Konnten sich früher bei dezentralen Entscheidungsprozessen unvermeidliche Planungsfehler kompensieren, werden sie nun durch zentrale Abstimmung gemeinsam begangen und sind daher von größerer Tragweite.

Jüngstes Beispiel dafür sind die Fehlprognosen der Kultusministerkonferenz und des Wissenschaftsrates über die rückläufige Entwicklung der Studentenzahlen, die zur Grundlage des zentral geplanten Hochschulausbaus gemacht wurden. Im Vergleich zu ausländischen Hochschulsystemen, in denen eine zentrale Abstimmung der Hochschulträger fehlt, arbeiten die deutschen Hochschulen ineffizient.

III. Ordnungspolitische Leitbilder für die Hochschulpolitik

1. Hochschulen als staatliche Einrichtungen

Beträchtliche öffentliche Aufwendungen

14. Hochschulpolitik ist Ordnungspolitik. Angesichts der offenkundigen Notwendigkeit einer Hochschulreform und der erheblichen gesellschaftlichen und wirtschaftlichen Bedeutung dieses Lebensbereichs ist es nötig, sich die ordnungspolitischen Konzeptionen oder Leitbilder zu vergegenwärtigen, die derzeit konkreten Entscheidungen zugrunde liegen. In Deutschland, wie in den meisten Ländern Kontinentaleuropas gehört es – wie erwähnt – zur Tradition, die Errichtung und den Unterhalt von Hochschulen als öffentliche Aufgabe anzusehen. Die Errichtung und der Unterhalt der Hochschulen durch den Staat erfordert erhebliche finanzielle Anstrengungen, die sich exakt nicht quantifizieren lassen, weil die Hochschulen neben der Ausbildung der Studenten andere Aufgaben wahrnehmen – wie die Forschung, die Weiterbildung und die allgemeine Krankenversorgung –, die in den öffentlichen Etats oft nicht separat ausgewiesen sind. Die öffentlichen Aufwendungen für die Hochschulen (Nettoausgaben minus Einnahmen) betragen in der Bundesrepublik Deutschland (alte Bundesländer) gegenwärtig etwa 25 Mrd. DM. Hinzu kommen die entsprechenden Aufwendungen in den neuen Bundesländern, für die bisher keine verläßlichen Zahlen vorliegen, sowie etwa 4 Mrd. DM für den Lebensunterhalt von Studenten (BAföG, Studentenwerke, Begabtenförderung, Wohnheime).

Falsche Anreize

15. Aus ökonomischer Sicht, die bei dem Gut Bildung gewiß nur Teilaspekte erfaßt, hat ein staatliches Hochschulsystem erhebliche Folgen für den Ressourceneinsatz und die Einkommensverteilung.

Zu den wirtschaftlichen Wirkungen gehören insbesondere eine Stimulierung der Nachfrage und eine Demotivierung der Anbieter. Die staatliche Kostenübernahme verstärkt – abhängig vom Ausmaß der Subventionierung – die Nachfrage nach Studienplätzen, so daß die Nachfrage nach nichtakademischen Ausbildungsplätzen bei einer gegebenen Zahl von Schulabgängern niedriger ist. So kann es zum Beispiel geschehen, daß von einem Jahrgang mehr Personen Architekt als Maurer zu werden wünschen, obwohl auf dem Arbeitsmarkt ein Architekt für eine Vielzahl von Maurern genügt. Beim individuellen Nulltarif lassen sich Studenten in einem erheblichen Ausmaß für Berufe vorbereiten, für die es keinen entsprechenden Bedarf gibt, so seit einer Reihe von Jahren für akademisch ausgebildete Germanisten, Soziologen und Politologen. Erfahrungsgemäß dauert es Jahre, bis sich angesichts schlechter Beraufsaussichten die studentische Nachfrage nach solchen Fachrichtungen zurückbildet. Zudem schlagen in einem staatlichen Hochschulsystem solche Änderungen der Nachfrage in der Regel nicht oder nur verzögert auf das Angebot durch. Die durch den Staat in ihrer Existenz gesicherten Anbieter, wie die auf Lebenszeit angestellten Professoren staatlicher Hochschulen, können solche Nachfragesignale mißachten. Ein Anbieter in Konkurrenz müßte hingegen nicht nur die Signale der Nachfrage aufnehmen, sondern auch die des Arbeitsmarktes einkalkulieren, um auf Dauer wirtschaftlich überleben zu können.

Effekte auf die Einkommensverteilung

16. Eine umstrittene Frage ist, ob und inwieweit eine staatlich finanzierte Hochschulausbildung darüber hinaus Effekte auf die Einkommensverteilung hat, die gesellschaftspolitisch unerwünscht sein können.

Durch die staatlichen Zwangsabgaben werden die Kosten des Studiums den Altersgenossen der Studenten und der älteren Bevölkerung als Steuerzahlern auferlegt. Es findet eine Einkommensumverteilung innerhalb der Kohorten eines Jahrgangs (intragenerationale Einkommensumverteilung) und zwischen Jahrgangskohorten statt (intergenerationale Einkommensumverteilung). Da die akademisch Ausgebildeten in der Regel ein höheres Lebenszeiteinkommen als die Nichtakademiker zu erwarten haben, widerspricht eine staatlich finanzierte Hochschulausbildung der gesellschaftspolitischen Zielsetzung, nach der eine Einkommensumverteilung die Ärmeren – gemessen am Einkommen – zu Lasten der Reicheren begünstigen soll. Daß die Einkommensumverteilung zugunsten der akademisch Ausgebildeten tatsächlich stattfindet, ist international – nicht nur für die Bundesrepublik Deutschland (siehe Grafik S. 47) – hinreichend belegt.

Dagegen steht die These, daß sich diese Umverteilung bei einem progressiv wirkenden Besteuerungssystem rechtfertigen lasse, weil die akademisch ausgebildeten Bezieher hoher Einkommen künftig überproportional zu den staatlichen Einnahmen beitragen und insoweit die früher stärkere Belastung anderer Steuerzahler ausgleichen. Mehr als eine Teilrechtfertigung für die Unentgeltlichkeit des staatlichen Hochschulangebots läßt sich so aber wohl nicht gewinnen.

Systemkonformität

17. Ein Monopol staatlicher Hochschulen ist in einer kollektivistischen Ordnung systemkonform, nicht dagegen in einer freiheitlich verfaßten. Es gilt, das System staatlicher Hochschulen den Erfordernissen des Marktes besser als bisher anzupassen. Ein erster Schritt dazu war die Preisgabe des staatlichen Hochschulmonopols. In den meisten Bundesländern ist es seit einer Reihe von Jahren möglich, private Hochschulen zu gründen.

Dieser Schritt ist nicht gering zu achten. Derzeit freilich arbeiten private Hochschulen unter Rahmenbedingungen, die ihre Existenz wirtschaftlich nahezu unmöglich machen, jedenfalls dafür sorgen, daß private Hochschulen keine Bedeutung erlangen können. Werden private Hochschulen als Unternehmen betrieben, so müssen sie ihre Kosten über Studiengebühren decken. Sie konkurrieren dann mit staatlichen Anbietern, die das Gut "Hochschulausbildung" staatlich subventioniert kostenlos anbieten können – also so, als würde der Staat die Kosten des Volkswagenwerks aus öffentlichen Kassen abdecken und das Unternehmen damit in die Lage versetzen, am Markt mit einem Preis von Null gegen seine Konkurrenten anzutreten.

Soll eine private Universität nicht als Unternehmung, sondern als gemeinnützige Einrichtung betrieben werden, so braucht sie Spenden und Stiftungen. Obwohl in Deutschland die Vermögenssubstanz für größere Zuwendungen vorhanden wäre, sind wissenschaftliche Stiftungen in einer Höhe, die sich aus den finanziellen Bedürfnissen von Hochschulen ergibt, wegen der hohen stiftungsrechtlichen Anforderungen relativ selten. Darüber hinaus wird die Spendenfreudigkeit steuerrechtlich gehemmt. So kann ein Steuerzahler nur fünf bis zehn Prozent seiner Einkünfte als Sonderausgaben absetzen, wenn er sie für gemeinnützige Zwecke stiftet. Solche engen Begrenzungen sind in Ländern mit hohem Spendenaufkommen – wie in den USA – unbekannt.

2. Hochschulen als private Unternehmen

Marktsystem

18. Die alternative Konzeption zu einem traditionell staatlichen Hochschulsystem ist das Marktsystem. In Hochschulen werden knappe Ressourcen eingesetzt, um bestimmte Güter zu erzeugen: die Vermittlung bekannten und neuen Wissens. Das sollte, so die Idee, so weit wie möglich marktgeleitet sein. Die Hochschulausbildung stellt eine Humankapitalinvestition dar, die der Student – ähnlich einem Unternehmer bei einer Sachkapitalinvestition – in der Erwartung tätigt, mit einer gestiegenen Arbeitsqualifikation ein höheres Einkommen zu erzielen. Neben den Einkommenserwartungen können auch andere Gründe, wie attraktive Tätigkeiten oder Aufstiegschancen, von Bedeutung sein. Treten solche Erwartungen ein, dann hat sich das Studium gelohnt, die Investition war also gerechtfertigt. Erfüllen sich die Erwartungen nicht, dann handelt es sich um eine Fehlinvestition. Daß die Hochschulausbildung, wie jede andere Art der Bildung, auch – also nicht nur – ein ökonomisches Gut ist, gehört seit Adam Smith zum elementaren Gedankengut der Wirtschaftswissenschaft. Diese Vorstellungen sind vor einigen Jahrzehnten neu belebt und in der modernen Bildungsökonomie ausgestaltet worden.

Marktversagen im Hochschulbereich?

19. Gegenüber dem Marktsystem wird häufig eingewandt, es sei für Hochschulen ungeeignet, der Markt versage also auf diesem Gebiet. Die Behauptung eines Marktversagens läßt sich angesichts der Fakten

nicht aufrechterhalten. Für einige private Hochschulen gelten schon hierzulande die Gesetze des Marktes, ganz zu schweigen von wichtigen außereuropäischen Ländern, wie den USA und Japan, in denen viele Hochschulen private Unternehmen sind. Richtig ist allein, daß ein marktwirtschaftliches Hochschulsystem andere Ergebnisse zeitigt als ein staatliches. Diese Ergebnisse werden vor allem dadurch bestimmt, daß das Prinzip der Konsumentensouveränität zum Tragen kommt. Die studentische Nachfrage steuert das Studienangebot, das sich im Wettbewerb mit anderen Ausbildungsangeboten behaupten muß. Es findet eine ständige Produktdifferenzierung und Anbieterauslese statt, die es im übrigen den Hochschulen wirtschaftlich verbietet, den größten Teil der Professoren – wie in staatlichen Hochschulen üblich – auf Lebenszeit anzustellen. Die Produktvielfalt ist erheblich größer als bei staatlichen Hochschulen, bei denen rechtliche Mindestanforderungen an eine Hochschule Ausschläge nach unten begrenzen, dafür aber Spitzenqualitäten auch seltener hervorbringen. Nichtmarktfähige Studienangebote müssen entweder aus den Erträgen von marktfähigen Dienstleistungen getragen oder aus anderen Quellen (Stiftungen, Staatszuschüssen) finanziert werden. Das gilt auch für die Grundlagenforschung.

Zudem weichen die distributiven Ergebnisse deutlich von denen in einem staatlichen Hochschulsystem ab. Der Student als Nutznießer des Gutes zahlt für die Nachfrage selbst. Zwischen der Höhe der Humankapitalinvestition und den Investitionserträgen besteht ein erkennbarer Zusammenhang. Dies erklärt auch, warum zum Beispiel in den USA und Japan Studienangebote der besten Hochschulen trotz hoher Gebühren besonders stark nachgefragt werden. Die Einkommensverteilung findet durch den Markt statt, ganz im Gegensatz zum staatlichen Hochschulsystem, das eine Einkommensumverteilung innerhalb und zwischen den Jahrgängen bewirkt.

Private Hochschulen haben höheres Prestige

20. In der Realität gibt es eine Reihe von Ländern, in denen Hochschulen so gut wie ausschließlich in staatlicher Hand sind, wohingegen ein völlig marktwirtschaftliches System privater Hochschulen gegenwärtig nirgendwo existiert, obwohl die Hochschulen ursprünglich nicht staatliche, sondern kirchliche Einrichtungen waren. Das Vordringen staatlicher Hochschulen, das international erst im 19. Jahrhundert einsetzte und starke Impulse vom Humboldtschen Konzept der Berliner Univer-

sität aufnahm, ist zunächst ein Ausdruck genereller staatlicher Expansion in alle Lebensbereiche. Es ist aber auch als eine gezielte Korrektur privater Hochschulen zu verstehen. Eine Korrektur schien den staatlichen Instanzen notwendig oder opportun, weil die Kosten der Ausbildung an renommierten privaten Hochschulen von breiten Bevölkerungsschichten nicht aufzubringen waren, es sei denn, einem Begabten wurde ein Stipendium gewährt. Ein weiterer Grund für staatliche Hochschulgründungen war, daß sich in einigen Ländern die führende Schicht zu einem beträchtlichen Ausmaß aus den Absolventen einer kleinen Zahl lang etablierter, prestigeträchtiger Hochschulen rekrutierte: so in den USA aus den in der Ivy League zusammengeschlossenen Hochschulen Neuenglands, in Großbritannien aus Oxford und Cambridge, in Japan aus der Todai-Universität in Tokio. Durch staatliche Hochschulen sollte in diesen Ländern der Zugang zu führenden Positionen in Gesellschaft, Wirtschaft und Staat für einen größeren Personenkreis geöffnet werden. Dieses Ziel ist nur teilweise erreicht worden. In jenen Ländern, in denen ursprünglich private Hochschulen vorherrschten, sich später aber ein Mischsystem privater und staatlicher Einrichtungen entwickelte, haben die privaten Hochschulen auch heute noch ein deutlich höheres Prestige.

3. Staatliche Hochschulen mit Wettbewerb

Auflockerung durch Wettbewerbselemente

21. Eine Privatisierung von staatlichen Hochschulen ist in Deutschland politisch nicht realisierbar, obwohl es dafür aus ordnungspolitischer Sicht gute Gründe gäbe. Anzustreben ist daher ein Mischsystem aus staatlichen und privaten Hochschulen, das insgesamt als Wettbewerbssystem geordnet sein sollte. Das bedeutet, daß nicht nur private Hochschulen mit staatlichen oder mit anderen privaten Hochschulen konkurrieren, sondern auch staatliche Universitäten untereinander. Ziel ist es, die staatlichen Hochschulen einem Wettbewerbsdruck von außen zu unterwerfen. Sie müßten sich dann dem Marktgeschehen anpassen. Die Trägerschaft der Hochschule, sprich ihre Staatlichkeit, verlöre damit ihre bisherige Bedeutung für das Leistungsangebot. Das entspräche der Hochschullandschaft, wie sie zum Beispiel in den USA oder in Großbritannien zu finden ist.

Zulassung privater Anbieter

22. Ein erstes Element für eine Belebung des Wettbewerbs war die Zulassung privater Anbieter, also die Beseitigung des traditionellen staatlichen Hochschulmonopols. Private Hochschulen können sich aber nur dann etablieren, wenn für ihren Markteintritt nicht unüberwindlich hohe Zulassungshürden errichtet, die Anforderungen für ihren Unterhalt nicht überzogen werden und Wettbewerbsgleichheit zwischen staatlichen und privaten Hochschulen hergestellt wird. Tatsächlich sind die gesetzlichen Vorschriften und mehr noch die Genehmigungspraxis der staatlichen Wissenschaftsverwaltung bisher zu restriktiv, um die ordnungspolitisch erwünschte stärkere Angebotsdurchmischung zu erreichen.

Finanzielle Anreize

23. Ein zweites Element für die Belebung des Wettbewerbs in einem staatlichen Hochschulsystem sind finanzielle Anreize, die auf das Angebot und die Nachfrage nach Hochschulausbildung einwirken. Die Interesselosigkeit der Anbieter in einer staatlich gelenkten Wirtschaft, die in sozialistischen Ländern derart offenkundig war, daß sie jedermann auffiel, mag für den Hochschulbereich so nicht gelten, zumal es dem Berufsethos vieler Hochschullehrer widerspricht. Andererseits kann davon ausgegangen werden, daß eine entsprechend ausgestaltete Honorierung des Lehrerfolges – und nicht nur der Forschungsreputation – zu einer quantitativen Ausweitung und qualitativen Verbesserung des Angebots beiträgt. Die Bezahlung der Hochschullehrer sollte einen herabgesetzten fixen Teil und einen erfolgsabhängigen variablen Teil enthalten, der die Leistung in der Lehre widerspiegelt.

Für eine Bezahlung auch nach dem Lehrerfolg sprechen alle Erfahrungen, die gegenwärtig international – vor einigen Jahrzehnten auch in der Bundesrepublik Deutschland – zu verzeichnen sind. Im Wettbewerb der Anbieter werden Leistungen erbracht, die ohne finanzielle Anreize nicht entstünden. Unabdingbar dafür ist, die Inhalte des Studiums nicht mehr als unbedingt notwendig durch starre universitätsübergreifende Vorgaben zu bestimmen. Dem Wettbewerb der Fakultäten und Fachbereiche um die Studenten kann vieles überlassen werden.

24. Ein Wettbewerb zwischen Gebietskörperschaften ist möglich, obwohl ihm nicht alle Merkmale eines privaten Wettbwerbssystems anhaften. Gewiß, im privaten Bereich ist für den Rationalitätsdruck, den der Wettbewerb erzeugt, die Steuerung des Verhaltens über die Verheißung guter Gewinne und die Drohung schlimmer Verluste, gar des Ausscheidens vom Markt, von zentraler Bedeutung. Dies fehlt im öffentlichen Bereich weitgehend. Trotzdem sprechen zumindest im Hochschulbereich einige Erfahrungen dafür, daß bei einem Wettbewerb zwischen den Eigentümern öffentlicher Einrichtungen andere, bessere Ergebnisse eintreten, als wenn diese durch Eigentümervereinbarung ein Kartell bilden und damit den Wettbewerb ausschließen. So waren auch im 19. Jahrhundert die deutschen Länder Träger der Hochschulen. Zwischen diesen Ländern, in denen es oft nur eine Universität gab – mit der wichtigen Ausnahme Preußens –, bestand ein erheblicher Wettbewerb, vor allem um die besten Professoren. Daran änderte sich durch den Zusammenschluß zum Deutschen Reich im Jahr 1871 nichts. Das deutsche Universitätssystem, obwohl völlig in staatlichen Händen, genoß hohes internationales Ansehen und war auf vielen Gebieten beispielgebend. Heute haben die deutschen Universitäten Schwierigkeiten, den Anschluß an die Weltspitze zu halten. Zu den Ursachen gehört, daß durch die erwähnten kartellähnlichen Vereinbarungen zwischen den Bundesländern zunehmend der Wettbewerb gehemmt oder beseitigt worden ist. Nicht zuletzt wegen des internationalen Wettbewerbs der Hochschulsysteme, dem auch ein staatliches Hochschulsystem ausgesetzt ist, scheint es deshalb vonnöten, der bisherigen Innovationshemmung und Fehllenkung von Ressourcen in den Hochschulen wirksam zu begegnen.

IV. Warnung vor ungeeigneten Maßnahmen

25. Die Zustände an den deutschen Hochschulen haben die politischen Organe, Parlamente und Regierungen, erneut unter Handlungsdruck gesetzt. Erfahrungen mit der Hochschulreform in den letzten Jahrzehnten zeigen hinreichend deutlich, wie sehr in einer solchen Situation die Gefahr droht, daß durch weitere staatliche Eingriffe die Misere in der Lehre verschlimmert und die Bürokratisierung verschärft wird. Die Thesen des Wissenschaftsrats zur Hochschulpolitik vom Januar 1993

und der Katalog einer Bund-Länder-Arbeitsgruppe zur Vorbereitung des mehrmals verschobenen bildungspolitischen Spitzengesprächs 1993 enthalten neben sinnvollen, auf eine Verbesserung der Anreize abzielenden Vorschlägen auch solche, von deren Realisierung dringend abzuraten ist.

Einige dieser Vorschläge orientieren sich am amerikanischen Hochschulwesen. Dabei ist stets zu bedenken, daß organisatorische Einzelregelungen nur im Zusammenhang des Gesamtsystems beurteilt werden können. So hat es sich in der Wirtschaft bewährt, Verkaufsleitern eine Umsatzprovision zu zahlen. Niemand käme auf die Idee, dieses bewährte Prinzip auf Richter an Amtsgerichten zu übertragen. Was im Rahmen des amerikanischen Hochschulsystems sinnvoll oder geboten erscheint, kann im Rahmen des deutschen Systems schädlich sein. Erst wenn die Grundstruktur des Hochschulsystems insgesamt auf Wettbewerb ausgerichtet ist, können sich Einzelregelungen bewähren, die einem Wettbewerbssystem angemessen sind.Vor allem würden die Hochschulen dann aus Eigeninteresse erfolgversprechende Einzelregelungen selber wählen.

Dekan als neuer Beruf?

26. So ist vorgesehen, die Stellung des Dekans erheblich zu verstärken. Er soll unter anderem die Erfüllung des Lehrdeputats der Hochschullehrer überwachen, einen Teil der der Fakultät bzw. dem Fachbereich zugewiesenen Personal- und Sachmittel (15 bis 25 v.H.) in eigener Kompetenz verteilen, den Prüfungsausschüssen vorsitzen und zu Anträgen der Professoren auf Genehmigung von Forschungsfreisemestern und Nebentätigkeiten gegenüber dem Ministerium Stellung nehmen. Die Amtszeit des Dekans soll mindestens drei Jahre betragen – mit möglicher Wiederwahl – und zu seiner Entlastung sollen die Dekanate personell verstärkt werden. Nordrhein-Westfalen und Sachsen haben diesen Vorschlag, teils mit Verschärfungen, durch Novellierungen ihrer Hochschulgesetze bereits in die Praxis umgesetzt. Andere Bundesländer dürften folgen.

Ein aufgrund umfassender Kompetenzen starker Dekan paßt zu einem marktgeleiteten Hochschulsystem, in dem die Hochschulen um die Studenten und deren Finanzierungsbeiträge, also um das Aufkommen von Studiengebühren, konkurrieren. Wie die Praxis der nordamerikanischen Universitäten zeigt, ist in einem solchen System der starke Dekan in der Lage, für ein attraktives und effizientes Lehrangebot seines Fachbereichs zu sorgen, weil die Finanzierungsmittel des Fachbereichs und sogar die Gehälter der Professoren, wie auch das des Dekans, von dem Erfolg im Marktwettbewerb abhängen. Die Interessen des Dekans und der Hochschullehrer sind gleichermaßen auf den Erfolg ihres Fachbereichs ausgerichtet.

Im deutschen Hochschulsystem dagegen, dem entscheidende Wettbewerbselemente fehlen – insbesondere das Recht, Studiengebühren zu erheben und ihre Höhe selbst zu bestimmen –, ist die Figur des starken Dekans systemfremd und nachteilig. Weil der Fachbereich nicht einem umfassenden Wettbewerb ausgesetzt ist, fehlt es an der Grundvoraussetzung für eine Ausrichtung der Interessen der Mitglieder auf das Ziel eines attraktiven und effizienten Studienangebots. Im Rahmen des derzeitigen Systems kann daher auch ein starker Dekan nicht zu Leistung motivieren – und dabei geht es nicht nur um die Einhaltung des Lehrdeputats, sondern ebenso um die Inhalte der Lehre. Die Rechtsfigur des starken Dekans reduziert sich damit auf die des staatlichen Kontrolleurs, der prüft und nach oben berichtet, ob zentral vorgegebene Normen eingehalten werden.

Wenig spricht dafür, daß sich Hochschullehrer finden werden, die das Dekansamt im Sinne einer staatlichen Kontrollinstanz ausüben werden, statt im hergebrachten Sinne Primus inter pares auf Zeit zu sein. Sie würden damit das Kollegialitätsprinzip verletzen und sich von den Kollegen isolieren. Wegen der neuerdings vorgesehenen Verlängerung der Amtszeit auf drei oder sogar vier Jahre, wie für Nordrhein-Westfalen beschlossen, müssen sie überdies damit rechnen, bei Ablauf des Amts den Wiedereinstieg in die Forschung nicht mehr zu erreichen und auch aus diesem Grund von den Kollegen nicht mehr ernst genommen zu werden. In einem Hochschulsystem marktgeleiteten Wettbewerbs wäre das anders, weil da der Dekan nicht nur Aufsichtsperson ist, sondern akzeptierter Manager des gemeinsamen Erfolgs, der allen Mitgliedern des Fachbereichs zugute kommt. Dekan zu sein, ist dort Beruf, erfordert also keine Rückkehr in Lehre und Forschung.

27. Als zweites Beispiel mögen Vorschläge der Bund-Länder-Arbeitsgruppe dienen, das Dienstrecht der Hochschullehrer zu ändern. Vorausgeschickt sei, daß das Recht der Hochschullehrer, die weit überwiegend Landesbeamte sind, einige Besonderheiten aufweist. Insbesondere finden die Vorschriften der jeweiligen Landesbeamtengesetze über Laufbahnen, Probezeiten, Abordnung, Versetzung, einstweiligen Ruhestand und Arbeitszeit keine Anwendung. Eine bundeseinheitliche Handhabung der Ländergesetze wird durch das Beamtenrechtsrahmengesetz und das Hochschulrahmengesetz gewährleistet. Ins Auge gefaßt wird jetzt unter anderem, eine obligatorische Probezeit für beamtete Professoren auf Lebenszeit einzuführen, die Präsenzpflicht bei der Erfüllung des Lehrangebots zu regeln, die Genehmigung von Nebentätigkeiten und von Forschungsfreisemestern – nicht dagegen die von Praxisfreisemestern – von der Erfüllung der Lehrverpflichtungen abhängig zu machen und die Leistungen in der Lehre bei Bleibeverhandlungen zu berücksichtigen.

Die vorgeschlagenen Änderungen scheinen vernünftig – werden deshalb auch als "Aktualisierungen des Dienstrechts für Hochschullehrer unter Leistungsgesichtspunkten" bezeichnet –, sind es bei genauerem Hinsehen jedoch nicht. Zu den gesetzlich vorgeschriebenen Einstellungsvoraussetzungen für Professoren gehört die pädagogische Eignung, die in der Regel durch Erfahrungen in der Lehre oder Ausbildung nachgewiesen wird. Es ist Aufgabe der vorschlagenden Hochschule und des berufenden Ministers zu prüfen, ob diese gesetzliche Voraussetzung tatsächlich vorliegt. Alle Erfahrungen zeigen, daß es bei den Professoren gleichwohl erhebliche Unterschiede in der pädagogischen Eignung gibt, die – allen bisherigen Versuchen (z.B. der Einrichtung von hochschuldidaktischen Zentren) zum Trotz – mit administrativen Mitteln nicht aus der Welt zu schaffen sind. Über den Zuspruch, den Professoren finden, sollten deshalb vor allem die Studenten entscheiden – mit Wirkungen für die Bezahlung der akademischen Lehrer. Die Einführung einer Probezeit würde die Prüfung der pädagogischen Eignung nur um einige Jahre verschieben, jedoch den gegenwärtigen Nachwuchsmangel erheblich verschärfen. Das durchschnittliche Habilitationsalter liegt – überwiegend als Folge langer Studienzeiten – derzeit bei 41 Jahren, die Erstberufung einige Jahre danach. In den meisten Bundesländern wird in der Regel nach dem 52. Lebensjahr nicht mehr aus anderen Ländern berufen. Dies alles schreckt den qualifizierten Nachwuchs ab. Wenn es den Eindruck gibt, die Leistung in der Lehre lasse zu wünschen übrig, so kann man dies leicht dadurch korrigieren, daß die Lehre gesondert honoriert wird – bei herabgesetzten Festbezügen, wie schon erwähnt.

Lehrberichts- und Evaluationsbürokratie?

28. Ein letztes Beispiel ist die Abfassung von Lehrberichten und eine permanente Evaluation, die von den Hochschulen verlangt werden soll. Ein Mangel sei, daß zwar über die Forschung berichtet und diese – im Rahmen der Drittmittelförderung – auch extern bewertet, über die Lehre jedoch und ihre interne und externe Bewertung geschwiegen werde. Die Fakultäten/Fachbereiche seien zu verpflichten, regelmäßig Lehrberichte vorzulegen, die neben umfassenden statistischen Angaben unter anderem Ergebnisse der Lehre und Vorschläge enthalten sollen, wie die Lehre verbessert werden könne. An der Evaluation seien Studenten zu beteiligen. Diese Lehrberichte wären im Senat zu beraten, von der Hochschulleitung zusammenzufassen, schließlich einer überregionalen, bundesweiten Evaluation zugrundezulegen. Bis dieses Verfahren auf allen Ebenen etabliert und durch eine Änderung des Hochschulrahmengesetzes gesetzlich geregelt sei, solle ein Ausschuß "Lehre" beim Wissenschaftsrat kurzfristig Verfahren und Kriterien für eine überregionale Evaluation entwickeln.

Die vorgeschlagenen Regelungen sind vom bürokratischen Geist durchzogen und mit Sicherheit nur geeignet, die Lage an den Hochschulen zu verschlimmern. Durch ein Übermaß an Regulierungen wird bereits gegenwärtig ein erheblicher Teil der personellen und sachlichen Ressourcen der Lehre und der Forschung entzogen. Ein aufwendiges Lehrberichts- und Evaluationswesen würde nicht nur diesen Trend verstärken, sondern auch von zweifelhafter Qualität sein. Unklar bleibt – mit Ausnahme der Behauptung, die öffentliche Kritik an den Hochschulen verlange nach einer internen und externen Evaluation –, warum den Hochschulen dieses System aufgezwungen werden soll. Würde das Hochschulwesen wettbewerblich organisiert, dann etwickelte sich die Evaluierung der Lehre, ohne daß es dazu bürokratischer Prozeduren bedürfte. In Amerika evaluieren die Hochschulen aus eigenem Interesse und nach eigenen Kriterien die Qualität ihrer Lehrkräfte, und die Hochschulen ihrerseits werden durch unabhängige externe Organisationen evaluiert. Wer dieses Eigeninteresse durch zentrale Regulierung ersetzen will, der erntet viel beschriebenes Papier, aber wenig Wahrheit.

V. Empfehlungen für Reformen auf der Seite des Angebots

1. Stärkere Differenzierung der Studieninhalte und der Hochschularten

Ziel: Verkürzung der Studienzeiten

29. Nach dem zweiten Weltkrieg haben die Politiker auf die steigende Studienplatznachfrage zunächst mit einem erheblichen Ausbau der Hochschulen reagiert. Diese Hochschulexpansion vollzog sich weitgehend als ein Ausbau der Universitäten. Nicht hinreichend jedoch hat sich in deren Lehrangebot niedergeschlagen, daß die große Mehrheit der Universitätsstudenten weder in der Wissenschaft verbleiben noch in Berufe gehen wird, für die eine wissenschaftliche Ausbildung unerläßlich ist. Die meisten Studenten sind daran interessiert, sich für einen Beruf zu qualifizieren, der bei guter Bezahlung eine attraktive Tätigkeit mit Aufstiegschancen bietet. Die Universitäten sollten dieses Interesse durch ein Lehrangebot befriedigen, bei dem ein frühzeitiger Eintritt in die Berufsausübung möglich und auf die Vermittlung von Berufsfertigkeit verzichtet wird. Ein Universitätsstudium soll dazu befähigen, auf einem bestimmten Gebiet unter Anwendung wissenschaftlicher Erkenntnisse und Methoden zu arbeiten. Eine Beschränkung auf die Berufsbefähigung oder Berufsvorbereitung erlaubt generell eine Entlastung von Stoff, der im übrigen laufend dem Erkenntnisfortschritt anzupassen ist (permanente Studienreform). Auch wenn für die verschiedenen Fächer kein einheitliches Schema für Inhalt und Organisation der berufsbefähigenden Studiengänge angegeben werden kann, deren Ausgestaltung vielmehr dem Wettbewerb unterliegen sollte, bleibt das generelle Ziel, die tatsächlichen und die vorgesehenen Studienzeiten zu verkürzen. Wenn – international gesehen – in Ländern mit einem hohen Ausbildungsniveau in der Regel drei oder vier Jahre für den ersten berufsqualifizierenden Abschluß tatsächlich genügen, ist schwer einzusehen, wieso das hierzulande nicht möglich sein soll. An entsprechenden Appellen an die Adresse der Universitäten, Länderparlamente und Wissenschaftsverwaltungen hat es in den letzten Jahren nicht ge-

fehlt – wie insbesondere verschiedene Empfehlungen des Wissenschaftsrates belegen. Durchgreifendes ist bisher indessen nicht geschehen.

Bei Plänen, für den wissenschaftlichen Nachwuchs im engeren Sinne ein forschungsbezogenes, strukturiertes Graduiertenstudium einzurichten, das zur Promotion führt, ist vor einer Schematisierung zu warnen. In einzelnen Disziplinen ist dies sinnvoll und entspricht dann meist auch der schon geübten Praxis. In anderen Disziplinen wie z.B. der Rechtswissenschaft mag der Bedarf an Institutionalisierung eher gering sein.

Priorität für Ausbau der Fachhochschulen

30. Eine Folge der Mittelkonzentration auf die Universitäten war, daß die Fachhochschulen zu langsam und in zu geringem Umfang ausgebaut worden sind. Dazu hat in den sechziger und siebziger Jahren eine Entwicklung beigetragen, in deren Verlauf nicht nur berufsorientierte Ausbildungsgänge – wie die der Volksschullehrer, Betriebswirte, Apotheker und Landwirte – an die traditionelle Universitätsausbildung inhaltlich angegliedert und zeitlich verlängert, sondern auch unterschiedliche Hochschularten unter einem Dach zusammengefaßt wurden. Nach den Empfehlungen des Wissenschaftsrates Ende der sechziger Jahre sollten – in Anlehnung an nordamerikanische Hochschulmodelle – künftig Gesamthochschulen, die Fachhochschulstudiengänge einschließen, die Regel sein. Die Gesamthochschulen konnten sich jedoch nicht durchsetzen und sind eine Ausnahmeerscheinung geblieben. Die Fachhochschulen bieten gegenüber Universitäten – angesichts der geschilderten Entwicklung der Studiennachfrage – einige Vorteile. Erstens entspricht die tatsächliche Studienzeit weitgehend der vorgesehenen, zweitens sind die Fachhochschulstudiengänge an Berufsbildern – wie dem des Betriebswirts oder Ingenieurs – orientiert, für die auf dem Arbeitsmarkt erhebliche Nachfrage besteht, und drittens liegen die Kosten der Ausbildung im Vergleich zu denen an einer Universität niedrig. Aus solchen hochschul-, beschäftigungs- und finanzpolitischen Gründen verdient der Ausbau der Fachhochschulen Priorität gegenüber den anderen Hochschularten. Gegenwärtig stammt ein Drittel der Hochschulabsolventen aus Fachhochschulen. Die von den Ländern angestrebte Erhöhung dieses Anteils auf 40 v.H. wird sich flächendeckend nur erreichen lassen, wenn in das bisherige begrenzte Angebot der

Fachhochschulen neue Studiengänge aufgenommen werden. Zu warnen ist freilich vor der Erwartung, ein Ausbau der Fachhochschulen könnte zu einer raschen und spürbaren Entlastung der Universitäten von Studenten führen.

Bessere Abstimmung auf Arbeitsmarkterfordernisse durch Berufsakademien

31. Der Schlüssel für ein erfolgreiches Studienangebot liegt in der Reaktion auf Anforderungen des Arbeitsmarktes. Dies zeigen nicht nur die große Nachfrage nach bestimmten universitären Studiengängen – wie der Betriebswirtschaftslehre – und der Erfolg der Fachhochschulen, sondern auch die Berufsakademien, die Mitte der siebziger Jahre in Baden-Württemberg aufkamen und gegenwärtig in Berlin und Sachsen eingeführt werden. Berufsakademien unterscheiden sich von Fachhochschulen durch eine parallel angelegte duale Ausbildung im Betrieb und in der staatlichen Studienakademie. Zugelassen werden nur Abiturienten. Der Abschluß nach drei Jahren, der dem einer Fachhochschule gleichwertig ist, wird von den Arbeitgebern geschätzt, so daß die Absolventen durchweg gute Chancen auf dem Arbeitsmarkt haben. Solche Innovationen, auch wenn sie rechtlich nicht zum Hochschulsektor gehören, verdienen uneingeschränkte Unterstützung, zumal die Kosten der Ausbildung erheblich niedriger als an Fachhochschulen liegen. Der überwiegende Teil der Lehrkräfte ist nicht hauptamtlich beschäftigt. Die Zurückhaltung der meisten Bundesländer gegenüber Berufsakademien ist schwer verständlich, wenn akzeptiert wird, daß eine unverändert fortschreitende Differenzierung des Beschäftigungssystems eine entsprechende Reaktion des Hochschulangebots verlangt.

Förderung von privaten Hochschulen

32. Ordnungspolitisch unbefriedigend verläuft die Entwicklung von Hochschulen in privater Trägerschaft. Denn gerade von diesen Einrichtungen könnte eine Belebung des Wettbewerbs ausgehen, der für das staatliche Hochschulsystem dringend erwünscht ist. Selbst die für den Betrieb einer Hochschule mit wenigen Studiengängen erforderlichen Beträge lassen sich – wie die bisherigen Erfahrungen zeigen – nur schwer aufbringen, die für eine Universität üblichen Zuschnitts überhaupt nicht. Wesentliche Gründe dafür wurden bereits genannt: Der Mangel an Wettbewerbsfähigkeit, wenn Studiengebühren erhoben wer-

den, die fehlende Tradition für wissenschaftliche Stiftungen in Deutschland und – zusammenhängend damit – deren Behandlung im Steuerrecht. Bei der Reform der steuerlichen Gemeinnützigkeit vor einigen Jahren überwog die Furcht der politisch Verantwortlichen, die Steuerausfälle würden bei weitem nicht durch höhere Spenden aufgewogen, so daß nur marginale Änderungen vorgenommen worden sind. Da eine durchgreifende Änderung des Stiftungssteuerrechtes auch heute auf erhebliche Widerstände stößt, wird vorgeschlagen, private Hochschulen aus staatlichen Privatisierungserlösen zu finanzieren. Der Vorschlag ist nicht neu. So wurde Ende der fünfziger Jahre bei der Veräußerung der Bundesbeteiligung am Volkswagenwerk erwogen, aus dem Erlös eine Universität zu stiften, statt – wie geschehen – eine Institution zur Forschungsfinanzierung (Volkswagen-Stiftung). Insbesondere die Bundesländer verfügen noch über ein erhebliches Privatisierungspotential (siehe hierzu KRONBERGER KREIS, "Privatisierung auch im Westen", Band 26/1993) – z.B. hält Niedersachsen immer noch eine Beteiligung am Volkswagenwerk –, so daß der Realisierung von einigen Stiftungshochschulen nichts im Wege stünde, wenn sie gewollt wären.

2. Deregulierung des Hochschulsystems

33. Mit Deregulierung ist generell eine Reduzierung oder Beseitigung wettbewerbsbehindernder staatlicher Vorschriften für den privaten Sektor gemeint. Deswegen kann der Ausdruck für den Bereich der öffentlichen Hochschulen nur in einem übertragenen oder weiteren Sinne verstanden werden. Auszugehen ist von der Tatsache, daß Verrechtlichung und Bürokratisierung im Hochschulsystem in wenigen Jahrzehnten enorm zugenommen haben und damit – ähnlich wie im privaten Sektor – dem Wettbewerb und einem effizienten Ressourceneinsatz, aber auch der Hochschulautonomie im Wege stehen. Über Jahrhunderte hinweg sind die Hochschulen in Deutschland – wie weltweit unverändert üblich – mit Satzungs- oder Gewohnheitsrecht ausgekommen. Die seit Ende der sechziger Jahre in den Bundesländern erlassenen Hochschulgesetze sind vor allem aus der politischen Intention entstanden, die Gruppenuniversität durchzusetzen, auch wenn sich die Regelungen nicht auf diesen Punkt beschränken. Um die Rechtseinheitlichkeit in der Bundesrepublik Deutschland zu wahren, ist – nach einer Verfassungsänderung im Jahre 1969 – nach langen Debatten im Jahre 1976 das Hochschulrahmengesetz in Kraft getreten. In ihm wer-

den den Landesgesetzgebern Grundsätze allgemeiner Art zur Beachtung aufgegeben.

Reduzierung des Regelungsumfanges

34. Gegenüber dieser Entwicklung bleibt zu betonen, daß Wettbewerb von der Verschiedenheit der Auffassungen von Marktteilnehmern sowie der Produktheterogenität lebt. Das gilt auch für den Wettbewerb im öffentlichen Sektor, für den Markt, auf dem Gebietskörperschaften agieren. Es wird nicht vorgeschlagen, einen hochschulrechtlichen Status quo ante wiederherzustellen – was weder realistisch wäre, noch wünschenswert scheint –; wir halten es jedoch für geboten, das Dikkicht wettbewerbshemmender Vorschriften zu lichten. Unterstützung verdient deshalb das Bestreben mehrerer Bundesländer, den Regelungsumfang des Hochschulrahmengesetzes wesentlich zu reduzieren. Wie eine Antwort der Bundesregierung auf eine kleine Anfrage von 1989 dokumentiert, hat das Hochschulrahmengesetz nicht verhindert, daß in den Ländergesetzen entweder gegen das Bundesrecht oder gegen die Verfassung verstoßen wird. Wenn sich das Rahmengesetz als untaugliches Mittel erweist, die Rechtseinheitlichkeit und Verfassungskonformität zu wahren, ist es auch aus rechtspolitischen Gründen sinnvoll, nur noch wenige Vorschriften bundeseinheitlich gelten zu lassen, wie bei Vorschriften über die Hochschulzulassung, die Hochschulgrade und das Personal. Eine Abrüstung des Hochschulrahmengesetzes sollte sich in den ausführenden Ländergesetzen entsprechend niederschlagen. Dies würde Freiräume schaffen für ein individuelles Satzungsrecht der Hochschulen als wesentlicher Teil ihrer Autonomie und als Element eines diversifizierenden Wettbewerbs.

Stärkung der finanziellen Hochschulautonomie

35. Die Hochschulen sind in den vergangenen Jahrzehnten immer stärker reglementiert und von den Ländern gegängelt worden. So sehr man das bedauern mag, so entspricht es doch der im System angelegten Logik. An Hochschulen fehlen Leistungsanreize weitgehend, und es fehlt insbesondere das Streben, möglichst viele Studenten zu gewinnen (so wie ein Unternehmen möglichst viele Kunden gewinnen möchte). Auf der anderen Seite ist das Verlangen nach mehr Stellen und Mitteln unbegrenzt. Aus dem Blickwinkel der Wissenschaftsministerien ergibt sich damit notwendigerweise, die Leistung und die Verwendung der

knappen Mittel zu kontrollieren. Das Verfahren, fehlendes Eigeninteresse durch Anordnungen und Kontrollen zu ersetzen, hat sich allerdings nirgendwo bewährt. Für Hochschulen ist es ganz besonders ungeeignet. Schon die Kontrolle der formalen Abläufe, wie zum Beispiel die eines ordnungsgemäßen Lehrangebots, dürfte nicht einfach sein. Gänzlich unmöglich ist aber die Qualitätskontrolle. Unter den gegebenen Bedingungen hat es auch keinen Sinn, den Hochschulen die Mittel global zuzuweisen. Wo objektive Interessen und Anreize fehlen, da führt ein solches Verfahren nur zu hochschulinternen Verteilungskämpfen, bei denen die sachlichen Notwendigkeiten leicht zu kurz kommen.

Wer also Hochschulautonomie wiederherstellen will, der muß zunächst die Interessenlagen schaffen, unter denen Autonomie allein funktionieren kann. Das bedeutet, daß den Hochschulen die Mittel leistungsbezogen zufließen sollten. Der Staat sollte – ähnlich wie bei der Finanzierung von Forschungsinstituten (institutionelle Förderung) – zwar eine gewisse Grundfinanzierung bereitstellen, alle anderen notwendigen Mittel müssen aber von den Hochschulen eingeworben werden, sei es dadurch, daß sie Studenten gewinnen, die Studiengebühren zahlen, sei es, daß staatliche Mittel nach objektivierbaren Kriterien wie etwa der Zahl der Absolventen (nicht der Studenten) zugewiesen werden. Dabei geht es hier zunächst nicht darum, ob Studenten Studiengebühren aus eigenen Mitteln erbringen oder ob sie vom Staat Stipendien oder Bildungsgutscheine bekommen. Sondern hier geht es darum, daß der Student durch die Wahl einer Hochschule deren Verhalten und deren Leistungsbereitschaft beeinflussen kann. Allerdings dürfen Gutscheine dann nicht an eine bestimmte Hochschule gebunden werden. Damit würde der Lenkungszweck verfehlt (siehe Ziffer 45). Sie sollten insbesondere auch zum Studium an privaten Hochschulen verwendet werden können. Im Sinne des Ziels eines möglichst unverfälschten Wettbewerbs zwischen staatlichen und privaten Hochschulen wäre deshalb auch anzuraten, außer der institutionellen Grundförderung die restlichen Mittel der Hochschulfinanzierung über Studiengebühren einzuwerben. Der Wert des Gutscheines darf sich überdies nicht an den Kosten einer bestimmten Hochschule orientieren. Dadurch ginge der Leistungsanreiz wieder verloren.

36. Das Dienst- und Besoldungsrecht für Hochschullehrer hat eine oft übersehene Bedeutung für eine Hochschulreform. Es bedarf keiner tiefgreifenden Änderungen bewährter Regelungen – wovor gewarnt wurde –, um gelegentlich zu beobachtende Mißbräuche abzustellen. Dafür gibt es bereits gegenwärtig hinreichende Handhaben, nicht jedoch für die Anforderungen einer Hochschulreform. Was not täte, wäre vor allem, das Hochschullehrerrecht insgesamt flexibler zu gestalten und das Hochschullehrerbesoldungsrecht nicht weiter dem Besoldungsrahmengesetz des Bundes zu unterwerfen; auch müßte es von starren Besoldungselementen, wie der Fixierung von sogenannten Berufungsgewinnen, befreit werden. Ziel der Besoldungsrechtsänderungen sollte es sein, die Bezahlung der Professoren auch – wie international üblich – vom Lehrerfolg abhängig zu machen, um dem Wettbewerb in der Lehre finanzielle Anreize zu bieten. Dies spricht dafür, entweder das jahrhundertelang gültig gewesene Kolleggeldsystem bei gleichzeitiger Herabsetzung der Festbetragsbezüge der Professoren zusammen mit der Erhebung von Studiengebühren wieder einzuführen oder eine andere Regelung zu treffen, die dem Lehrerfolg auch finanziell Rechnung trägt. Gewissen Auswüchsen des früheren Kolleggeldsystems, z.B. der Monopolisierung bestimmter Lehrangebote, der Behinderung von Konkurrenz im Berufungsverfahren und der Präferierung von Veranstaltungsformen mit hoher Besucherzahl, ließe sich in geeigneter Weise begegnen. Auch der Lage von Professoren in kleinen Fächern kann durch Mindestpauschalen entsprochen werden. Eine vom Lehrerfolg abhängige, auch ansonsten größere Freiheit ermöglichende Bezahlung wäre überdies geeignet, die Risiken jener Lehrpersonen abzudecken, die nicht auf Lebenszeit angestellt sind. Manches spricht dafür, den Anteil der auf Lebenszeit angestellten Professoren geringer als bisher zu halten. Um die notwendige Flexibilität bei der Anpassung des Angebots an die Nachfrage zu erhalten, wäre langfristig anzustreben, daß die lebenslang angestellten Professoren höchstens 25 v.H. der Lehrpersonen ausmachen. Ganz auf den Beamtenstatus verzichten kann man wohl nicht, weil die Abnahme von Prüfungen eine hoheitliche Aufgabe im Sinne des Grundgesetzes ist und weil die Freiheit der Wissenschaft durch die Unabhängigkeit der Professoren gesichert werden soll.

Auch das Dienstrecht der Hochschullehrer sollte anpassungsfähiger als bisher gehalten werden, um den Besonderheiten dieses Berufs Rechnung zu tragen. Empfohlen wird, die Pensionierung wieder aufzugeben zugunsten der Emeritierung mit 68 oder – wie früher in der Schweiz – mit 70 Jahren. In kaum einem Beruf ist die Ausreifungszeit von Humankapitalinvestitionen so lang und deshalb die Zeit der Berufsausübung im Falle einer Pensionierung so kurz wie in dem des Professors, so daß ein später Berufsaustritt und die Erhaltung dieses Potentials gut begründet sind. Schließlich sollte ein Wechsel zwischen Hochschule und Praxis über das bisherige Ausmaß erleichtert und gefördert werden. Da die Berufsvorbereitung an Hochschulen heute ganz andere Dimensionen als in früheren Zeiten angenommen hat, wäre für die Qualität des Studiums in zahlreichen Fächern ein stärkerer Bezug auf die Praxis auch auf diese Weise von großem Nutzen.

3. Verbesserung des Leistungsangebots der Hochschulen

Andere Mittelzuweisung, Freischußregelung

37. Eine stärkere Differenzierung der Studiengänge und Hochschularten sowie eine Deregulierung des Hochschulsystems werden, selbst wenn sie unmittelbar in Angriff genommen würden, nur langfristig Wirkung zeigen können. Kurzfristige Wirkungen sind eher von Maßnahmen zu erwarten, die auf eine Verbesserung des Leistungsangebots in den Hochschulen abzielen. Wir unterstützen ausdrücklich zwei von den Kultusministern und Finanzministern der Länder empfohlene Maßnahmen, die – im Rahmen des gegebenen Personalbestandes und Sachmitteletats – zu einer Verkürzung der Studienzeiten beitragen und relativ rasch realisiert werden könnten. Erstens soll die Mittelzuweisung an die Fakultäten/Fachbereiche an der Zahl der Absolventen orientiert werden und nicht – wie bisher – an der Zahl der Studenten. (Von den Länderministern wird, wie auch vom Wissenschaftsrat, außerdem empfohlen, die Lehrqualität intern und extern zu überprüfen. Davon ist wegen des bürokratischen Aufwandes und der Problematik der Kriterien abzuraten, obwohl es im Prinzip sinnvoll wäre, die Ausbildungsleistung nicht nur quantitativ zu bewerten.) Zweitens soll allen Studenten die Möglichkeit eröffnet werden, einen Prüfungsversuch früher als vorgesehen – ohne Anrechnung nach der Prüfungsordnung – vorzunehmen (Freischußregelung). Diese von Bayern ausgehende Innovation des Prüfungswesens ist geeignet, die Studienzeiten zu verkürzen. Abzuwarten bleibt jedoch, ob die Inanspruchnahme einer generell einge-

führten Freischußregelung nicht zu einer übermäßigen Belastung führt, mit dem gegebenen Personal also nicht zu verwirklichen wäre.

Prüfungsorganisation ändern

38. Verbesserungen des Leistungsangebotes sind auch durch organisatorische Änderungen zu erzielen. So gehört zu den oft beklagten Mißständen, daß die Korrektur von schriftlichen Studien- und Examensarbeiten unverhältnismäßig lange dauert, zumal wenn mehrere Prüfer beteiligt sind. Das wirkt studienzeitverlängernd. Diesem Übelstand, dem in der Öffentlichkeit eine oft übertriebene Bedeutung beigelegt wird – mit entsprechenden Reaktionen der Politiker –, ließe sich begegnen, wenn in den Prüfungsordnungen angemessene Fristen und nur eine Wiederholung vorgesehen würden. Studienzeitverlängernd wirkt auch die Angst der Studierenden vor der großen Abschlußprüfung, weil sie sie zum Aufschieben der Meldung zum Examen und zum wiederholten Besuch derselben Vorlesungen verleitet. Diese Selbstblockade vieler Studenten ließe sich auflösen, indem die schriftlichen und mündlichen Leistungen der abschließenden Diplom- oder Staatsprüfung ganz oder zum Großteil durch studienbegleitende Prüfungsleistungen ersetzt werden. Schließlich wäre es sicherlich möglich, die Transparenz des Studiums, vor allem für Studienanfänger, weiter zu verbessern – auch wenn die Studienberatung durchgängig seit Jahren etabliert ist – und die oft überzogene akademische Selbstverwaltung, mit der die Hochschulangehörigen von der Erfüllung ihrer eigentlichen Aufgaben in Lehre, Studium und Forschung abgehalten werden, auf ein sinnvolles Ausmaß zurückzuführen.

Verbesserte Ausbildung in der Verwaltung

39. Bei der Diskussion über eine Hochschulreform wird häufig übersehen, daß nicht nur die akademische Selbstverwaltung, sondern auch die staatliche Hoheitsverwaltung reformbedürftig ist. Für die letztere trifft voll zu, was in unserer Empfehlung zur "Reform der öffentlichen Verwaltung" ausgeführt wurde (Band 23/1991): Die Kosten sind zu hoch und vor allem angesichts des großen Finanzbedarfs aufgrund der deutschen Einigung unvertretbar. Die Kostspieligkeit der staatlichen Hochschulverwaltung liegt nicht an fehlendem Leistungsvermögen und Leistungswillen der Bediensteten, sondern an groben Konstruktionsfehlern des Führungssystems, das zu unwirtschaftlichem Handeln an-

reizt und Sparsamkeit nicht belohnt. Ein Problem eigener Art ist der Mangel an professioneller staatlicher Hochschulverwaltung vor Ort. Ein wesentlicher Grund dafür dürfte sein, daß früher nur relativ wenige Personen in diesem Bereich tätig und die spezifischen Aufgaben beschränkt waren. Im sonstigen öffentlichen Dienst hat sich im Laufe der Zeit ein Anforderungsprofil entwickelt, das für die Wahrnehmung einer bestimmten Funktion angemessen ist. So werden z.B. die Beamten und Angestellten der Finanzämter, Justizbehörden oder Gebietskörperschaften über Jahre hinweg auf die jeweiligen Anforderungen in ihren künftigen Berufen vorbereitet. Obwohl die Hochschulen als Folge des Ausbaus in den letzten Jahrzehnten im alten Bundesgebiet etwa 150.000 nichtwissenschaftliche Personen beschäftigen, fehlt es bis heute an einer systematischen Ausbildung auf diesem Gebiet. Im Zuge des Ausbaus wurden für die Hochschulverwaltung Kräfte eingestellt, die aus anderen öffentlichen Verwaltungen und privaten Unternehmen kamen oder berufsuntätig waren. Die Knappheit an Verwaltungspersonal in den Hochschulen der alten Bundesländer wird dadurch noch verstärkt, daß qualifizierten Kräften nicht selten attraktive Stellen in höheren Behörden, vor allem in Ministerien, und neuerdings auch in den neuen Bundesländern offeriert werden. Die Einführung einer spezifischen Ausbildung für die Hochschulverwaltung, die eine Erarbeitung von Anforderungsprofilen voraussetzt, aber auch die – bisher eher gelegentlich zu verzeichnende – Weiterbildung sollten nicht länger verzögert werden. Nur so läßt sich das Leistungsangebot der Hochschulen effizienter als bisher erbringen. Während von der Weiterbildung kurzfristige Wirkungen zu erwarten sind, dürfte die Heranbildung eines Nachwuchses erst in fernerer Zukunft Früchte tragen.

VI. Empfehlungen für Reformen auf der Seite der Nachfrage

1. Neuordnung des Hochschulzugangs

40. Eine wirksame Reform der Hochschulausbildung, insbesondere eine Verkürzung der langen Studiendauer, erfordert entweder eine Reform der höheren Schulen oder eine Neuordnung des Hochschulzugangs. Die Vervielfachung der Studentenzahl in den letzten Jahrzehnten war nur möglich durch eine Herabsetzung der Anforderungen an den höheren Schulen. Seit der Bildungsreform in den sechziger und siebziger Jahren werden nicht nur Bildungsreserven ausgeschöpft, son-

dern auch Studierunfähige zum Studium zugelassen. Mit dem Abitur ist keine verläßliche Aussage über die Studierfähigkeit verbunden. Die Hochschulen ihrerseits sind im Rahmen ihrer meist großzügig bemessenen, im Streitfall von Verwaltungsgerichten ermittelten Kapazitäten gehalten, jeden Studenten einzuschreiben. Daß die höheren Schulen reformbedürftig sind, ist seit Jahren weitgehend unkontrovers. Über die Vorgehensweise im einzelnen besteht jedoch keine Einigkeit, so daß die Schulreform nicht vorankommt und einzelne Bundesländer eigene Wege beschreiten. Die Aussichten, daß die höheren Schulen wieder das frühere Niveau erreichen, sind skeptisch einzuschätzen. Angesichts aller Bemühungen, die Qualitätsanforderungen auf das erforderliche Niveau zu heben, wäre es der falsche Weg, den Hochschulzugang zusätzlich über eine Berufsausbildung zu ermöglichen, wie es neuerdings die großen Parteien, die Spitzenverbände der Wirtschaft und die Gewerkschaften fordern. In einigen Bundesländern – wie in Nordrhein-Westfalen und Schleswig-Holstein – ist diese Forderung schon verwirklicht. Ein Berufstätiger kann seit jeher die Zulassung zur Hochschule erwerben, etwa auf einem Abendgymnasium oder durch eine Sonderreifeprüfung. Wenn gleichwohl neue Möglichkeiten zur Erlangung des Hochschulzugangs geschaffen werden sollen, so aus zweckfremden Absichten. So wollen die Spitzenverbände der Wirtschaft, vor allem die Dachorganisation des Handwerks, Lehrlinge dadurch gewinnen, daß sie auf die spätere Möglichkeit eines Studiums hinweisen können. Der richtige Weg wäre jedoch, die Lehrlingsausbildung als solche attraktiver zu machen und die herrschende Subventionierung des Studiums einzuschränken.

Hochschulzugangsprüfung unter Mitwirkung der Hochschulen

41. Als ein Versuch, die Qualität der Hochschulzugangsberechtigung wieder anzuheben, ist das Zentralabitur anzusehen, das in Bayern, Baden-Württemberg, Saarland und einigen anderen Bundesländern verwirklicht ist. Für die Hochschulreform wäre es ein Fortschritt, wenn die übrigen Bundesländer sich diesem Vorgehen anschließen würden. Damit ist allerdings kaum zu rechnen. Andererseits läßt sich nicht übersehen, daß mit einem Zentralabitur allein der Überfüllung der Hochschulen nicht Herr zu werden ist. Als einziger Weg verbleibt nach allem, die Verleihung der Hochschulzugangsberechtigung entweder an die Mitwirkung der Hochschulen – vor allem bei der Festlegung der studiengangspezifischen Anforderungen – zu binden oder von der höheren

Schule auf die Hochschule zu übertragen. Das letztere, mit der deutschen Tradition brechende Verfahren ist weltweit üblich und nach international verbreiteter Auffassung ein wesentliches Erfordernis im Hochschulwettbewerb. Nach dieser Auffassung kann eine Hochschule nur so gut sein wie ihre Professoren und Studenten. Deshalb gehört es international zum Selbstverständnis der Hochschulen, daß sie selbst bestimmen, wen sie zum Studium zulassen. Auf hohe Anforderungen bedachte Institutionen – wie die privaten Universitäten in den Vereinigten Staaten – halten landesweit und international Ausschau nach den besten Studenten. Die Bereitschaft dazu ist in den deutschen Hochschulen noch wenig ausgeprägt und der Widerstand der höheren Schulen nachdrücklich, wie die Diskussion über Modellversuche zur Hochschulzulassung gezeigt hat. Weil hierzulande die Hochschulen nicht dem Erfolgsdruck marktgeleiteten Wettbewerbs ausgesetzt sind, reagieren ihre Vertreter auf solche Vorschläge hinhaltend und mit erheblichen Stellenforderungen, obwohl die Auswahl in ihrem ureigensten Interesse läge und es Auswahlverfahren ohne großen Personalaufwand gibt.

2. Wiedereinführung der Studiengebühren

42. Unter den Vorschlägen zur Hochschulreform kommt der Wiedereinführung von Studiengebühren das größte Gewicht zu. Erstens haben jahrelange Versuche anderer Art, die Hochschulprobleme zu lösen und vor allem der permanenten Studienzeitverlängerung zu begegnen, nicht nur keine Wirkung gezeigt, sondern die Situation eher verschlimmert. So erschöpfen sich auch gegenwärtig die Vorschläge der Politik und der Wissenschaftsverwaltung in Maßnahmen, die mit hoher Wahrscheinlichkeit nur mehr Bürokratie zur Folge haben werden. Aus solcher Einsicht heraus sollten die jüngsten Empfehlungen des Wissenschaftsrats zur Hochschulpolitik – nach einem Entwurf der Wissenschaftlichen Kommission – erstmals den Vorschlag zur Wiedereinführung der Studiengebühren enthalten, womit der Wissenschaftsrat seine traditionellen Empfehlungskataloge um einen wesentlichen Punkt erweitert hätte. Die mit Politikern besetzte Verwaltungskommission des Wissenschaftsrates hat, nachdem Teile der interessierten Öffentlichkeit durch eine frühzeitige Indiskretion aufgebracht worden sind, die Verabschiedung dieses Vorschlags leider verhindert. Zweitens sind die gegenwärtigen Hochschulprobleme zu einem erheblichen Teil die unmittelbare und vorhersehbare Folge der Abschaffung der Studienge-

bühren vor einigen Jahrzehnten. Weder die Expansion der höheren Schulen mit einer Aufweichung des Abiturs noch die sogenannte Öffnung der Hochschulen im Jahr 1977, die nach einem Beschluß der Ministerpräsidenten die Zulassung von Studenten über die Kapazität hinaus vorsieht, vermögen allein den gewaltigen Zustrom zu den Hochschulen zu erklären. Erst die Tatsache, daß die erheblichen Kosten der Hochschulausbildung vollständig vom Steuerzahler übernommen, die Studenten also hoch subventioniert werden, liefert diesen Erklärungsgrund. Es werden Fehlanreize gesetzt: zum Studieren überhaupt und zum Zulangestudieren. Wenn die Hochschulen ihre Aufgaben wieder voll erfüllen sollen, scheint die Wiedereinführung von Studiengebühren unvermeidlich. Sie wird deswegen nachdrücklich empfohlen. Im übrigen müssen im Ausland die Studenten zum Teil ganz erhebliche Beträge an die Hochschulen abführen. In der Europäischen Gemeinschaft werden – außer in der Bundesrepublik Deutschland – nur in Dänemark und in Griechenland in den nichtmedizinischen Fächern keine Studiengebühren verlangt.

Wirkungen von Studiengebühren

43. Studiengebühren sind Preise für Dienstleistungen. Wie bei allen Preisen stimmen sie Angebot und Nachfrage aufeinander ab. Können Anbieter und Nachfrager unbeschränkt agieren, wird sich im Wettbewerb ein Preis ergeben, der die Mengen von Angebot und Nachfrage zur Übereinstimmung bringt, so daß es weder einen Nachfrageüberhang geben kann – wie gegenwärtig – noch auf Dauer einen Angebotsüberschuß. Der Numerus clausus würde entbehrlich, die Zentralstelle für die Vergabe von Studienplätzen (ZVS) könnte aufgelöst werden. Diese Wirkung ist ausgeschlossen oder eingeschränkt, wenn Studiengebühren keine Gelder einschließen, die das Verhalten der Anbieter lenken. Es genügt nicht, daß nur die Institutionen Einnahmen erzielen und diese – wie oben empfohlen – nach bestimmten Kriterien des Lehrerfolgs verteilen. Wirksamer wäre die direkte Honorierung der Personen, die das Lehrangebot im Wettbewerb erbringen sollen, durch ein Kolleggeldsystem. Einschränkungen ergeben sich auch in dem Maße, in dem Studiengebühren von den Kosten der Ausbildung losgelöst werden. Deshalb sind im Hinblick auf die unterschiedlichen Kosten einzelner Disziplinen in vielen Ländern die Studiengebühren nach Fachrichtungen auch dann differenziert, wenn sie nur einen Teil der Kosten decken.

Durch die Einführung von Studiengebühren an staatlichen Hochschulen wird die Einkommensverteilung geändert. Der Student trägt die Kosten seiner Ausbildung selbst und nicht – wie heute – zum größten Teil der Steuerzahler. Als Standardargument für die Belastung der Steuerzahler wird vorgebracht, durch die Humankapitalinvestitionen entstünden positive externe Effekte – insbesondere ein höheres Wirtschaftswachstum –, die eine Belastung der Allgemeinheit rechtfertigen. Freilich nur soweit der Markt eine bessere Ausbildungsqualität nicht ausreichend honoriert, bleibt Raum für eine Argumentation mit externen Effekten. Die Belastung der Studenten mit den Kosten ihrer Ausbildung entspricht dagegen einem wesentlichen Prinzip der freiheitlichen Ordnung, nach dem Entscheidungsfreiheit und Entscheidungsfolgen individuell zu koppeln sind.

Höhe der Studiengebühren

44. Im Hinblick auf die Höhe der Studiengebühren stellt sich zunächst die Frage, ob die Kosten voll oder nur zum Teil gedeckt werden sollen. Die öffentlichen Ausgaben pro Student betragen gegenwärtig rund 15.000 DM jährlich, wobei die Universitäten mit 17.000 DM etwas darüber, die Fachhochschulen mit 7.000 DM deutlich darunter liegen. Diese Durchschnittszahlen streuen erheblich nach Fachrichtungen. Eine Vollkostendeckung, die diesen Unterschieden Rechnung trüge, hätte zur Folge, daß derzeit Studiengebühren von z.B. 10.000 bis 12.000 DM in den Geistes- und Sozialwissenschaften und zwischen 30.000 und 50.000 DM in der Medizin jährlich zu zahlen wären. Studiengebühren, die die Kosten der Ausbildung nur zum Teil decken, sind jedoch aus mehreren Gründen zu vertreten. Die angegebenen Zahlen sind das Ergebnis einer Division der staatlichen Hochschulausgaben durch die Zahl der Studenten. In den Hochschulausgaben sind die Kosten für die Forschung, Weiterbildung und die allgemeine Krankenversorgungin Hochschulkliniken enthalten, die – mangels einer betrieblichen Kostenrechnung – nicht zu spezifizieren sind. Die genannten Beträge sind deshalb höher als die Ausgaben für die Hochschulausbildung. Außerdem sind aufgrund der Humankapitalinvestitionen positive externe Effekte zu verzeichnen, auch wenn ihr Umfang oft überschätzt und im einzelnen nicht genau zu bestimmen ist. In einer intertemporalen Betrachtung vermindert sich zudem die künftige Belastung der Steuerzahler, weil die akademisch Ausgebildeten ihrer höheren Einkommen wegen einen erhöhten Beitrag zum Steueraufkommen leisten.

Diese Gründe sprechen für eine Teilkostendeckung, geben aber nur wenig für die konkrete Höhe der Studiengebühren her. Aus pragmatischer Sicht spricht manches dafür, zunächst an die früheren Beträge anzuknüpfen und auf heutige Verhältnisse fortzuschreiben, aber auch zu berücksichtigen, daß Angebote privater Institutionen attraktiv bleiben. Geht man von 250 DM durchschnittlicher Gebühr aus, die bei ihrer Abschaffung in einem rein staatlichen Hochschulsystem pro Semester zu entrichten waren, so ergeben sich – im Hinblick auf die Entwicklung des Pro-Kopf-Einkommens in dieser Zeit – Beträge von etwa 1.000 DM pro Semester oder 2.000 DM pro Jahr. Angesichts der tatsächlichen Kosten hätte ein solcher Betrag aber nur eine geringe Steuerungswirkung. Soll ein nennenswerter Teil – bis zu einem Drittel – der Hochschulhaushalte nicht durch staatliche Zuschüsse, sondern auf diesem Wege finanziert werden, wäre dieser Betrag etwa zu verdoppeln. Der sich so ergebende Betrag von 4.000 DM pro Jahr sollte einmal – wie international üblich – nach unten und oben in Abhängigkeit von den Kosten des gewählten Studiums differenziert werden. Die Wettbewerbswirkung würde verstärkt, wenn den einzelnen Hochschulen bzw. ihren Fachbereichen darüber hinaus das Recht eingeräumt würde, in einem bestimmten Rahmen unterschiedliche Zuschläge zu erheben, ähnlich wie z.B. den Gemeinden bei der Erhebung der Gewerbesteuer. Die Hochschulen würden mit einem so ausgestalteten Studiengebührensystem eine neue Einnahmequelle erhalten, die ihre Autonomie gegenüber staatlichen Stellen erheblich stärkt.

Bildungsgutscheine

45. In der Diskussion um eine Neuordnung der Studienfinanzierung wird auch vorgeschlagen, Bildungsgutscheine auszugeben und auf die Einführung von Studiengebühren zu verzichten. Über Bildungsgutscheine liegen in den Vereinigten Staaten, aber auch in anderen Ländern – wie der Schweiz – hinreichende Erfahrungen vor, so daß man nicht bloß auf Vermutungen über ihre Wirkungen angewiesen ist. Bildungsgutscheine sind vom Staat an bestimmte Personen ausgegebene Wertpapiere, die nur zur Bezahlung von Bildungsangeboten verwendet werden dürfen. Sie sind – anders als Geld – kein allgemeines Zahlungsmittel und ähneln Gutscheinen mit einem festgelegten Verwendungszweck (z.B. Essen- und Geschenkgutscheine). Die Allokationswirkungen von Bildungsgutscheinen entsprechen denen von Studiengebühren, wenn man sie entsprechend ausgestaltet. So hat die Einführung von

Bildungsgutscheinen an Schweizer Schulen im Jahr 1990 gezeigt: Durch die Nachfragesteuerung wurde es für die bisherigen Anbieter notwendig, sich über den Absatz ihres Bildungsangebots Gedanken zu machen. Vorhandene private Anbieter – für den Wettbewerb besser gerüstet als staatliche Einrichtungen – erhielten Auftrieb, und neue Wettbewerber traten hinzu. Der Ausbildungsanteil des Staates ist zurückgegangen, der der Privaten hat zugenommen, die früher bestehenden Unterschiede zwischen beiden haben sich angenähert. Heute gibt es in der öffentlichen Diskussion niemanden mehr, der zum alten System zurückkehren wollte. So oder ähnlich hat sich der Bildungsmarkt nach der Einführung von Bildungsgutscheinen auch andernorts entwickelt. Bei der Einkommensumverteilung jedoch unterscheiden sich Bildungsgutscheine nicht von der Finanzierung über Steuern. Da die Bildungsgutscheine kostenlos ausgegeben werden, die Studierenden also keinen direkten Beitrag zu den Ausbildungskosten leisten müssen, bleibt es bei der Übernachfrage nach Hochschulausbildung. Deshalb sind Bildungsgutscheine fast ausschließlich bei einer Bildungspflicht im Schulbereich ausgegeben worden. Im Hochschulwesen findet man sie – auch in den Vereinigten Staaten – nur selten.

Die Verwendung von Bildungsgutscheinen würde die Befürchtung einer Auslese der Studenten nach Einkommen der Eltern gegenstandslos machen. Allerdings kommt es entscheidend darauf an, aus welcher öffentlichen Kasse der Bildungsgutschein finanziert wird. Wenn es zu einem Wettbewerb auch zwischen den Bundesländern kommen soll, dann muß das Herkunftsland des Studenten und nicht das Studienland die Kosten tragen.

3. Ausbau des Stipendienwesens und Aufbau eines Kreditsystems

Verstärkung der Begabtenförderung

46. Durch die Wiedereinführung von Studiengebühren – auch wenn sie nur einen Teil der Kosten des Ausbildungsangebotes decken – wird die Nachfrage nach der Hochschulausbildung zurückgehen, so wie es andererseits zu einer Ausweitung des Angebots kommt. Diese Reaktion ist gewollt, weil sich auf andere Weise der Nachfrageüberhang nicht beseitigen läßt, wie die untauglichen Versuche marktwidriger Eingriffe in den letzten Jahren jedermann gezeigt haben. Es ist davon auszuge-

hen, daß durch Studiengebühren nicht nur Studierunfähige, sondern auch Begabte vom Studium abgehalten werden. Deshalb wird vorgeschlagen, in einem Akt mit der Wiedereinführung von Studiengebühren das Stipendienwesen auszubauen und ein Kreditsystem einzurichten, das den besonderen studentischen Belangen Rechnung trägt. Eine Förderung für Begabte existiert in Deutschland seit langem, ihre Bedeutung ist jedoch weit geringer als in vergleichbaren Ländern. Die meisten Stipendien für Begabte werden von Stiftungen gewährt, die sich praktisch ausschließlich aus öffentlichen Mitteln finanzieren, wie die politisch neutrale Studienstiftung des deutschen Volkes oder die den Parteien, Gewerkschaften und Kirchen nahestehende Einrichtungen (z.B. die Konrad-Adenauer-Stiftung, die Friedrich-Naumann-Stifutng und die Friedrich-Ebert-Stiftung). Daneben gibt es eine Vielzahl von relativ kleinen privaten Stiftungen, die oft nur bestimmte Ausbildungen fördern und selten bei Studienbeginn einsetzen. Der Anteil der Stipendiaten aus Stiftungen mit staatlicher Finanzierung, über die allein genauere Zahlen vorliegen, beträgt weniger als 1 v.H. der Studenten insgesamt.

47. Ein zeitgleicher Ausbau des Stipendienwesens kann nach Lage der Dinge weitgehend nur über eine Verstärkung der öffentlichen Zuwendungen für die Begabtenförderung erreicht werden. Die erforderlichen Mittel ließen sich in zweierlei Weise gewinnen. Erstens könnte ein Teil der von den Hochschulen nach Einführung von Studiengebühren nicht mehr benötigten staatlichen Zuschüsse für Stipendien zur Verfügung gestellt werden. Zweitens könnte das Bundesausbildungsförderungsgesetz (BAföG) entweder gänzlich aufgegeben oder – was zwischenzeitlich der Fall war – auf eine Darlehensgewährung beschränkt werden. Beim Ausbau des Stipendienwesens sollte der politischen Neutralität Vorrang eingeräumt werden – im Gegensatz zur gegenwärtigen Förderung, bei der die politisch nichtneutralen Stiftungen gegenüber den neutralen insgesamt fast das Doppelte an Zuschüssen erhalten. Darüber hinaus wird empfohlen, die Hochschulzulassung und die Förderung mit einer bestimmten Maßgabe zu koppeln, was für die deutsche Tradition ungewöhnlich, international jedoch in freiheitlichen Ordnungen aus guten Gründen üblich ist. Diese Maßgabe ist, daß bei der Zulassung der Studenten ausschließlich deren Begabung den Ausschlag gibt. Erst nach Abschluß der Zulassung wird die Frage gestellt, ob der Zugelassene die gesamten Kosten der Ausbildung, die Studiengebühren und Ausgaben für die Lebenshaltung, selbst zu tragen vermag. Ist der Zuge-

lassene aufgrund seiner Einkommens- und Vermögensverhältnisse dazu in der Lage – wobei in vielen Ländern strengere Maßstäbe als in der Bundesrepublik Deutschland gesellschaftlich unbestritten gelten –, kommt ein Stipendium nicht in Frage. Andernfalls jedoch werden relativ großzügig Stipendien gewährt, die die gesamten Kosten völlig oder – was die Regel ist – wenigstens zu einem Teil decken. Auf eine angemessene Eigenbeteiligung wird stets geachtet. Anklänge an diese Auswahlprinzipien gibt es bei der Studienstiftung des deutschen Volkes, die zwischen materieller und immaterieller Förderung unterscheidet. Der Anteil so ausgewählter Stipendiaten ist international – im Vergleich zur Bundesrepublik Deutschland – hoch und kann durchaus mehr als die Hälfte der Studenten insgesamt ausmachen. Aus solchen bewährten Erfahrungen folgt der Vorschlag, vor allem die Mittel der Begabtenförderung erheblich aufzustocken und von den Hochschulen zugelassene unvermögende Begabte soweit wie möglich zu fördern.

48. Die Entscheidung über ein Studium wird nicht nur von Studiengebühren, sondern auch – oft vor allem – von den Kosten der Lebenshaltung beeinflußt. Aus diesem Grunde bleibt die Frage, wie den Interessen von unvermögenden Begabten, die kein Stipendium erhalten, entsprochen werden kann. Eine ordnungskonforme Antwort ist, daß der einzelne für die Lebenshaltung während der Ausbildungszeit grundsätzlich selbst zu sorgen hat – was im übrigen für die nichtakademische Berufsvorbereitung allgemein akzeptiert wird –, ein gewisses Ausmaß staatlicher Unterstützung jedoch vertretbar scheint. Dieses mögliche, im einzelnen nicht genau zu bestimmende Ausmaß staatlicher Unterstützung rechtfertigt jedoch nicht die herrschende Praxis, die Hochschulausbildung und die öffentliche Versorgung minderbemittelter Studenten als Verpflichtung aller Steuerzahler zu behandeln. Ein allgemeines Interesse besteht allein darin, nachweislich Begabten, die kein Stipendium erlangen konnten und die studieren möchten, die finanzielle Möglichkeit zu eröffnen, die gesamten Kosten der Ausbildung zu bestreiten.

Bürgschaften für Studentenkredite

49. Zur Befriedigung dieses Interesses liegt es in einer Marktwirtschaft nahe, die Studenten auf den Kreditmarkt zu verweisen. Das Argument ist, Kreditinstitute seien darauf eingestellt, Investitionen unterschiedlichen Risikos zu finanzieren, mit entsprechenden Auswirkungen für die

Kosten eines Kredits. Trotzdem hat sich – auch international – kein freier Markt für Humankapitalinvestitionen herausgebildet, auf dem Studenten ihre Investition finanzieren können. Ursächlich dafür dürfte sein, daß die Bonität studentischer Investoren und die Durchsetzbarkeit von Ansprüchen – wegen der internationalen Mobilität des Investors und der Gefahr von Fehlinvestitionen – relativ gering sind und überdies ganz erheblich streuen, so daß lediglich nach Prüfung des Einzelfalls, aber nicht nach Marktnormen Kredite vergeben werden. Dem allgemeinen Interesse, nachweislich Begabten die Finanzierung ihres Studiums zu ermöglichen, ließe sich durch staatliche Bürgschaften Rechnung tragen. Deshalb wird der Aufbau eines Kreditsystems mit staatlichen Bürgschaften für näher bestimmte Studentenkredite empfohlen. Die Erfahrungen mit dem Honnefer Modell in den fünfziger und sechziger Jahren zeigen im übrigen, daß die Risiken von Humankapitalinvestitionen generell überschätzt und demzufolge der Rückfluß von Studentenkrediten unterschätzt wird, so daß sich die Belastung der öffentlichen Haushalte durch Bürgschaften für Studentendarlehen in engen Grenzen halten dürfte.

Mehr Langfristdenken in Gesellschaft und Politik

Gefahren kurzfristigen Denkens

In der Wirtschafts-, Finanz- und Sozialpolitik haben sich in den letzten Jahren Illusionen breitgemacht – Illusionen über das, was künftig noch aus öffentlichen Kassen bezahlt werden kann, ohne daß die Abgabepflichtigen überfordert werden. Eine wesentliche Ursache der bedenklichen Entwicklung ist darin zu sehen, daß überfällige Korrekturen früherer politischer Entscheidungen zu lange hinausgezögert, die Folgekosten beschlossener neuer Maßnahmen nicht hinreichend bedacht und ständig neue Wechsel auf die Zukunft ausgestellt werden. Die langfristigen Folgen staatlicher Unterlassungen und Aktivitäten werden sträflich vernachlässigt. Eine kurzatmige Politik, die oft zu hektischen, unvorhersehbaren Änderungen wichtiger Rahmenbedingungen für die private Wirtschaft führt, zwingt auch viele Unternehmen dazu, sich weniger an den langfristigen Chancen auf Märkten und mehr an den ständig veränderten staatlichen Vorschriften zu orientieren.

In den allernächsten Jahren werden die finanziellen Lasten früher getroffener Maßnahmen, etwa in der Rentenversicherung, noch tragbar sein. Nach der Jahrtausendwende ist jedoch mit Auswirkungen zu rechnen, die die Grenzen der Abgabenbelastung zu überschreiten drohen. Zu den steigenden Lasten der Rentenversicherung treten die Ausgaben für die Pflegeversicherung hinzu. Die Lasten für die Verzinsung der öffentlichen Schuld schwellen an. Investitionen in die vernachlässigte Infrastruktur müssen nachgeholt, Sünden in der Entsorgungspolitik beseitigt werden. Wir haben uns inzwischen daran gewöhnt, daß gegenwärtiger Konsum nicht allein aus laufenden Einkommen, sondern zu einem erheblichen Teil mit öffentlichen Krediten bezahlt wird. Schulden von heute sind aber die Steuern von morgen. Offene Rechnungen werden in der Zukunft präsentiert.

Das Denken in zu kurzen Zeithorizonten und Wirkungsketten hat mannigfache Wurzeln. Es wäre falsch, die Schuld allein Politikern, politischen Parteien und staatlichen Institutionen zuzuschieben. Interessenverbände der verschiedensten Art sind unablässig bestrebt, ihren Mitgliedern kurzfristig spürbare Erfolge zu präsentieren, indem sie öffentliche Kassen anzapfen, geldwerte Vorteile durchsetzen oder Belastungen aus einem Abbau von Vergünstigungen verhindern. Gewerkschaften haben über Jahrzehnte trotz schlechter Erfahrungen eine kurzsichtig angelegte Lohnerhöhungspolitik verfolgt, die zu einer rasch wachsenden Sockelarbeitslosigkeit gerade unter den beruflich schlecht Qualifizierten beigetragen hat. Ob die sich abzeichnende Neuorientierung der gewerkschaftlichen Lohnpolitik einen dauerhaften Kurswechsel einleitet oder bald wieder den alten Umverteilungsstrategien weichen muß, bleibt abzuwarten. In der Bevölkerung ist der Anteil jener, die „dem Staat“, also letztlich der Gesamtheit der Abgabepflichtigen, immer mehr und dem einzelnen immer weniger Verantwortung für private Angelegenheiten zuweisen möchten, gewachsen.

Viele Politiker reagieren auf solche Zeitströmungen positiv und in verstärkendem Sinne, so folgenschwer derartige Einstellungen für das Gemeinwesen auch sind. Politische Parteien denken aus eigennützigen Erwägungen in Wahlperioden. Politiker sind in der Regel bestrebt, die Wähler günstig zu stimmen, weil sie an der Macht bleiben oder an die Macht gelangen möchten. Die mittelbaren und die langfristigen Folgen aktueller Beschlüsse bleiben oft unerwähnt, oder sie werden bagatellisiert. Belastende Neben- und Fernwirkungen staatlicher Maßnahmen treten häufig erst nach vielen Jahren auf. Die Politiker können damit rechnen, daß dann der kausale Zusammenhang mit früheren Interventionen weithin nicht erkannt wird. Fehler werden dem Verursacher nicht angerechnet. Solche Defekte einer parlamentarisch-demokratischen Ordnung sind in vielen Ländern zu beobachten. Ein Symptom hierfür ist das steile Ansteigen der Staatsverschuldung. In Deutschland haben die schweren Lasten der deutschen Einheit diese Fehlentwicklungen eskalieren lassen. Bei uns stellt sich mit besonderer Brisanz die Frage, in welcher Weise wirksam gegengesteuert werden kann.

Welchen Personen und Institutionen sind die langfristigen Interessen in einer freiheitlichen Ordnung anvertraut? Welche Wirkungszusammenhänge veranlassen die Akteure zur Beachtung mittelbarer Folgen und weiter Zeithorizonte? Welche Personen und Institutionen sind besser als andere für die Wahrnehmung langfristiger Interessen geeignet? Welche Kräfte müssen gestärkt werden, damit punktuelles Denken zurückgedrängt und die Bedürfnisse der kommenden Generation mit größerer Durchschlagskraft als bisher berücksichtigt werden?

Wenn zum nachhaltigen Wohl des Gemeinwesens für ein verantwortungsvolleres Handeln mit weiten Zeithorizonten gesorgt werden soll, dann sind dies die Fragen, die besonders dringend einer überzeugenden Antwort bedürfen. Und es ist höchste Zeit, diese Antworten in zukunftsorientierte Politik umzusetzen.

Januar 1994

Juergen B. Donges, Wolfram Engels
Walter Hamm, Wernhard Möschel
Manfred J. M. Neumann, Olaf Sievert
(KRONBERGER KREIS)

I. Ursachen des Scheuklappendenkens

1. Umschmeicheln von Wählern

Aktuelle Nöte und Sorgen nehmen im privaten Leben wie auch in der praktischen Politik aus verständlichen Gründen oft einen höheren Rang ein als künftig zu erwartende Schwierigkeiten und Probleme. Akute Existenzgefahren verkürzen den Zeithorizont, zunehmender Wohlstand pflegt ihn zu erweitern. Gleichwohl ist selbst im öffentlichen Leben reicher Volkswirtschaften oft ein bedenkliches Ausmaß an Mißachtung künftiger Bedürfnisse zu beobachten. Der Wohlstand von heute gilt selbst dann als vordringlich, wenn damit gerechnet werden muß, daß infolgedessen der Lebensstandard von morgen empfindlich geschmälert wird. Wenn Politiker und politische Parteien darum wetteifern, Wohltaten mannigfacher Art zu Lasten der öffentlichen Haushalte auszustreuen, Wohnungsmieten auf breiter Front (nicht nur für Bedürftige) marktwidrig niedrig zu halten, Sozialleistungen und Subventionen zu erhöhen und dies alles mit Wechseln auf die Zukunft zu bezahlen, lassen sich Wähler nur allzu leicht und oft täuschen. Die Erfahrung lehrt, daß solche finanziellen Belastungen selbst dann kaum zu revidieren sind, wenn die Überforderung der öffentlichen Haushalte überdeutlich zu erkennen ist. Niemand verzichtet gern auf einmal zugestandene und mühsam erstrittene staatliche Vergünstigungen. Sie werden schnell zum Besitzstand der jeweiligen Gruppe. Politiker scheuen sich deswegen, den Status quo zu verändern. Da auch die Finanzierung wachsender Staatsausgaben über höhere Steuern und Abgaben viele Wähler verstimmt, wird die zunehmende öffentliche Verschuldung als das kleinere Übel empfunden. Die Bezahlung des öffentlichen Konsums von heute wird in die Zukunft verschoben. Diese bedenkliche und gefährliche Entwicklung ist kein unabwendbares Schicksal. Voraussetzung für eine erfolgreiche Therapie ist das Erkennen der tieferen Ursachen der Krankheit. Erst die Diagnose läßt erkennen, woran es fehlt und was geändert werden muß.

Nicht auf allen Politikfeldern ist das Verhaltensmuster allzu engstirnigen und punktuellen Denkens und Handelns zu beobachten. In der Umweltschutzpolitik ist dies am deutlichsten zu erkennen. Existentielle Gefahren, die erst in Jahrzehnten – möglicherweise – akut werden, haben dem Umweltschutz heute zu einer hohen Priorität in der Rangordnung politischer Ziele verholfen. Dieses Nachdenken über langfristig möglicherweise drohende Gefahren ist richtig, darf aber nicht zu überhasteten Taten verleiten. Gelegentlich droht in der Umweltschutzdiskussion sogar eine zu einseitige, übertriebene und verabsolutierende Wahrnehmung künftiger Interessen.

Aus diesem Fall läßt sich eine wichtige Lehre ziehen: Politiker registrieren deutliche Veränderungen der Einstellung und der Stimmungen bei den Wählern. Gelingt es, breite Schichten der Wähler von der Notwendigkeit zu überzeugen, den politischen Kurs auf diesem oder jenem Feld zu ändern, werden auch die Politiker folgen, selbst dann, wenn es sich um sehr langfristige Ziele und um noch ungewisse Ereignisse in der Zukunft handelt. Solche Erfolge in der Beeinflussung der öffentlichen Meinung setzen allerdings voraus, daß sich breite Schichten der Bevölkerung ernsthaft betroffen fühlen, mit gravierenden Nachteilen rechnen und erste Vorboten befürchteter Fehlentwicklungen bereits erkennbar sind.

Die Chancen, den politischen Kurs über die Alarmierung einer breiten Öffentlichkeit und über ein Umdenken bei den Wählern zu verändern, werden allerdings auf wenige Sonderfälle beschränkt bleiben. Diese Tatsache muß zum Nachdenken darüber veranlassen, wie dafür gesorgt werden kann, daß im parlamentarisch demokratischen Kräftespiel sorgfältiger als bisher die mittelbaren und die langfristigen, oft kumulierenden Folgen politischen Handelns bedacht werden und wie dieses Wissen bei der Auswahl politischer Strategien wirksam umgesetzt werden kann. Die Ansicht, man könne darauf vertrauen, daß in Fällen von Politikversagen die Wähler schon rebellieren werden, wird von der Erfahrung widerlegt.

2. Einschränkung selbstverantwortlichen privaten Handelns

In einer freiheitlichen Gesellschafts- und Wirtschaftsordnung liegt die Verantwortung für langfristige Entscheidungen in allererster Linie bei den privaten Haushalten und den Unternehmen. In nahezu allen Familien ist es selbstverständlich, daß gute Voraussetzungen für das Fortkommen der Kinder geschaffen werden. Es wird nach der Devise gehandelt: Unseren Kindern soll es später einmal besser gehen. Die Bereitschaft, langfristig in Wohnungseigentum zu investieren und sich gegen künftige Risiken zu versichern, ist weit verbreitet. Für Zusatzrenten im Alter wird in sehr vielen Haushalten vorgesorgt. Die Vermögensbildung in breiten Bevölkerungsschichten hat ein noch vor wenigen Jahren für utopisch angesehenes Ausmaß erreicht. Im privaten Leben denkt eine überwältigende Mehrheit der Bürger langfristig, obschon die kollektive Absicherung gegen Lebensrisiken durch die Sozialversicherung in den letzten Jahrzehnten ganz erheblich ausgebaut worden ist.

Die Abwägung der Gegenwartsbedürfnisse und der Zukunftswünsche folgt den individuell gesetzten Prioritäten. Unverkennbar haben sich die Zeithorizonte in vielen privaten Haushalten mit steigendem Lebensstandard beträchtlich erweitert. Wachsende private Verantwortung für die Zukunft kennzeichnet das Verhalten der Masse der privaten Haushalte. Eine entscheidende Voraussetzung für privatwirtschaftliche Vorsorge und Risikoübernahme ist freilich ein hohes Maß an Geldwertstabilität. Hohe Inflationsraten vernichten Sparkapital und bestrafen diejenigen, die private Vorsorge betreiben. Da nicht durch Sachwerte gesicherte Sparformen weit überwiegen und da eine Flucht in Sachwerte für die meisten Haushalte keine Alternative bildet, ist das Handeln mit weiten Zeithorizonten unmittelbar abhängig vom Erfolg oder Mißerfolg der Geldwertstabilitätspolitik.

Unverkennbar setzt andererseits eine nicht gerade kleine Gruppe privater Haushalte trotz stark gestiegenen Lebensstandards darauf, daß selbst für banale Lebensrisiken oder Notfälle nicht selbstverantwortlich vorgesorgt zu werden braucht. Der „Staat“ oder die „Solidargemeinschaft“ solle die Lasten hierfür übernehmen. Diese Einstellung – von vielen Politikern unterstützt – begünstigt von kurzfristigem Denken geprägte Verhaltensweisen. Auch private Haushalte, die zu eigener Vorsorge bereit sind und sie praktizieren, haben meist nichts gegen höhere kollektive Absicherung individueller Lebensrisiken einzuwenden – in der Hoffnung, daß andere dafür bezahlen. Je deutlicher es wird, daß alle Bereiche der Sozialversicherung wegen unvertretbar werdender hoher Beitragsbelastungen verstärkt auch auf Eigenverantwortung setzen müssen (vor allem in der Altersversorgung), desto energischer muß freilich auf ein Umdenken hingearbeitet werden.

Unternehmerisches Handeln ist regelmäßig auf nachhaltige Vermögensmehrung und Gewinnerzielung gerichtet. Langfristiges Denken ist die unabdingbare Voraussetzung für das Erreichen dieses Ziels. Oft viele Jahre dauernde Investitionsphasen und die lange Lebensdauer vieler Investitionsgüter zwingen zu weit vorausschauendem Denken. Unternehmern muß das Handeln mit weiten Zeithorizonten nicht erst nahegebracht werden. Es ist eine wesentliche Vorbedingung für den geschäftlichen Erfolg.

Auch die langfristigen Dispositionen der Unternehmer können allerdings von Staats wegen empfindlich beeinträchtigt werden. Hohe und stark schwankende Inflationsraten vergrößern die Investitionsrisiken. Eine unstetige und unberechenbare Wirtschafts-, Steuer- und Sozialpolitik vermindert die Investitionsneigung und legt den Verzicht auf risikoreiche innovative Vorstöße nahe. Eine im internationalen Vergleich überhöhte Steuerbelastung bewirkt die Verlagerung unternehmerischer Initiativen ins Ausland. Beschäftigungs- und Wohlstandsimpulse gehen der heimischen Volkswirtschaft verloren.

Für Unternehmer – und erst recht für ihre Verbände – bedeuten staatliche Interventionen und Hilfeangebote eine ständige Versuchung, sich auf öffentliche Unterstützung zu verlassen oder sie zu fordern, anstatt die langfristige Existenzsicherung mit eigener Kraft durch Bewährung im Wettbewerb zu gewährleisten. Das staatliche Instrumentarium hierfür ist breit gefächert: Es reicht vom Schutz vor ausländischer Konkurrenz über mannigfache nationale Wettbewerbsbeschränkungen (z.B. Regulierungen) bis zu Steuervergünstigungen und Subventionszahlungen.

Unter solchen Umständen denaturiert unternehmerisches Denken. Der Wettbewerb zwingt zu unablässigen Anstrengungen, das eigene Angebot zu verbessern und kostengünstiger zu produzieren, risikoreiche Neuerungen zu wagen und auf neue Märkte vorzustoßen. Wesentlich bequemer ist es aber oft, öffentliche Instanzen von der Notwendigkeit einer verstärkten staatlichen Protektion zu überzeugen. In vielen Wirtschaftsbereichen ist die Erfahrung gemacht worden, daß zunehmende Arbeitsplatzgefährdung ein wirksames politisches Druckmittel ist, neue oder großzügigere Unterstützung aus öffentlichen Kassen durchzusetzen. Langfristiges unternehmerisches Denken wird in solchen Fällen verdrängt durch kurzsichtige Überlegungen, in welcher Weise zusätzliche Hilfen losgeeist werden können. Die vorausschauende Anpassung der unternehmerischen Produktionsprogramme und Produktionsanlagen im Hinblick auf sich ändernde Marktverhältnisse wird vernachlässigt oder unterbleibt. Manche Unternehmer fragen sich: Was bekomme ich aus der Staatskasse, wenn ich dieses oder jenes tue? Das Kassieren staatlicher Prämien, Vergünstigungen, Zuschüsse und Hilfen verspricht leichteren Gewinn als unternehmerische Leistung. Das einzelwirtschaftliche Denken und Handeln wird korrumpiert und in falsche Bahnen gelenkt. In hochregulierten Bereichen sind solche bedenklichen Fehlentwicklungen am deutlichsten sichtbar. Nur dort, wo Unternehmer ohne Möglichkeiten des Rückgriffs auf öffentliche Kassen selbstverantwortlich handeln, kann mit ausreichend weiten privaten Zeithorizonten gerechnet werden.

Soweit die Voraussetzungen für eigenverantwortliches privates Handeln gegeben sind und seitens des Staates nicht beseitigt werden, ist langfristiges privatwirtschaftliches Denken in Haushalten und Unternehmen zugleich den langfristigen gesamtgesellschaftlichen Interessen förderlich. Anstrengungen der privaten Haushalte mit dem Ziel einer guten Ausbildung der Kinder, der privaten Risikovorsorge und der Vermögensbildung bewirken ein Ansteigen des Human- und Sachkapitalbestands. Damit werden wichtige Voraussetzungen für steigende Arbeitsproduktivität, für ein zunehmendes Arbeitsplatzangebot, für höhere Reallöhne und wachsenden Wohlstand geschaffen. Unerwartete Belastungen des Gemeinwesens lassen sich leichter tragen. Langfristig orientiertes unternehmerisches Handeln ist die Vorbedingung für den nachhaltig erfolgreichen Einsatz eines qualitativ und quantitativ wachsenden Bestandes an Produktivkräften. Nur so können ein hoher Beschäftigungsstand, die internationale Wettbewerbsfähigkeit und die Finanzierung der Sozialleistungen auf Dauer gesichert werden.

Das wirkt sich auch auf die Spielräume für die Wirtschaftspolitik aus. Weite Zeithorizonte lassen sich in ganz entscheidender Weise gerade dadurch sichern, daß langfristige Dispositionen privater Wirtschaftssubjekte nicht beeinträchtigt, nach Möglichkeit sogar gefördert und auf neuen Aufgabenfeldern zugelassen werden. Das bedeutet vor allem eine Prüfung der Frage, inwieweit der Rückzug des Staates aus Tätigkeitsgebieten, die Privaten überlassen werden können, zu besserer Vorausschau und sorgfältigerer Beachtung langfristiger Interessen des Gemeinwesens führen können. Und das bedeutet weiterhin, daß von Staats wegen die Chancen für privatwirtschaftliches Tätigwerden durch Sicherung eines stabilen Geldwerts, durch das Verbot von Wettbewerbsbeschränkungen, durch maßvolle Steuerlasten und Sozialvorschriften sowie durch faire, verläßliche und überschaubare Rahmenbedingungen für unternehmerisches Handeln, etwa im Umweltschutz, verbessert werden. Privatwirtschaftliche Dispositionen können entscheidend dazu beitragen, das Denken in zu kurzen Wirkungsketten zu korrigieren und zu überwinden. Noch einmal: Unternehmer handeln von sich aus so langfristig, wie es sachgerecht ist, wenn die Rahmenbedingungen richtig gesetzt sind.

3. Schwächen im politischen Kräftefeld

Staatliche und supranationale Organe sind in unterschiedlicher Weise dazu begabt, weite Zeithorizonte zu beachten. Je unabhängiger Institutionen mit festem gesetzlichen Auftrag vom unmittelbaren Wählervotum sind, desto ausgeprägter ist tendenziell die Neigung, langfristige Interessen mit zu berücksichtigen. Notenbanken mit einem hohen Maß an politischer Unabhängigkeit sind – wegen der überragenden Bedeutung der Geldwertstabilitätspolitik für langfristiges privatwirtschaftliches Disponieren – an erster Stelle zu nennen. Aber auch staatliche Einrichtungen wie das Kartellamt sind häufig unmittelbarem politischem Druck entzogen. Tagespolitisch motivierte Einflüsse können unter Hinweis auf drohende langfristige Fehlentwicklungen regelmäßig abgewehrt werden. In supranationalen Organen (mit autonomen Entscheidungsrechten oder mit der Möglichkeit, einzelne Staaten zu überstimmen) können nach dem Wählerwillen in einem Land schielende politische Einflüsse meist gut neutralisiert werden. Mehrfach hat sich erwiesen, daß beispielsweise die Europäische Kommission Beschlüsse durchgesetzt hat, die beim deutschen Gesetzgeber keinerlei Chancen gehabt hätten (Deregulierung in der Versicherungswirtschaft und im Straßengüterverkehr als Beispiel).

Charisma und Überzeugungskraft eines Politikers sowie klare Mehrheiten einer politischen Partei (oder Koalition) begünstigen die Durchsetzung einer nicht an Wahltermine gebundenen langfristigen Strategie (und umgekehrt). Insofern hat auch das Wahlrecht starken Einfluß auf die Zeithorizonte in der Politik. Unmittelbar nach einem Wahltermin sind zudem die Chancen vergleichsweise groß, eine allzu kurzfristig orientierte politische Linie zu korrigieren und die Interessen der kommenden Generation besser als bisher zu berücksichtigen. Starke Persönlichkeiten werden sich zutrauen, die Öffentlichkeit – entgegen verbreiteten gegenteiligen Ansichten – von der Notwendigkeit und Richtigkeit langfristig orientierter Strategien zu überzeugen. Bequemer ist es freilich, einer demoskopisch ermittelten Mehrheitsmeinung zu folgen, auch wenn solche Vorstellungen meist das kurzfristige Vorteilsstreben in den Vordergrund rücken und den langfristigen Interessen des Gemeinwesens schaden.

Daß sich die Zeithorizonte in der Politik verkürzt haben, ist maßgeblich ein Reflex gewandelter Ansichten in breiten Wählerschichten. Die Bereitschaft, persönliche Wünsche und Bedürfnisse durch selbstverantwortliches Handeln und eigene Anstrengungen zu befriedigen, ist innerhalb einer Generation stark geschrumpft. Die Maxime „Verlange nichts von der Allgemeinheit, was du selbst zu leisten imstande bist“ ist geradezu in das Gegenteil verkehrt worden. Ganzen Schülergenerationen ist vor allem gelehrt worden, welche Rechte sie einfordern können. Von Pflichten gegenüber der Allgemeinheit war und ist meist nur am Rande die Rede. Selbstverwirklichung, nicht selten die Selbstverwirklichung des Egomanen, steht an erster Stelle. Egozentrisches Denken und Handeln, Rücksichtslosigkeit gegenüber Mitmenschen und kalkulierte Regelverstöße machen sich breit. In den Schulen und Universitäten war viel vom Erkennen und repressionsfreien Durchsetzen der persönlichen Ziele und Interessen die Rede, von einer Freiheit, die im Zeichen der Opposition gegen ein angeblich repressives Gemeinwesen Regelbindungen weithin ablehnte. Auch in den öffentlichen Medien ist diese Haltung verbreitet. Konstruktive Kritik findet sich nur selten. Früher anerkannte Werte werden abgelehnt, neue Werte aber nicht vermittelt. Toleranz gegenüber Andersdenkenden gilt weithin als Zumutung, nicht nur, weil sie im Konflikt mit dem eigenen Vorteilsstreben steht, sondern auch, weil das Recht zur Kritik (bis hin zur Diffamierung, genannt Ideologiekritik) die Pflicht zur Selbstkritik (bis hin zur Demut) völlig verdrängt hat. Appelle an die individuelle Leistungsbereitschaft werden belächelt. Das Anspruchsdenken dominiert. Selbst die illegale Ausbeutung von Gemeinschaftskassen gilt als Sport. Solidarisches Denken und Handeln wird allein von den anderen erwartet.

Sicherlich wäre es falsch, diese Art des Denkens in Bausch und Bogen einer ganzen Generation zuzuordnen. Unzweifelhaft gibt es nach wie vor – und offenbar wieder verstärkt bei jungen Erwachsenen – die Bereitschaft, sich uneigennützig in den Dienst der Allgemeinheit zu stellen. Aber es bleibt die Tatsache, daß gemeinschaftsschädliches Denken und Handeln in breiten Schichten fest verwurzelt ist. Diese ichbezogenen Einstellungen verkürzen den Zeithorizont. Jetzt und heute wird ein bequemes und gutes Leben erwartet. Die kommende Generation hat kein Stimmrecht und kann sehen, wo sie bleibt. Manche Interessenverbände, aber auch Politiker und politische Parteien tun sich bei knappen Mehrheiten schwer, solche im Grunde asozialen Wertvorstellungen deutlich zu brandmarken und eine sich davon klar abhebende, nicht allein gegenwartsbezogene, die Interessen von Außenstehenden und noch nicht Wahlberechtigten berücksichtigende, die Selbstverantwortung stärkende und damit wahrhaft soziale politische Linie zu verfolgen. Die Umweltbewegung ist das einzige große Gegenbeispiel.

Als Mißstand ist ferner zu konstatieren, daß Politiker häufig erst dann zu handeln bereit sind, wenn Fehlentwicklungen weithin erkannt und mißbilligt werden. Umgedacht wird erst dann, wenn die Belastungen für die öffentlichen Haushalte ganz offensichtlich untragbar und Kursänderungen unabweisbar geworden sind. Bis es so weit kommt, bis Probleme als dringend lösungsbedürftig empfunden werden, vergeht regelmäßig allzuviel kostbare Zeit. Dieses pathologische Lernen – überspitzt: Lernen erst nach der Katastrophe – ist ungemein teuer. Rechtzeitiges Umsteuern, insbesondere in regulierten und hochsubventionierten Wirtschaftsbereichen, würde die Lasten für die Allgemeinheit ganz wesentlich vermindern und nützte auch den von der Umstellung Betroffenen: Der ohnehin unvermeidliche berufliche Übergang vollzöge sich reibungsloser, nicht unter Zeitdruck und nicht – wie es meist der Fall ist – in Rezessionsphasen, in denen neue Arbeitsplätze rar sind. In einer breiten Öffentlichkeit wird es mangels hinreichender Aufklärung gleichwohl als Erfolg gewertet, wenn hochsubventionierte und entsprechend unsichere (meist auch schlecht bezahlte) Arbeit möglichst lange und mit steigenden Beträgen bezuschußt wird, obwohl auf diese Weise die Chance, Kapital für neue und leistungsfähigere Arbeitsplätze bereitzustellen, verschlechtert wird. Die Sanierung der Deutschen Bundesbahn wird nach jahrzehntelangen fruchtlosen Diskussionen einen hohen dreistelligen Milliardenbetrag (einschließlich der Ablösung aufgelaufener Kredite und der Nachversicherung des Personals in der Rentenversicherung) verschlingen.

Eine andere Facette des wuchernden Gefälligkeitsstaats ist die Neigung, unentwegt neuen Forderungen und Wünschen der überaus zahlreichen Interessentengruppen nachzugeben. Politische Parteien sind bestrebt, ihre Klientel auf diese Weise bei der Stange zu halten. Bei knappen Mehrheiten ist die Versuchung groß, immer neue Ansprüche zu befriedigen. Je für sich genommen sind (punktuell gedacht) derartige Belastungen zwar oft geringfügig. Insgesamt ergeben sich dennoch hohe künftige und kaum mehr zu revidierende Belastungen, wie die heißen Auseinandersetzungen über den „Sozialabbau" oder über Subventionskürzungen zeigen. Der Wohlfahrtsstaat neigt dazu, der kommenden Generation immer höhere finanzielle Lasten aufzubürden.

Sicherlich ist verantwortliche Politik nur auf der Grundlage parlamentarischer Mehrheiten möglich. Häufig gerät jedoch aus dem Blickfeld, daß parlamentarische Mehrheiten zerbröckeln, wenn das Gesamtinteresse ständig zu Lasten von Einzelinteressen zurückstehen muß und wenn um des kurzfristigen Erfolgs willen langfristig erhebliche Nachteile in Kauf genommen werden müssen. Das weitverbreitete Mißvergnügen an der Politik und der sich gegen die großen Parteien richtende Unwille in der Öffentlichkeit hat hier wichtige Wurzeln. Die Fehler von vorgestern und gestern holen die Politiker letztlich doch ein – oft schneller als erwartet. Die Nachgiebigkeit gegenüber Gruppeninteressen weckt zudem eine Flut immer neuer Ansprüche an die öffentlichen Haushalte. Der Staat wird zunehmend zum Objekt erpresserischen Drucks und hat kaum noch die Kraft, neue Prioritäten zu setzen und dort zu kürzen, wo der Einsatz öffentlicher Mittel entbehrlich geworden ist. In dem wuchernden Gefälligkeits- und Wohlfahrtsstaat schrumpfen die Zeithorizonte der Wirtschafts-, Finanz- und Sozialpolitik. Punktuelles wirtschaftspolitisches Denken und Handeln verdrängt das Denken in Systemzusammenhängen und verstellt den Blick auf die gesamtwirtschaftlichen Folgen.

II. Ein wirtschafts- und sozialpolitisches Sündenregister

An tagespolitischen Stimmungen orientierte, die langfristigen Folgen vernachlässigende Maßnahmen bestimmen häufig die Wirtschaftspolitik. Punktuelles Denken und Handeln sind kennzeichnend für diese Art des Vorgehens. Auf Mißstände wird mit allenfalls vorübergehende Abhilfe versprechenden Maßnahmen reagiert. Unerwünschte Neben- und Fernwirkungen werden zu wenig bedacht oder aus tagespolitischen Gründen in den Wind geschlagen.

In der Wirtschaft wie in der Politik ist vorausschauendes Denken eine wesentliche Voraussetzung für nachhaltige Erfolge. Die voraussichtlichen Reaktionen und Aktionen der von politischen oder unternehmerischen Dispositionen Betroffenen müssen in Rechnung gestellt, die Erfolgsaussichten von Maßnahmen realistisch eingeschätzt werden. Wer bei der Lösung dieser schwierigen Aufgabe versagt, wird früher oder später scheitern. Wirtschaftspolitiker sind in einer dem Unternehmer vergleichbaren Lage, wenn auch mit einer besonderen, auf das Gemeinwohl bezogenen Aufgabenstellung. Ihre Maßnahmen bleiben letztlich wirkungslos und verfehlen das Ziel, wenn in zu kurzen Wirkungsketten gedacht wird.

Auf vier Feldern zeigen sich die nachteiligen Folgen allzu kurzsichtigen Denkens und Handelns in besonderer Schärfe: erstens auf dem Gebiet der staatlich zu verantwortenden Infrastruktur, zweitens in der Art der Finanzierung öffentlicher Ausgaben, drittens bei den staatlich zu setzenden Rahmenbedingungen für privates Handeln und viertens in Fehlentwicklungen, die primär von privaten Interessenverbänden, einschließlich der Gewerkschaften, ausgelöst werden.

1. Vernachlässigung investiver Aufgaben

Für das Angebot infrastruktureller Leistungen hat die öffentliche Hand in vielen Bereichen ein Monopol. Die Bereitstellung von Verkehrswegen, Bahnhöfen sowie von See-, Binnen- und Flughäfen ist ebenso Sache von Bund, Ländern und Gemeinden wie weithin die öffentliche Versorgung mit Strom, Gas und Wasser sowie die Entsorgung (Abwasser, Hausmüll). Ausschließlichkeitsrechte gerade der öffentlichen Hand sollten eigentlich dazu verpflichten, vorausschauend für den bedarfsgerechten Ausbau der Anlagen und Einrichtungen zu sorgen. Davon kann jedoch schon seit geraumer Zeit keine Rede sein. In fast allen hoheitlich verwalteten oder maßgeblich hoheitlich gesteuerten Teilbereichen der Infrastruktur gibt es schwerwiegende und kostentreibende Engpässe, zum Teil bedenkliche Unterlassungen notwendiger Instandhaltungs- und Erneuerungsausgaben. Das bedeutet nichts anderes als Substanzverzehr, Verschiebung fälliger Ausgaben in die Zukunft und zusätzliche (durch Mißwirtschaft verursachte) Kosten für die Benutzer (z.B. Stauungskosten, höhere Betriebskosten infolge vernachlässigter, unmoderner Infrastruktureinrichtungen).

Typische Merkmale von Infrastrukturanlagen sind hohe Kapitalintensität, lange Planungs- und Bauzeiten (meist 15 Jahre und mehr) sowie lange wirtschaftliche Lebensdauer. Weit vorausschauendes Handeln ist deswegen gerade auf diesem Tätigkeitsfeld der öffentlichen Hand unerläßlich. Der Staat und die Gemeinden betätigen sich als Investoren; sie haben für Kapitalgüter zu sorgen, die den Charakter wichtiger Komplementärinvestitionen für privatwirtschaftliche Aktivitäten haben. Unterbleiben solche Investitionen, so entstehen gesamtwirtschaftliche Wachstums- und damit Beschäftigungshindernisse. Ganze Regionen können so sehr an Standortgunst verlieren, daß Investoren in andere Gebiete abwandern. Viele Politiker setzen offenbar darauf, daß Ausgaben mit sofort für die Wähler fühlbar werdenden Wirkungen ihnen mehr Zustimmung einbringen als Infrastrukturinvestitionen, die erst in drei oder vier Legislaturperioden fertiggestellt sind und benutzbar werden.

Seit Anfang der siebziger Jahre – nicht zuletzt unter dem Einfluß wachsender Kritik am „Landschaftsverbrauch“, an Lärmemissionen und an der Luftverschmutzung – sind die öffentlichen Ausgaben für Verkehrswege relativ (im Vergleich zu den öffentlichen Gesamtausgaben und zum Anstieg des Sozialprodukts) und real gesunken, obwohl die Benutzungsintensität ganz erheblich zugenommen hat. Nebenstraßen sind zwar fast durchweg in gutem Zustand und keineswegs überbelastet. Große Teile des Bundesfernstraßennetzes haben dagegen nicht mit dem Zuwachs der Verkehrsnachfrage Schritt gehalten. Die Folgen sind bekannt. Schon vor der Vereinigung der beiden deutschen Staaten stiegen Anzahl und Dauer der Staus auf allen Fernverkehrswegen – insbesondere auf den Straßen und in der Luft, aber auch auf der Schiene und auf Binnenwasserwegen – bedenklich an. Öffentliche

Ausgaben, die dem Konsum dienen, vor allem für Sozialleistungen und Subventionen, verdrängten investive Ausgaben.

Jede Generation übernimmt von der vorangegangenen einen Bestand an öffentlichem Produktivvermögen mit der Verpflichtung, ihn zu erhalten, bedarfsgerecht zu mehren und ihn der kommenden Generation in gutem Zustand zu übergeben. Diese Aufgabe wird seit vielen Jahren nur in unbefriedigender Weise erfüllt, selbst wenn die besonderen Umstände in Ostdeutschland außer Betracht bleiben. Zu den Lasten der deutschen Vereinigung kommen jetzt in Westdeutschland bisher unterlassene, nun aber nicht mehr aufschiebbare Ausgaben für die Infrastruktur hinzu. Es rächt sich, daß der Zeithorizont der Wirtschafts- und Finanzpolitik in den beiden letzten Jahrzehnten viel zu kurz gewesen ist und daß aus populistischen Gründen die öffentlichen Investitionsausgaben zugunsten des rasch wachsenden Sozialkonsums gekürzt worden sind.

Unzweifelhaft kommt den Umweltschutzzielen hohe Bedeutung zu. Bürgerinitiativen haben dazu beigetragen, das öffentliche Gewissen zu schärfen. Eine Verweigerungshaltung gegenüber Infrastrukturinvestitionen ist dennoch fehl am Platze. Umweltschutzziele müssen und können mit anderen dringlichen politischen Zielen in Einklang gebracht werden. Insbesondere ist zu bedenken, daß Millionen fehlender Arbeitsplätze und Millionen neuer Wohnungen nicht ohne erhebliche Investitionen, nicht ohne zusätzlichen Verkehr und nicht ohne Bebauung zusätzlicher Flächen zu schaffen sind. Umweltschutzziele können dennoch durch technische Vorschriften, bauliche Vorkehrungen und Auflagen zur Reduzierung von Lärm- und Abgasemissionen verfolgt werden. Die Strategie, durch Ersticken des Verkehrs (Verzicht auf Erweiterungsinvestitionen und Kapazitätsverminderung durch „Rückbau" von Straßen) Umweltschutzziele zu erreichen, ist allein schon wegen der nachteiligen Beschäftigungsfolgen verantwortungslos.

Auch viele Gemeinden haben langfristige Aufgaben sträflich vernachlässigt. Abwasserkanäle in Großstädten sind wegen unterlassener Instandhaltungs- und Erneuerungsarbeiten zum Teil in besorgniserregendem Zustand. Viele Kläranlagen arbeiten zudem unzureichend. Die in Westdeutschland nachzuholenden Ausgaben werden allein auf diesem Gebiet auf rund 100 Milliarden DM geschätzt. Der öffentliche Personennahverkehr müßte mit hohen Investitionen quantitativ und qualitativ wesentlich attraktiver gemacht werden. Es ist widersinnig, wenn der Individualverkehr in Ballungsräumen heftig kritisiert und nach Möglichkeit erschwert wird, aber keine wirklich akzeptable Alternative für die Bürger verfügbar ist. Die Hausmüllentsorgung ist ein weiteres Feld, auf dem dringliche Investitionen unterbleiben. Der „Mülltourismus" ist eine unmittelbare, überaus kostspielige Folge dieses Versagens. Altlasten der Hausmüllentsorgung (ungesicherte Deponien) sind ein weiteres trauriges Kapitel der Verlagerung von Lasten auf die kommende Generation. Ein Umdenken auf allen diesen und manchen anderen Feldern staatlichen und kommunalen Handelns ist dringlich. Kurzfristig orientiertes Lavieren muß durch langfristiges verantwortliches Handeln ersetzt werden. Daß wir derzeit – zu Lasten unserer Kinder und Enkel – weit über unsere Verhältnisse leben, ist offenbar selbst vielen Politikern nicht bewußt.

2. Übermäßig hohe öffentliche Neuverschuldung

Gegen die Kreditfinanzierung produktiver öffentlicher Investitionen ist nichts einzuwenden. Das Grundgesetz beschränkt die Kreditaufnahme des Bundes auf die Finanzierung von Investitionen. Seit einigen Jahren werden jedoch auch öffentliche Ausgaben, die dem Konsum dienen, in erheblichem, wenngleich schwankendem Umfang über die öffentliche Neuverschuldung gedeckt. Das gilt nicht nur für den Bund, sondern ebenso für mehrere Bundesländer, und zwar nicht nur in Ostdeutschland.

Bedenklich ist an dieser Finanzierungspraxis, daß sich auf längere Sicht der Spielraum zur Erfüllung öffentlicher Aufgaben in besorgniserregender Weise verengt. Die Belastung der öffentlichen Haushalte durch die Zinsausgaben wächst. Es ist kurzsichtig und leichtfertig, aktuelle öffentliche Finanzprobleme mit Wechseln auf die Zukunft zu bezahlen.

Die Vereinigung von West- und Ostdeutschland hat das Ausmaß kreditfinanzierter öffentlicher Konsumausgaben drastisch steigen lassen. Wegen der Unvorhersehbarkeit dieser Entwicklung war der erhebliche Zuwachs der Neuverschuldung zunächst unvermeidbar. Die Anstrengungen zur durchaus möglichen Umschichtung der öffentlichen Ausgaben und zum Abbau der Neuverschuldung sind bisher unbefriedigend geblieben.

In mehrfacher Hinsicht ist diese Entwicklung unter langfristigen Aspekten bedenklich: Erstens belastet die hohe öffentliche Neuverschuldung den Kapitalmarkt. Davon gehen im Zeitablauf zunehmende beschäftigungsmindernde und wachstumshemmende Wirkungen aus. Zweitens würde ein weiterer Anstieg der öffentlichen Neuverschuldung die Besorgnis verstärken, daß es nicht bei den bereits beschlossenen Steuererhöhungen bleibt. Das bedeutete sinkende Leistungsbereitschaft, verminderte Investitionsneigung, schrumpfende Steuereinnahmen und Beiträge zur Sozialversicherung sowie härter werdende Verteilungskonflikte. Drittens hat die Finanzpolitik den Staatsanteil am Sozialprodukt erheblich steigen lassen. Mehr als die Hälfte des Volkseinkommens fließt inzwischen schon durch öffentliche Kassen – mit weiter steigender Tendenz. Gerade von der privaten Verfügung über Güter und Dienste gehen jedoch im wesentlichen die Wachstumsimpulse aus. Der wachsende Staatsanteil verdüstert die Lage auf den Arbeitsmärkten und beeinträchtigt den Wohlstandszuwachs. Auf kurze Sicht scheint die Verschuldungspolitik zwar vielerlei Verteilungsprobleme zu lösen, in Wahrheit schiebt sie sie nur auf, ja erschwert die Lösung in der Zukunft liegender Aufgaben.

So wie bisher kann es nicht weitergehen. Das ist weithin erkannt worden. Einige Sparmaßnahmen wurden bereits in die Wege geleitet. Dringend geboten sind jedoch weitere Abstriche von den in Jahrzehnten entstandenen hohen Belastungen durch eine aufgeblähte Verwaltung, durch Subventionen und Sozialleistungen. Es hat sich eine Art Gewohnheitsrecht auf früher beschlossene Hilfen entwickelt. Da ständig neue Forderungen erhoben und erfüllt werden, wachsen die Subventionszahlungen und das Sozialbudget unablässig weiter an.

Das Sozialleistungsrecht ist in Jahrzehnten zu einem nahezu undurchschaubaren Dickicht von Vorschriften geworden. Jeder hat die Hand in den Taschen anderer, und niemand kann genau sagen, wer – netto – welche Vorteile daraus zieht. Nahezu jeder, und nicht nur der wirklich Hilfsbedürftige, wird aus öffentlichen Kassen in vielfältiger Weise alimentiert, jedenfalls dann, wenn er sich auf der Klaviatur der Sozialleistungen auskennt. Der Mißbrauch von Sozialleistungen wird nicht oder allenfalls halbherzig bekämpft. Dem komplizierten Sozialrecht entspricht eine riesige und weiter wuchernde Sozialbürokratie.

Daß es so wie bisher angesichts leerer öffentlicher Kassen und steigender Belastungen der Sozialversicherung nicht bleiben kann, entspricht zwar weitverbreiteter Ansicht. Gespart werden soll jedoch nur bei den anderen. Wütende Attacken gegen jedermann, der „Einschnitte in das soziale Netz" vorschlägt, verhindern einstweilen politische Mehrheiten zugunsten der überfälligen Entschlackung des Sozialleistungsrechts. Die enormen Belastungen durch die Vereinigung von West- und Ostdeutschland können nur durch Anspannung aller Kräfte, auch durch Verzicht auf entbehrliche Subventionen und Sozialausgaben sowie durch Mobilisierung brachliegender Produktivkräfte, bewältigt werden. Je früher die langfristig ohnehin unumgängliche Korrektur der Subventionen und der Sozialleistungen gelingt, desto moderater wird die öffentliche Gesamtverschuldung und damit die von der kommenden Generation zu tragende Last ausfallen.

3. Unzweckmäßige Rahmenbedingungen für einzelwirtschaftliches Handeln

a) Mängel im Bildungswesen

In einem rohstoffarmen Industrieland wie Deutschland, das wie kaum ein anderes in die internationale Arbeitsteilung eingebunden ist, kommt der personellen Infrastruktur und der Humankapitalbildung ganz entscheidende Bedeutung zu. Fehler auf diesem Gebiet rächen sich unter Umständen erst nach einigen Jahrzehnten, weil in der Zwischenzeit noch die ältere Generation verantwortungsreiche, eine gute Vorbildung voraussetzende Funktionen wahrnimmt.

Die berufliche Ausbildung in den deutschen Unternehmen gilt in den Industrieländern nach wie vor als vorbildlich. Zahlreiche andere Staaten bemühen sich, ähnlich leistungsfähige Ausbildungssysteme einzuführen. Die in Deutschland üblichen Methoden einer praxisnahen Ausbildung sind zwar teuer. Sie belasten die Unternehmen – nach Abzug der produktiven Leistung der Lehrlinge – mit über 25 Milliarden DM jährlich. Hinzu kommen noch die erheblichen Ausgaben für die überbetrieblichen Bildungseinrichtungen, insbesondere die Berufsschulen. Auf diese Weise wird jedoch ein Ausbildungsstand erreicht, der qualifizierte Arbeit mit hoher Arbeitsproduktivität ermöglicht.

Zunehmende Zweifel werden andererseits an der Leistungsfähigkeit der Hauptschulen, der weiterführenden Schulen und der Universitäten geäußert. In den Hauptschulen herrschen in einzelnen Bundesländern eher demotivierende Unterrichtsmethoden vor. In einzelnen westdeutschen Ländern ist inzwischen, gemessen an der Schülerzahl, das Gymnasium zur Haupt-Schule geworden. Die Anforderungen an die Schüler sind deutlich gesunken. Der Anteil der Studienanfänger hat sich in Westdeutschland von knapp 20 Prozent eines Jahrgangs (1985) auf über 35 Prozent erhöht. Jeder Dritte eines Jahrgangs geht zur Universität oder zu einer Fachhochschule. Die Zahl der Studierenden hat sich in Westdeutschland dramatisch erhöht (von rund 900.000 im Jahre 1977 auf rund 1,7 Millionen Anfang der neunziger Jahre) mit weiter steigendem Trend (siehe hierzu die Schrift des KRONBERGER KREISES, „Zur Reform der Hochschulen", Band 27/1993). Die kostenlose Hochschulausbildung veranlaßt offensichtlich auch viele weniger Begabte dazu, es mit einem Studium zu versuchen. Das zeigt auch die hohe Zahl der Studienabbrecher. Ein hoher Prozentsatz derjenigen, die schließlich doch noch ein Universitätsdiplom erlangen, ist später – frustriert – auf Arbeitsplätzen tätig, die weit unter seinem Ausbildungsniveau liegen. Auf Grund des Nulltarifes in den Hochschulen studieren zu viele zu lang. Andererseits tun sich die Unternehmen schwer, ihre Ausbildungsplätze zu besetzen.

Die personellen Ausbildungskapazitäten der Hochschulen sind der wachsenden Studentenflut nicht hinreichend angepaßt worden. Der Massenbetrieb ist der Qualität der Ausbildung alles andere als förderlich. Die erheblich gestiegene Inanspruchnahme der Hochschullehrer auf dem Gebiet der Lehre beeinträchtigt zudem die Forschung, was wiederum Rückwirkungen auf die Lehre hat. Die Ausbildungszeiten sind im Vergleich zum Ausland lang. Die kreativsten Jahre verbringen viele junge Menschen rezeptiv lernend in den Hochschulen.

Auch soweit es um die personelle Infrastruktur geht, ist ein Mangel an weit vorausschauendem Denken zu konstatieren. Kostenlose Studienplätze werden zunehmend von Bewerbern besetzt, die nicht die Voraussetzungen für ein erfolgreiches Studium mitbringen. Lange, oft noch dazu nutzlose Ausbildungszeiten verkürzen die produktive Lebensarbeitszeit und vergrößern die Finanzprobleme bei zunehmender Überalterung. Die Mängel der Bildung in Schulen und Hochschulen lassen Deutschland im internationalen Wettbewerb zurückfallen. Dennoch ist wirksame Abhilfe bisher unterblieben.

b) Behinderung von Forschung und Entwicklung

Die ökonomische Lebensdauer neuen technischen Wissens verkürzt sich mehr und mehr. Hohe Investitionen in die Forschung und Entwicklung sind unerläßlich, wenn der Leistungsstand der deutschen Wirtschaft im internationalen Wettbewerb gehalten werden soll. Gerade in einem Land, das weltweit die mit Abstand höchsten Arbeitskosten aufzuweisen hat, kommt es entscheidend darauf an, durch Innovationen kontinuierlich Vorsprünge zu gewinnen. Forschung und Entwicklung tragen maßgeblich zur Zukunftssicherung bei. Ein hoher Lebensstandard ist ohne ständige erfolgreiche Vorstöße in ökonomisches Neuland nicht zu sichern.

Viel kommt daher darauf an, daß die staatlichen Rahmenbedingungen für die angewandte Forschung in ermutigender Weise gesetzt werden – möglichst ohne die privatwirtschaftliche Einschätzung der Erfolgswahrscheinlichkeit bei verschiedenen Forschungsprojekten zu verändern. Jede Art der projektgebundenen, staatlichem Gutdünken entspringenden Forschungsförderung verzerrt das einzelwirtschaftliche Kalkül. Zugleich werden knappe Forschungsressourcen fehlgeleitet. Da nach allen bisherigen Erfahrungen nicht davon ausgegangen werden kann, daß staatliche Organe die Unternehmen mit den besten Erfolgschancen und zudem noch die aussichtsreichsten Forschungsprojekte ebenso gut wie Zehntausende von spezialisierten Unternehmen zu erkennen vermögen, ist projektgebundene staatliche Forschungsförderung regelmäßig mit einer sinkenden Effizienz der anwendungsnahen Forschung und Entwicklung gleichzusetzen. Der Beitrag, der von den forschenden Unternehmen an erfolgversprechendem vorausschauenden Denken und Handeln erwartet werden kann, wird insoweit geschmälert.

Auch private Unternehmer sind nicht frei von Irrtümern. Aber erstens werden bei dezentralisierten Entscheidungskompetenzen nicht allen Akteuren dieselben Fehler unterlaufen; es kommt zur Fehlerkompensation. Und zweitens sind selbstverantwortlich handelnde Unternehmer wegen der mit falschen Entscheidungen verknüpften finanziellen Sanktionen bestrebt, Irrtümer möglichst schnell zu korrigieren. Politiker und

Beamte versuchen zu bemänteln, daß sie auf das falsche Pferd gesetzt haben. Die nachteiligen finanziellen Folgen haben andere zu tragen. Infolgedessen werden selbst solche Projekte lange Zeit weitergeführt, die so gut wie keine Erfolgschancen mehr haben.

Dagegen bleibt bei der indirekten Forschungsförderung die Auswahl der Projekte uneingeschränkt in unternehmerischer Hand. Aus öffentlichen Mitteln werden zu allen nachgewiesenen Forschungsausgaben Zuschüsse in einheitlichem Ausmaß gegeben. Weder werden einzelne Unternehmen noch einzelne Forschungsprojekte diskriminiert. Die Erfolgsrate wird bei der indirekten Forschungsförderung daher regelmäßig höher ausfallen als bei projektgebundener Forschungsförderung.

Noch auf andere Weise beeinträchtigen Rahmenregelungen der staatlichen Politik die privatwirtschaftliche Forschung und damit die Zukunft heimischer Arbeitsplätze. Speziell in der Gentechnik, einer besonders zukunftsträchtigen Forschungsrichtung, galten in Deutschland seit vielen Jahren so restriktive Regelungen, daß heimische Standorte so gut wie uninteressant geworden sind. Der Gesetzgeber hatte nahezu prohibitiv wirkende Normen für die Forschung, die Entwicklung und die praktische Nutzung erlassen und stellte weit höhere Anforderungen als andere Industrieländer. Selbst wenn die Gesetzesnovelle von 1993 die Genehmigungspraxis verbesserte, kann jetzt kaum noch mit einer Rückverlagerung der gentechnischen Forschung und Produktion ins Inland gerechnet werden. Auf der einen Seite klagen Politiker darüber, daß deutsche Unternehmer zu risikoscheu seien und zu wenig täten, Deutschlands Platz unter den führenden Industrienationen zu sichern. Auf der anderen Seite sorgt die staatliche Politik dafür, Innovatoren abzuschrecken und ins Ausland zu vertreiben.

Zum Erfolg heimischer Forschungsanstrengungen trägt der Staat bei, indem er die Grundlagenforschung fördert und hierfür geeignete Forschungseinrichtungen bereithält und finanziert. Die Grundlagenforschung schafft wesentliche Vorbedingungen für die anwendungsnahe Forschung und Entwicklung, besonders auf Gebieten, auf denen wegen hoher Risiken ein privates Engagement nicht zu erwarten ist.

Zweierlei ist notwendig, damit die Grundlagenforschung ihren Zweck erfüllen kann. Erstens behindern viele Gesetze und Verordnungen die Forscher weit mehr als unvermeidbar. Eine Durchforstung dieser einengenden Vorschriften, die weit über das im Ausland übliche Maß hinausgehen, würde die Effizienz der wissenschaftlichen Forschung erhöhen. Ähnliches gilt für den vorgeschriebenen übermäßigen bürokratischen Aufwand. Zweitens bleiben die Ausgaben für die Grundlagenforschung in Deutschland fühlbar hinter dem in den USA und in Japan Üblichen zurück. An aussichtsreichen, von Gutachtern hervorragend beurteilten Forschungsprojekten besteht kein Mangel. Aber es fehlen die Mittel, diese Vorhaben in Angriff zu nehmen. Auch die Deutsche Forschungsgemeinschaft ist immer weniger in der Lage, die Mittel für als sehr gut qualifizierte Anträge zu bewilligen. In vielen wissenschaftlichen Forschungseinrichtungen macht sich infolgedessen Lethargie breit. Ein weiterer wichtiger Grund für die Finanznot in der Grundlagenforschung ist darin zu sehen, daß der Bund in vielen Fällen zwar die Anschubfinanzierung übernimmt, dann aber aussteigt. Die Länder sehen sich oft nicht in der Lage, die laufenden Ausgaben in der erforderlichen Höhe zu übernehmen.

Insgesamt gesehen lassen die Rahmenregelungen für die Forschung und Entwicklung vieles zu wünschen übrig. Gerade auf einem Gebiet, auf dem langfristiges staatliches Denken und Handeln besonders gefordert ist, weil sonst die zukunftsgerichtete privatwirtschaftliche Initiative nicht ermutigt wird, ist es dringlich, Mißstände abzustellen.

c) Zu wenig Konstanz in der Wirtschaftspolitik

Für langfristige private Investitionen sind überschaubare und verläßliche staatliche Rahmenregelungen (Konstanz der Wirtschaftspolitik) von ganz erheblicher Bedeutung. Langfristige Kapitalbindung ist schon wegen der oft schwer zu prognostizierenden Marktvorgänge erheblichen Risiken ausgesetzt. Unsicherheit über Veränderungen der wirtschafts- und ordnungspolitischen Rahmenbedingungen kann die Bereitschaft zu Investitionen lähmen.

Politische Entscheidungen über Rahmenbedingungen entziehen sich in hohem Maße der Berechenbarkeit. Diese Unkalkulierbarkeit des Eintritts politischer Risiken macht die Kontinuität in der Ordnungspolitik zu einem besonders wichtigen Element zukunftsgerichteten privaten Handelns. Wenn das Vertrauen in die Konstanz der Wirtschaftspolitik fehlt, ist die Gefahr groß, daß innovative Vorstöße sowie Arbeitsplätze schaffende, das Wirtschaftswachstum anregende Investitionen unterbleiben.

Die Flut der jährlich neu ergehenden Gesetze, zahlreiche neue Verordnungen und für die Auslegung gesetzlicher Vorschriften wichtige Gerichtsurteile zwingen die Unternehmen ständig zu oft kostspieligen Korrekturen früherer Dispositionen. In Deutschland ist die Interventionsfreude besonders stark ausgeprägt, und die Einhaltung der Gesetze wird – im Gegensatz zu einigen anderen hoch entwickelten Ländern – sorgfältig überwacht. Auch das trägt offensichtlich dazu bei, daß international agierende Unternehmen den Standort Deutschland immer häufiger abwählen. Beschäftigung und Wirtschaftswachstum werden – mittelbar und unbeabsichtigt – exportiert. Politische Hektik und aufgeregtes Hantieren an allen möglichen wirtschaftspolitischen Hebeln sind zwar verführerisch. Auf diese Weise soll den Wählern Handlungsfähigkeit demonstriert werden. Die langfristigen verunsichernden Folgen dieses Aktionismus bleiben dabei jedoch unbeachtet.

Staatliche Behinderungen des Marktzugangs, Preisreglementierungen, Wettbewerbsbeschränkungen, Verhaltensvorschriften, Ausschließlichkeitsrechte für öffentliche Unternehmen und andere Interventionen sind alles andere als ermutigende Rahmenbedingungen für weit vorausschauende unternehmerische Initiativen. Ein wesentlicher Teil unternehmerischer Entscheidungsbefugnisse wird so auf staatliche Organe übertragen. Die Politisierung ökonomischer Dispositionen macht Marktvorgänge häufig unberechenbar. Interventionsspiralen konfrontieren die privaten Unternehmer immer wieder mit überraschenden Veränderungen der Rahmenbedingungen. Interessentendruck auf die politisch entscheidenden Organe eröffnet andererseits die Möglichkeit, produzentenfreundliche Regelungen durchzusetzen. Das unternehmerische Verhalten und die gewerkschaftlichen Strategien werden in hochregulierten Branchen regelmäßig nicht von der Bewährung im aktuellen und künftigen Wettbewerb und von ständigen Anstrengungen um die nachhaltige Sicherung eines hohen Leistungsstandes bestimmt. Fehlender Wettbewerb bewirkt ein Defizit an vorausschauendem innovativem Verhalten, die Vernachlässigung von in die Zukunft weisenden Investitionen, eine vergleichsweise teure Versorgung der heimischen Volkswirtschaft und einen verschwenderischen Einsatz knapper Produktivkräfte. Die Anstrengungen der geschützten Unternehmen sind vor allem auf die Verteidigung der gewährten Privilegien gerichtet.

Politiker können sich des Beifalls der von Wettbewerbsbeschränkungen begünstigten Unternehmen und ihrer Belegschaften sicher sein, wenn sie an Regulierungen festhalten, wie die Diskussion um die Ladenschlußzeiten zeigt. Der Protest der hiervon nachteilig betroffenen Kunden pflegt vergleichsweise schwach zu sein. Auf die gesamtwirtschaftlich schädlichen Folgen, insbesondere auf die Verschlechterung der deutschen Standortgunst, wird zuwenig geachtet. Zwar sind in einigen regulierten Branchen in den letzten Jahren Fortschritte beim Abbau staatlicher Wettbewerbsbeschränkungen und vorhandener Überkapazitäten erzielt worden. Noch immer wird die deutsche Volkswirtschaft jedoch durch Regulierungen in der Telekommunikation, in der Stromversorgung, im Steinkohlenbergbau, in der Landwirtschaft und zum Teil noch im Personen- und Güterverkehr erheblich geschädigt. Das Anpassungstempo muß erhöht werden.

d) Strukturkonservierende Subventionen

Die Erhaltung unrentabler Arbeitsplätze in Großunternehmen ruft Politiker immer wieder auf den Plan. Zunächst wird meistens lediglich von vorübergehenden Anpassungshilfen in schrumpfenden Branchen gesprochen. Solche staatlichen Zahlungen degenerieren jedoch in der Regel zu ständigen Erhaltungssubventionen, die für die Steuerzahler und für die Verbraucher hohe und unablässig steigende Belastungen verursachen. Der Steinkohlenbergbau, die Landwirtschaft, die Staatseisenbahn und die Werftindustrie sind typische Beispiele. Über Jahrzehnte wird mit anschwellenden strukturkonservierenden Subventionen (die notwendige Anpassungsprozesse zwar nicht verhindern, aber stark verzögern) ein Anpassungsdruck aufgestaut, der sich schließlich doch Bahn bricht. Wie vielfältige Erfahrungen mit Erhaltungssubventionen belegen, lassen sich infolge strukturellen Wandels unrentabel gewordene Arbeitsplätze nur begrenzte Zeit erhalten. Strukturveränderungen schreiten fort, und konservierte Strukturen werden zunehmend obsolet. Meist zur Unzeit, nämlich in Phasen konjunktureller Abschwächung der Nachfrage und ohnehin sinkender Beschäftigung, sind dann Entlassungen und Kapazitätsabbau doch nicht mehr hinauszuschieben, weil die Erhaltungssubventionen unvertretbar hoch angeschwollen sind. Die Erwartungen und Hoffnungen, die bei den vom Strukturwandel Betroffenen geweckt worden sind, werden enttäuscht. Was sich kurzfristig im politischen Kalkül als zweckmäßig erweist, nämlich die Bewahrung des Status quo und die Verhinderung von Entlassungen, ist langfristig nutzlos und für die Gesamtwirtschaft höchst kostspielig. Der lange Aufschub letztlich doch unvermeidbarer Anpassungen an veränderte Marktverhältnisse wird teuer erkauft, weil die Anpassungsmaßnahmen dann radikaler ausfallen müssen, größere öffentliche Aufmerksamkeit erhalten und daher der Gefahr der Politisierung unterliegen. Strukturkonservierende Hilfen binden knappes Kapital in unproduktiver Weise. In anderweitiger Verwendung hätten mit diesen Mitteln neue und besser bezahlte Arbeitsplätze geschaffen werden können.

Zwar ist es verständlich, wenn sich in der Öffentlichkeit Widerstand gegen unvermeidbare Härten des Strukturwandels und die damit verbundenen Arbeitsplatzverluste regt. Aber großzügige Hilfen zugunsten der von Entlassung Bedrohten, etwa zur beruflichen Umqualifizierung, zur fachlichen und räumlichen Mobilität, wären ungleich billiger und wirkungsvoller als Erhaltungssubventionen, mit denen den Arbeitskräften lediglich ein Aufschub des doch Unvermeidlichen gewährt und letztlich sogar geschadet wird. Hochsubventionierte Arbeitsplätze sind unsicher, und die gefürchtete berufliche Neuorientierung ist nur zeitlich aufgeschoben.

Ein Denken in längeren Wirkungsketten würde die Erfolglosigkeit strukturkonservierender Staatshilfen offenbaren. Außerdem könnten erhebliche Mittel in produktive, wachstumsfördernde und wohlstandsmehrende Verwendungen umgeleitet oder es könnte der Steuerdruck fühlbar gesenkt werden. An die Verhältnisse in Ostdeutschland, das sich in einer besonders schwierigen, weil nahezu alle Branchen betreffenden Umstellungsphase befindet, müssen zwar darauf Rücksicht nehmende Maßstäbe angelegt werden. Aber selbst dort wäre es falsch gewesen und ist es falsch, Produktionsbereiche mit auch langfristig unzureichenden Marktchancen durch Subventionen erst einmal am Leben zu erhalten. Die zur bloßen Erhaltung unrentabler Arbeitsplätze verwendeten Mittel fehlen dort, wo neue rentable Arbeitsplätze in zukunftsträchtigen Unternehmen geschaffen werden könnten, wo sich mit Investitionen die Arbeitsproduktivität wesentlich erhöhen ließe und wo auf diese Weise vorhandene Arbeitsplätze nachhaltig gesichert werden könnten. Auch bei den Hilfen für Ostdeutschland muß also der weitere Zeithorizont maßgeblich sein. Die Verstaatlichung eines Teils der Produktionskosten wäre wettbewerbs- und lohnpolitisch der falsche

Weg, fiskalisch sehr verwirrend, langfristig womöglich sogar kontraproduktiv.

e) Fehllenkung privater Initiative durch Preisinterventionen

Staatlich gesetzte Mindestpreise sind ein beliebtes Instrument, einzelnen Berufsgruppen zu einem als angemessen angesehenen (höheren) Einkommen zu verhelfen. In der Landwirtschaft sowie bei einigen freien Berufen ist diese Vorgehensweise seit Jahrzehnten üblich, obwohl auch insoweit vielfältige Fehlentwicklungen überdeutlich in Erscheinung getreten sind. Was kurzfristig den Begünstigten hilft, bewirkt langfristig Fehllenkungen von Produktivkräften und die Desorganisation von Märkten. Das kommt die Allgemeinheit teuer zu stehen.

Mit Preisinterventionen lassen sich einkommenspolitische Ziele nur dann erreichen, wenn der Staat die Preise für Güter und Dienste oberhalb des ohne Intervention zustande kommenden Preises festlegt (Mindest- oder Festpreise) und wenn die Preiselastizität der Nachfrage gering (kleiner als 1) ist. In der Landwirtschaft haben sich die bedenklichen langfristigen Folgen solcher Preisinterventionen besonders klar gezeigt. Preise, die oberhalb des markträumenden Wettbewerbspreises festgesetzt werden, sind für die Anbieter attraktiv und veranlassen sie zu Produktionssteigerungen. Über dem Marktpreis liegende staatliche Mindestpreise dämpfen jedoch die Nachfrage. Es kommt zu Überkapazitäten und zu im Inland unverkäuflichen Produktionsüberschüssen. Die mittels Preisinterventionen verfolgte Einkommenspolitik läßt sich nur durchhalten, wenn der Staat für den Absatz oder die Beseitigung der Überschüsse (z.B. Exportsubventionen; Aufkauf und Vernichtung von Teilen der Ernte) sorgt. Arbeitskräfte und Kapital werden zur Produktion von Gütern eingesetzt, die zum überhöhten Preis niemand kaufen will. Vom Staat künstlich herbeigeführte gute Verdienstchancen veranlassen viele Selbständige, eine falsche Berufswahl zu treffen und in Betriebe zu investieren, die sich früher oder später als überflüssig erweisen. Die unsinnige und überaus teure Einkommenspolitik mittels Preisinterventionen wird nur ganz allmählich korrigiert. Nicht nur die Verbraucher müssen überhöhte Preise bezahlen. Auch für die Steuerzahler ist es belastend, die unerwünschten Folgen der staatlichen Inerventionen, nämlich die ständigen Produktionsüberschüsse, zu beseitigen. Groteskerweise erreicht die Landwirte seit Jahrzehnten – in Form von Einkommensverbesserungen – nur ein kleiner Bruchteil der gesamtwirtschaftlichen Kosten, die durch eine unsinnige Agrarpolitik verursacht werden. Die Rahmenbedingungen für unternehmerische Aktivitäten werden in kontraproduktiver Weise festgelegt.

f) Unzweckmäßige steuerliche Rahmenbedingungen

Unser Steuersystem fördert kurzfristig orientiertes Handeln. Die Erträge des Eigenkapitals von Unternehmen werden – von der Unternehmung bis zum Teilhaber durchgerechnet – weit höher als die des Fremdkapitals belastet. Langfristiges Fremdkapital wird überdies gegenüber kurzfristigem durch die Gewerbesteuer diskriminiert. Langfristige und riskante Investitionen müssen aber zu einem größeren Teil mit Eigenkapital finanziert werden als kurzfristige und sichere. Das bedeutet, daß die Kapitalkosten von Investitionen um so höher sind, je länger die Planungsfrist und je höher das Risiko ist. Auf diese Weise werden insbesondere Investitionen in Forschung und Entwicklung, die Neugründung von Unternehmen und die Verwertung innovativer Produkte sehr erschwert. So entstehen Kapitalmarktbedingungen, die große, riskante und langfristige Projekte unfinanzierbar machen.

g) Desorganisierte Mietwohnungsmärkte

Die Regulierung der Wohnungsmärkte ist ein weiteres schlimmes Beispiel für falsche Rahmenbedingungen und für die dadurch erzwungene Verkürzung der Zeithorizonte privater Investoren. Die staatliche Mietwohnungspolitik läßt sich weitestgehend von kurzsichtigem Umverteilungsdenken zugunsten der mit Wohnungen bereits Versorgten leiten. Die derzeit fehlenden Millionen von Wohnungen werden nur dann gebaut werden, wenn sich private Investoren eine mit anderen Anlagen vergleichbare Verzinsung über die Lebensdauer der Miethäuser errechnen können. Die sich jagenden staatlichen Interventionen in das Mietrecht und die ständig verschärften Eingriffe in die Eigentümerrechte sind ein denkbar ungünstiges Umfeld für Investitionsentscheidungen. Die mißbräuchliche Nutzung einer hohen Zahl hochsubventionierter Sozialwohnungen durch nicht bedürftige „Besserverdienende“ wirft ein grelles Schlaglicht auf eine sozial gedachte Wohnungspolitik. Daß die staatlichen Vorschriften die Bereitschaft, neue Mietwohnungen zu bauen, weithin beseitigen, stört „nur“ die vergleichsweise kleine Anzahl der Wohnungsuchenden. Und für sie fordern Wohnungspolitiker verstärkten sozialen Wohnungsbau und Mietsubventionen, die inzwischen unbezahlbar hoch geworden sind.

Die Mietwohnungspolitik ist unsozial, soweit sie darauf abzielt, die mit Wohnungen Versorgten um den Preis eines stagnierenden Angebots an Neubauwohnungen noch besser zu stellen als bisher. Die Marktkräfte, die auf Beseitigung des Wohnungsmangels hinwirkten, werden auf diese Weise gelähmt. Die Chance der Wohnungsuchenden, eine Mietwohnung zu finden, verschlechtert sich. Zwar bemüht sich der Staat, durch hohe Subventionen die von ihm selbst geschaffenen Investitionshindernisse wieder abzubauen. Aber dieses Verfahren stößt wegen ständig neuer staatlicher Eingriffe in Eigentumsrechte sowie unvorhersehbarer künftiger Änderungen des Mietrechts und der Mietenbestimmung auf verbreitetes Mißtrauen der Investoren und ist obendrein für die Steuerzahler kostspielig.

Bei so langlebigen Wirtschaftsgütern, wie es Mietwohnungen sind, bedarf es langfristig verläßlicher, einen rentablen Mitteleinsatz ermöglichender Rahmenbedingungen, wenn Investoren auf breiter Front für ein Engagement gewonnen werden sollen. Der Staat und die Gemeinden sind finanziell außerstande, aus eigener Kraft für einen erheblichen Teil der Bevölkerung eine ausreichende Wohnungsversorgung sicherzustellen. Gleichwohl dominieren in der Mietwohnungspolitik kurzfristige Ziele, die in krassem Widerspruch zu der langfristig gebotenen Strategie stehen. Die nicht mit Wohnungen Versorgten haben das Nachsehen. Eine Neuorientierung der Wohnungspolitik bedeutete keineswegs Abstriche an sozialen Zielen. Die Subjektförderung sowie die Versorgung von Problemgruppen des Wohnungsmarktes mit Belegungsrechten, die die Kommunen als Träger der Wohnungssozialpolitik am freien Markt erwerben, sind hierfür die geeigneten Mittel. Im übrigen ist ein steigendes Wohnungsangebot der beste Mieterschutz.

h) Brüchige Renten- und Pflegeversicherung

Die Rentenversicherung und die geplante Pflegeversicherung beruhen auf dem sogenannten Generationenvertrag. Die heute Arbeitenden bezahlen die Leistungen für die heute Anspruchsberechtigten in der Erwartung, daß ihnen später beim Eintreten des Versicherungsfalls die dann Arbeitenden die nach der heute geltenden Rentenformel versprochenen Leistungen finanzieren werden. Renten- und Pflegeversicherung nach diesem Umlageverfahren können nur funktionieren, wenn die in den nächsten Jahrzehnten eintretenden Veränderungen bedacht werden. Diese Voraussetzung ist jedoch nicht gegeben.

Ähnelt der Altersaufbau der Bevölkerung eines Landes einer Pyramide mit breitem Sockel, halten sich die Beitragsverpflichtungen der Arbeitenden zugunsten der Rentner in erträglichen Grenzen. In Deutschland hat sich der Altersaufbau der Bevölkerung jedoch zunehmend verschlechtert – wegen des nachhaltigen Rückgangs der Geburten und wegen des Einrückens starker Jahrgänge ins Rentenalter. Die unausbleibliche Folge besteht darin, daß die Arbeitenden künftig mit drastisch steigenden Beitragszahlungen rechnen müssen, sofern – wie politisch versprochen – an der Rentenformel festgehalten wird, es sei denn, man ließe eine entsprechende Zuwanderung von jungen und beruflich qualifizierten Menschen zu. Schon ab 1995 behält nach den bereits beschlossenen Steuererhöhungen ein Durchschnittsverdiener nur noch 54 Prozent seines Bruttolohns übrig. Dies ist auch eine Folge der sinkenden Lebensarbeitszeit (zunehmende Ausbildungszeiten, frühere Verrentung).

Es ist kaum damit zu rechnen, daß die erwerbstätige Bevölkerung einen längerfristig zu erwartenden noch weitergehenden Anstieg der Abgabenlast (insbesondere im ersten Jahrzehnt des nächsten Jahrhunderts, beginnend aber schon in der zweiten Hälfte der neunziger Jahre) hinnehmen wird. Vielmehr ist abzusehen, daß den Politikern von gestern und heute sowie den politischen Parteien schwere Vorwürfe gemacht werden, weil sie die seit langem bekannte krisenartige Zuspitzung der Lage in der gesetzlichen Renten- und Krankenversicherung nicht rechtzeitig verhindert haben – entgegen vielen Ratschlägen und Empfehlungen, die tickende Zeitbombe zu entschärfen. Mit der geplanten Pflegeversicherung, die ebenfalls nach dem Umlageverfahren arbeiten soll, würden die Finanzierungsprobleme sogar noch weiter gesteigert.

Die Renten- und die Pflegeversicherung sind typische Beispiele für ein zu kurzfristiges Denken in der Sozialpolitik. Berücksichtigt werden vornehmlich die aktuellen positiven Wirkungen auf die Wählergunst. Alles hätte dafür gesprochen, wegen der sich abzeichnenden Finanzprobleme in der Rentenversicherung nicht noch weitere hohe Zahlungsverpflichtungen nach dem Umlageverfahren für eine Pflegeversicherung einzuführen. Alle diese Warnungen sind dennoch ungehört verhallt.

Die Verantwortung gegenüber der kommenden Generation gebietet es, die Öffentlichkeit über die künftigen Finanzierungsprobleme in aller Offenheit zu informieren und die Zwangsversicherten zur privaten Zusatzversorgung zu ermuntern. Bei zu später Aufklärung wird Selbsthilfe für viele Betroffene nicht mehr möglich sein. Weite Zeithorizonte und ungeschminkte Information entsprächen gerade auf diesem Gebiet staatlicher Aktivität verantwortungsvollem politischen Handeln.

i) Illusionen in der gesetzlichen Krankenversicherung

Die Gesundheitspolitiker jagen seit fast zwei Jahrzehnten illusionären Zielen nach: Ohne Erhöhung der Beitragssätze in der gesetzlichen Krankenversicherung sollen steigende Ansprüche und zum Teil Erweiterungen des Leistungskatalogs finanziert werden. Die einnahmenorientierte Ausgabenpolitik ist zum Maßstab staatlichen Handelns geworden. Mit einer Reihe von Gesetzen wurden Ärzte, Apotheker, Produzenten von Heil- und Hilfsmitteln sowie die pharmazeutische Industrie zur Senkung der Krankenkassenausgaben gezwungen. Preise wurden eingefroren oder von Staats wegen gesenkt, restriktive Berufszulassungen für Ärzte verfügt, bei einigen Leistungen auch Zuzahlungen der Versicherten vorgeschrieben. In der Gesundheitspolitik ist die Interventionsspirale besonders klar zu erkennen. Da mit früheren staatlichen Maßnahmen die politischen Ziele nicht erreicht worden sind, werden die Entscheidungsspielräume aller Beteiligten immer mehr eingeengt. Dennoch haben sich steigende Beitragssätze bisher immer nur kurz nach der Verabschiedung neuer, noch härterer „Kostendämpfungsgesetze“ vermeiden lassen.

Das am 1. Januar 1993 in Kraft getretene Gesundheitsstrukturgesetz mit den bislang rigorosesten staatlichen Interventionen war als „Notbremse“ für die schnell steigenden Ausgaben der Krankenkassen (mit drohenden weiteren Erhöhungen der Beitragssätze und weiterem Anstieg der Lohnzusatzkosten) gedacht. Diese Entwicklung war keineswegs überraschend, sondern seit langem erkennbar. Gleichwohl sind wirksame Gegenmaßnahmen unterblieben. Die Notwendigkeit, sich mit der Opposition (und ihrer Mehrheit im Bundesrat) zu einigen, wurde als weiterer Grund für die zunehmende Regulierung des Gesundheitswesens genannt. Eine die Öffentlichkeit überzeugende und die Opposition in Bedrängnis bringende Gegenposition in der Gesundheitspolitik wurde jedoch gar nicht erst präsentiert, obwohl es an praktikablen Vorschlägen hierfür nicht mangelt.

Auch in der Gesundheitspolitik werden die langfristigen Folgen kurzfristig als notwendig angesehener Maßnahmen zu wenig bedacht. Der medizinische Fortschritt und die wachsende Überalterung der Bevölkerung machen eine einnahmenorientierte Ausgabenpolitik der Krankenkassen schon mittelfristig und erst recht langfristig zur Illusion. Insbesondere die alterungsbedingten Mehrausgaben der Krankenkassen lassen sich nicht durch noch schärfere staatliche Eingriffe in Preise, Honorare und Verordnungen ausgleichen, ohne daß dadurch fühlbare Einbußen auch bei notwendigen medizinischen Leistungen entstehen.

Fehlende Anreize zu einem gesundheitliche Risiken meidenden Verhalten und zu einer auf überflüssige Leistungen verzichtenden Verordnungsweise belasten die Solidargemeinschaft der Krankenversicherten schon jetzt schwer. Hier muß der Hebel angesetzt werden, wenn künftig unvertretbar hohe Belastungen der Arbeitenden in Zeiten zunehmender Überalterung verhindert werden sollen. Diese Tatsachen sind seit langem bekannt. Gleichwohl sind energische Schritte, sowohl die verbreiteten Mißstände als auch die Überregulierung und ihre schädlichen Folgen zu beseitigen, bisher unterblieben.

4. Fehlverhalten von Interessenverbänden und Einzelwirtschaften

a) Überforderte Solidargemeinschaft – mangelhafter Gemeinsinn

Das Verhalten starker Interessenverbände gehört mit in das Bild von den Zeithorizonten staatlicher Politik. Politische Parteien und Politiker arbeiten nicht im luftleeren Raum. Massiv vorgetragene Wünsche, Zustimmung und Ablehnung durch Wählergruppen, freilich auch private Forderungen erst erzeugende Verhaltensweisen von Politikern bestimmen maßgebend die politische Willensbildung mit.

Viele Bürger haben sich daran gewöhnt, die Erfüllung von Wünschen nicht von eigenen nachhaltigen Anstrengungen, sondern von Leistungen der Allgemeinheit zu erwarten. Daß viele kleine Wünsche an öffentliche Kassen zu einer Überforderung der Solidargemeinschaft führen können, wird zu wenig bedacht. Interessenverbände entwickeln Methoden, wie erfolgversprechender Druck auf die politisch entscheidenden Gremien ausgeübt werden kann. Möglichst geringe Beiträge für die Solidarkasse, aber möglichst hohe Leistungen aus dieser Kasse, Abschiebung der Verantwortung für eigenes Verhalten auf Dritte, Belastung der Allgemeinheit mit der lästigen Vorsorge auch für banale Lebensrisiken, das Leben heute genießen und nicht an die kommende Generation denken – das sind verbreitete Werthaltungen.

Es bestehen vielfältige Wechselwirkungen zwischen dieser einzelwirtschaftlichen, durch Verbände oft verstärkten Einstellung und den Aktionen von Politikern. Für Politiker ist es verführerisch, neuen Aufgaben mit Leistungen des Staates das Wort zu reden, selbst dann, wenn sie nicht zu den wohlverstandenen Aufgaben des Staates gehören. Die Wirkungen eines zu geringen Gemeinsinns sind überall spürbar: zunehmende Überforderung der öffentlichen Kassen und damit der Abgabepflichtigen, sinkende Leistungsbereitschaft, wachsende Neigung zur Abschiebung von Verantwortung für eigene Angelegenheiten auf die Allgemeinheit und schrumpfende Zeithorizonte. Die Anspruchsgesellschaft hat hier ihre Wurzeln.

b) Das Beispiel der Lohnpolitik

Die Ausblendung der langfristigen Folgen privatwirtschaftlichen Verhaltens liegt nur in wenigen Fällen so klar zutage wie in der Lohnpolitik. Das Interesse der in Gewerkschaften Organisierten und der gewählten Gewerkschaftsführung ist regelmäßig auf hohe, kurzfristig sichtbar werdende Lohnerhöhungen gerichtet. Über die langfristigen Folgen marktwidrig hoher Lohnsteigerungen besteht unter den Gewerkschaftsmitgliedern offenbar weithin Unkenntnis, oder es wird nach der – unsolidarischen – Maxime gehandelt, die unvermeidlich wachsende Arbeitslosigkeit werde andere, nicht die eigene Person betreffen. In Unternehmerverbänden sind offenbar die kurzfristigen Folgen von Streiks – mögliche Auftrags- oder sogar Kundenverluste – häufig ein Grund für nachgiebiges Verhandeln. Lohnpolitische Verteilungsstreitigkeiten pflegen in der Hochkonjunktur zu eskalieren. Es werden unter Bezug auf gestiegene Unternehmensgewinne seit der letzten Rezession dauerhaft nicht bezahlbare, die Beschäftigung reduzierende Lohnerhöhungen vereinbart. Umverteilungsziele der Gewerkschaften sind die treibende Kraft.

Im Ergebnis handeln beide Tarifvertragsparteien zu Lasten Dritter: Die steigende Arbeitslosigkeit erhöht die Soziallasten und schmälert die Leistungsfähigkeit der heimischen Volkswirtschaft. Produktivkräfte werden lahmgelegt. Die Ausgaben für die steigenden Soziallasten lassen sich immer schwerer erwirtschaften. Die klar erkennbaren Fehler im Lohnfindungsprozeß sind keineswegs eine einmalige Panne gewesen. Sie wiederholen sich – mit Unterbrechungen in Rezessionszeiten – seit etwa zwei Jahrzehnten mit der Folge, daß die resistente Arbeitslosigkeit von Mal zu Mal um mehrere Hunderttausend steigt. Auf Dauer wirksame Lerneffekte bei den Tarifvertragsparteien sind bisher ausgeblieben.

Mit marktwidrig hohen Tariflöhnen werden alle jene Arbeitskräfte ausgegrenzt, deren berufliche Qualifikation nicht ausreicht, eine lohnadäquate Leistung zu erbringen, und die auch nicht durch berufliche Fortbildung oder Umschulung besser qualifiziert werden können. Auf dem „ersten Arbeitsmarkt“ (auf dem die Tariflöhne gelten) haben sie keine Chancen. Sie sind zur Arbeitslosigkeit verurteilt, sofern es ihnen nicht gelingt, auf dem staatlich subventionierten „zweiten Arbeitsmarkt“ eine Beschäftigungsmöglichkeit zu finden. Kurzsichtiges Handeln der Tarifvertragsverbände erhöht dauerhaft die Soziallasten und erschwert damit die Bewältigung der Finanzprobleme, die durch die zunehmende Überalterung der Bevölkerung künftig ausgelöst werden.

c) Abgründe der Subventionspolitik

Als besonders erfolgversprechendes Tätigkeitsfeld hat sich das Einfordern von Subventionen erwiesen. Der Erfindungsreichtum, der zur Begründung ständiger staatlicher Vergünstigungen entwickelt wird, ist beachtlich. Nur allzu oft geht der Gesetzgeber auf die Interessentenwünsche ein. Das Brüsseler Beihilfeverbot erweist sich dabei immer wieder als nicht hinreichend wirksam. Die Subventionierung in der europäischen Stahlindustrie ist ein schlimmes Beispiel hierfür.

Die Zusage von Subventionen ist nach aller Erfahrung außerordentlich schwer zu widerrufen. Interessenverbände und Gewerkschaften finden immer neue Gründe, warum Subventionen gerade für die eigene Branche nicht vermindert oder abgeschafft werden dürfen. Besitzstandswahrung wird großgeschrieben. Im allgemeinen wird zwar der Subventionsabbau für gut und richtig befunden. Aber gerade im eigenen Fall müsse unbedingt eine Ausnahme gemacht werden. Interessenverbände leben von der Bereitschaft ihrer Mitglieder, Beiträge für die Vertretung ihrer Interessen zu leisten. Die Leitung dieser Verbände muß kurzfristig spürbare Erfolge nachweisen können, wenn sie nicht abberufen werden will. Deswegen dominiert auch in Verbänden mit homogenem Mitgliederkreis und gleichgerichteten Interessen (im Gegensatz zu Spitzenverbänden) das kurzfristige Denken. Daß Subventionen die rechtzeitige Anpassung an veränderte Markt- und Wettbewerbsverhältnisse verzögern und deswegen den Mitgliedern langfristig eher schaden als nützen, wird verdrängt.

Bundesregierungen unterschiedlicher Zusammensetzung haben sich vergeblich bemüht, Subventionen in umfassender Weise einzuschränken. Im Gegenteil: Das gesamtwirtschaftliche Subventionsvolumen ist über Jahrzehnte hinweg ständig gestiegen. Die Subventionsgewährung hat sich im wesentlichen als Einbahnstraße erwiesen. Daraus ist nicht die naheliegende Schlußfolgerung gezogen worden, mit der Zusage neuer Subventionen äußerst zurückhaltend zu verfahren.

III. Was zu tun ist

1. Es geht auch um den Prinzipal

Moderner Auffassung entspricht es zu sagen: Der Staat ist Agent des Gemeinwohls, der Bürger sein Prinzipal. Freilich, wenn der Agent versagt, kann auch der Prinzipal schuld sein. Die Qualität des Prinzipals, hier der Bürger, steht zwar zur Disposition von niemandem. Aber in einer Zeit, in der das Gemeinwesen mit so vielen Problemen konfrontiert ist, für die auf absehbare Zeit eine Lösung unmöglich erscheint, und Staatsverdrossenheit sich einstellt, weil der Staat so stark hinter den Erwartungen seiner Bürger zurückbleibt, reicht es nicht aus, wenn sich die öffentliche Diskussion ganz darauf konzentriert, Remedur durch Änderungen staatlicher Entscheidungsprozesse zu verlangen. Auch der Prinzipal muß sich befragen lassen.

Richtig ist wohl, daß eine emanzipierte oder gar anmaßende Bürokratie sowie das ständige Gerangel um Machterwerb und Machterhalt im

Staat, von dem wir in der Demokratie die Beförderung des Gemeinwohls erwarten, das Gemeinwohl gefährden und daß dies die Bürger zu ständigem Mißtrauen berechtigt. Zugleich gilt aber auch: Gerade in einer funktionsfähigen Demokratie kann das Ergebnis der Staatstätigkeit nicht besser sein als das, was die Bürger an staatlichen Entscheidungen akzeptieren, ja was sie selbst an Tätigkeit des Gemeinwesens mit hervorbringen. Ein Staat, der es fast nur mit Bürgern zu tun hat, denen die Wahrung ihres Besitzstandes über alles geht und die deshalb auch vom Staat vor allem verlangen, daß er ihre Besitzstände sichert und jedenfalls auf keinen Fall gefährdet, ein solcher Staat wird unfähig zu den meisten Entscheidungen, die um des langfristigen Wohls des Gemeinwesens willen eigentlich nötig sind. Denn langfristig ausgerichtete Entscheidungen sind nun einmal überwiegend von der Art, daß sie kurzfristig Opfer verlangen oder daß viele, die durch alte Regelungen begünstigt waren, es künftig nicht mehr sind. Dies ist nur ein Beispiel.

Die freiheitliche Gesellschaft war am erfolgreichsten als Wirtschaftsgesellschaft. Ja, auch die Emanzipation des Bürgers vom Obrigkeitsstaat und dessen allmähliche Verwandlung zum heutigen Dienstleistungs- und Transferstaat war wesentlich geprägt vom wachsenden Selbstbewußtsein des Wirtschaftsbürgers. Aber für das Bewußtsein davon, was das Gemeinwesen von seinen Bürgern verlangen dürfen muß, war dieser Prozeß nicht nur hilfreich. Wieviel Gemeinsinn eine individualistisch verstandene Gesellschaft, eine vom „do ut des“ geleitete Marktgesellschaft nötig hat, diese Frage ist lange Zeit verdrängt worden.

Gewiß, was ein älteres Staatsverständnis an tradierten Wertvorstellungen bei sich gehabt hatte – Wertvorstellungen, die dem Staat Hoheit und Würde und jedenfalls den Anspruch auf viel Opferbereitschaft seiner Bürger zumaßen –, konnte nicht einfach fortbestehen. Und eine solide Staatstheorie arbeitet schon zu Recht vor allem mit der Hypothese, daß jeder einzelne vor allem einzelner und fast nur auf seinen Vorteil bedacht ist. Aber das heißt doch nicht, daß die Republik ohne die Tugenden leben kann, die ihre Bürger erst zu Bürgern macht.

Daß es ohne Gemeinsinn nicht geht; daß frei sein für die öffentlichen Dinge, frei sein für Politik, den Bürger adelt; daß Rücksichtnahme die Freiheit des Bürgers vom Gesetz ist; daß eine gewisse Toleranz gegenüber dem Unvollkommenen, eine gewisse Demut angesichts der Tatsache, daß da Probleme sind, für die es eine Lösung nicht gibt, zumal keine gerechte, Teil der conditio humana ist; daß die Achtung vor Minderheiten Legitimationsbedingung der Herrschaft durch Mehrheiten ist und ohne sie die Republik ohne Würde wäre – das alles sind Einsichten, denen niemand widerspricht und denen doch das moderne Gemeinwesen zu wenig Erlebnis von der Art bietet, daß aus unverbindlichen Werthaltungen verbindliche werden.

Damit soll nicht der verbreiteten Klage – und dem Pessimismus – das Wort geredet werden, der viel zitierte Wertewandel in der Gesellschaft sei allemal in erster Linie ein Werteverlust. Die Umweltbewegung hat eine bis dahin völlig unbekannte Werthaltung der Menschen hervorgebracht und in überraschend großen Teilen der Gesellschaft festigen können, und zwar nicht nur im Sinne der Unterstützung einschlägiger politischer Ziele, sondern durchaus im Sinne subjektiver Moral, verbunden mit Formen spontaner Verhaltenskontrolle, vor allem unter jungen Menschen.

Damit soll ebenso wenig geleugnet werden, daß nicht jeder Werteverlust die Funktionsfähigkeit des Gemeinwesens beeinträchtigt. Der Erfolg der marktwirtschaftlichen Ordnung, der Wohlstand für alle mit sich brachte, hat eine enorme Entlastung beim Bedarf an subjektiver Moral bewirkt. Freiheitliche Großgesellschaften wurden möglich und beispiellos erfolgreich, weil Rahmenbedingungen – Spielregeln – gefunden und respektiert wurden, unter denen die Kraft des Eigeninteresses genutzt wird für die Erwirtschaftung riesiger Kooperationsgewinne, zum Wohle aller. Auf Kooperation zielende Verhaltenslenkung alter Art, nämlich durch Herrschaft von Menschen über Menschen oder durch subjektive Moral – nur allzu oft repressiven Ursprungs – ist mehr und mehr abgelöst worden – und der Prozeß ist noch nicht zu Ende – durch Verhaltenslenkung auf der Basis des austauschwirtschaftlichen Prinzips „do ut des", unter hohem Gewinn, was die Mobilisierung von Leistungsbereitschaft und Kreativität und die Einsparung von Transaktionskosten anbelangt. Das gemeinschaftlich Vorteilhafte wird hervorgebracht, obwohl niemand um der Gemeinschaft willen handelt. Diese funktionelle Moral der Unsichtbaren Hand ist keine Schimäre geblieben. Das reicht weit in das Feld der sozialen Aufgaben hinein. Hinzu kommt: Solidarität im Sinne des Ökonomen, das ist Eigeninteresse auf lange Sicht in einer unsicheren Welt. Auf dieser Grundlage ist das

Soziale in der sozialen Marktwirtschaft mehr als ein Versprechen geworden.

Niemand übersieht jedoch, daß die Erosion tradierter Werthaltungen, die die Einübung des Lebens in der marktwirtschaftlichen Ordnung und im modernen Wohlfahrtsstaat nach und nach mit sich gebracht hat, sehr weit gegangen ist. Die Fixierung auf das eigene Interesse, der Egoismus ohne schlechtes Gewissen haben eine Selbstverständlichkeit und Ungeniertheit erreicht, die außerhalb der abendländischen Tradition liegen. Es gibt offensichtlich keine Garantie, daß die Erosion subjektiver Moral und der Aufbau funktioneller Moral von vornherein zueinander passen. Der Abbau von Selbstverantwortung, zu dem der moderne Wohlfahrtsstaat erzieht, und die Neigung, ihn auszubeuten, zu der er verführt, sind Hand in Hand damit gegangen. Wo Selbstverwirklichung des einzelnen ohne Widerstand der Gesellschaft mehr und mehr zur Selbstverwirklichung des Egomanen wird, kommen Gemeinsinn und Rücksichtnahme, kommt vor allem die Zukunft des Gemeinwesens und seiner Glieder zu kurz.

Die kapitalistische Gesellschaft war, was ihren Bedarf an ethischer Substanz angeht, nie allein auf ihre Kraft angewiesen, solche Substanz in ihrem Wirtschaftssystem selbst zu schaffen und zu regenerieren. Es gab den überkommenen Schatz der christlichen Ethik und deren säkularisierte Form in der Tradition der europäischen Aufklärung. Es gab die Kirchen als Orte der Regeneration. Es gab die indirekte Form der Regeneration durch die Provokation von Opposition, mit dem Schwergewicht bei den sozialistischen Idealen und Verheißungen. Die Regenerationskraft der Kirchen wird schon seit langem immer schwächer. Nun ist in der sozialistischen Gegenwelt das Licht ausgegangen. Der real existierende Sozialismus hatte zwar nie Faszinationskraft an sich. Aber solange er bestand – vorteilhafterweise möglichst in der Ferne –, war die sozialistische Idee für ihre Anhänger nicht bodenlos, konnte der pädagogische Eros der Utopie immer wieder wirksam werden, der neben all dem marxistischen Unsinn doch auch die Maximen und Werte der Aufklärung in die Herzen junger Menschen einpflanzte. Das ist nun anders. Das historische Dementi hat den Boden fortgezogen. Viele warten deshalb auf den großen Diskurs, der der Identifizierung mit dem Gemeinwesen, was eben nicht zuletzt heißt: der Identifizierung von Rechten und Pflichten in ihm, den verläßlichen Halt gibt, dessen die Republik bedarf.

Ebenso wichtig ist mehr Bildung in Sachen funktioneller Moral. Nüchterner gesprochen: mehr Bildung in Sachen Aufgaben der Ordnungspolitik. Nur eine Wirtschaftsordnung, die die richtigen Anreize setzt und die richtigen Anreize kräftig genug, schafft die Entlastung auf dem Felde der subjektiven Moral, von der zuvor die Rede war. Zu fürchten ist der schlimmste Fall, daß nämlich die Erosion der subjektiven Moral fortschreitet, während zugleich – und als Folge davon – die Funktionstüchtigkeit der Wirtschaftsordnung schwindet unter dem Ansturm von Ansprüchen, die von einer permissiven Politik umgesetzt werden in Rahmenbedingungen für das private Wirtschaften, die anreizschädlich sind und also den gemeinschaftlichen Kooperationsgewinn immer kleiner werden lassen. Man mache sich nichts vor: Je mehr eine Gesellschaft sich moralisch gehen läßt, um so mehr ist sie darauf angewiesen, eine funktionstüchtige wettbewerbliche Ordnung zu haben, die sie moralisch entlastet. Freilich, das Akzeptieren einer funktionstüchtigen wettbewerblichen Ordnung ist selbst ein moralisches Problem. Denn wettbewerbliche Systeme können zwar jedem einzelnen die faire Chance auf ein gutes Ergebnis garantieren, nicht aber das gute Ergebnis selbst. Sie kommen also nicht ohne Selbstverantwortung aus. Nichtwettbewerbliche Systeme hingegen können – günstigenfalls – jedem einzelnen ein bescheidenes Ergebnis garantieren, nicht aber die faire Chance auf ein gutes. Sie kommen im Prinzip ohne Selbstverantwortung aus. Daß mehr Bildung der erwähnten Art und der dazugehörige öffentliche Diskurs mit dem Verständnis für die Funktionsbedingungen sozialer Ordnungen zugleich die Bereitschaft zur Selbstverantwortung – ebenso wie die Bereitschaft zur Mitverantwortung für das Gemeinwesen – schafft, ist eine aufklärerische Hoffnung, ohne die man wohl nicht auskommt.

2. Worauf es sonst ankommt

Nur wenn die üblen Folgen zu kurzer politischer Zeithorizonte in ihrer vollen Tragweite in der Öffentlichkeit erkannt (und verurteilt) werden, bestehen Aussichten, daß Fehler korrigiert werden. Eine erste und die zugleich wichtigste Aufgabe ist deswegen darin zu sehen, Fehlentwicklungen infolge des Denkens in zu kurzen Wirkungsketten allgemein bewußt zu machen und zugleich die Abwehr gegen kurzsichtige Politik zu organisieren. Wer kurzsichtig denkt und handelt, muß wissen, daß er sich selbst, aber auch dem Gemeinwesen schadet.

Die Bürger müssen lernen, daß die „sozialen Errungenschaften" nicht zu halten sind, wenn – wie bisher – politisch kurzsichtig gehandelt wird. Die Unternehmer müssen lernen, daß die Vertreibung aus den durch Subventionen und Regulierungen umhegten Naturschutzparks nicht mehr aufzuhalten ist und daß es in ihrem Interesse liegt, sich frühzeitig darauf einzustellen. Über die Wähler würde dann auch der Druck auf die Politiker entstehen, ihrerseits auf Änderungen des nicht mehr vertretbaren kurzen Zeithorizonts in der Politik hinzuwirken. Die politischen Parteien müßten dem von den Wählern ausgehenden Wunsch nach langfristigem Denken in der Wirtschaftspolitik folgen, wenn sie ihren Einfluß nicht verlieren wollen.

Dies erscheint möglicherweise als ein utopisches Programm. Aber die Neuorientierung der staatlichen Politik ist dringlich und überfällig. Der Blick muß unverzüglich und weit schärfer als bisher auf die künftigen Belastungen des Gemeinwesens gerichtet werden. Die Prioritäten der staatlichen Politik müssen neu bestimmt werden. Vieles, was bisher aus öffentlichen Kassen bezahlt worden ist, kann nicht länger als vordringlich gelten.

In Teilbereichen der Politik hat der Gesetzgeber durchaus erkannt, welche Gefahren von allein tagespolitisch orientierten Entscheidungen ausgehen können. Die weitreichende Autonomie der Deutschen Bundesbank geht maßgeblich auf diese Erkenntnis zurück. Auch andere Stellen, wie die Banken- und Versicherungsaufsicht oder das Bundeskartellamt, sind allein ihrer gesetzlichen Aufgabe verpflichtet und dem unmittelbaren politischen Weisungsrecht weithin entzogen. Die gesetzlich vorgeschriebene mittelfristige Finanzplanung ist der Versuch, die künftigen Folgen finanzpolitisch bedeutsamer Entscheidungen in Zahlen zu fassen. Sie muß allerdings viel ernster genommen werden, und damit sie ernster genommen werden kann, muß sie viel seriöser werden.

Daß wechselnde und unsystematische tagespolitische Einflüsse die langfristige Ordnung von Märkten und die nachhaltige Leistungsfähigkeit von Institutionen gefährden, ist keine Neuentdeckung. Das ist jenen Kritikern entgegenzuhalten, die in weiten Zeithorizonten der Wirtschaftspolitik eine utopische Wunschvorstellung sehen. Selektiv gibt es längst Vorkehrungen zum Schutz vor kurzsichtigem politischen

Interventionismus. Freilich fehlt es an der konsequenten Anwendung dieser Maxime auf wichtigen anderen Gebieten der Politik.

Der leitende Grundgedanke einer erfolgversprechenden Strategie läßt sich folgendermaßen kennzeichnen: Sowohl die privaten Haushalte und Unternehmen als auch die Verbände und staatlichen Institutionen sollten zu langfristigem Denken und Handeln angehalten und ermutigt werden. Erweisen sich existierende staatliche und private Institutionen als wenig geeignet, die langfristigen Folgen gegenwärtigen Handelns zu berücksichtigen und fügen sie damit der Allgemeinheit Schaden zu, sollte an die Korrektur gesetzlicher Regeln und an die Übertragung von Entscheidungsbefugnissen auf weitsichtiger denkende Institutionen gedacht werden.

Wenn der Gesetzgeber künftig bei allen Gesetzesvorlagen nicht nur über die zu erwartenden Auswirkungen auf die öffentlichen Haushalte informiert würde, sondern auch über die belastenden gesamtwirtschaftlichen Folgen in der Zukunft, wäre viel gewonnen. Das ist gewißt nicht einfach. Aber selbst wenn solche Entscheidungsgrundlagen oft vage und unsicher sein werden, würde auf diese Weise doch das Denken in langen Wirkungsketten sowohl in der öffentlichen Verwaltung als auch in den gesetzgebenden Organen befördert. Wo langfristig bedeutsame Entscheidungen bereits auf Organe außerhalb der öffentlichen Verwaltungen übertragen worden sind, sollte geprüft werden, ob wettbewerbliche Kontrollen Defizite bei der Berücksichtigung weiter Zeithorizonte beseitigten.

3. Mehr private Entscheidungsrechte

Vor allem zwei Gründe sprechen dafür, den Katalog wirtschaftspolitischer Aufgaben des Staates zu durchforsten. Erstens zwingen die riesigen Haushaltsdefizite dazu, nach Entlastungsmöglichkeiten zu suchen. Auf diese Weise könnte die auf 54 Prozent gestiegene Staatsausgabenquote (Abgrenzung der Finanzstatistik) wieder auf ein vertretbares Maß gesenkt werden. Zweitens lassen sich die vielfältigen Defekte der staatlichen Wirtschaftspolitik, die durch punktuelles Denken, die oft nicht hinreichende Beachtung von Nebenwirkungen sowie die Vernachlässigung der langfristigen und der gesamtwirtschaftlichen Folgen staatlicher Maßnahmen ausgelöst werden, begrenzen und vermindern, wenn mehr Aufgaben auf die Privatwirtschaft übertragen werden.

Langfristiges Denken und Handeln ist für private Unternehmen und private Haushalte schon im eigenen Interesse geboten. Unternehmer müssen sich an den Chancen für die nachhaltige Erzielung von Gewinnen orientieren, wenn sie überleben wollen. Wer zu kurzfristig denkt, unterliegt im Wettbewerb. Die marktwirtschaftliche Ordnung bringt Verhaltensweisen hervor, die der Lösung langfristiger Probleme angemessen sind. Private Haushalte können sich vor dem Absinken ihres Lebensstandards bis zur Armutsgrenze nur bewahren, wenn sie sich selbstverantwortlich gegen Lebensrisiken absichern.

Eine Reduktion der Aufgaben von Bund, Ländern und Gemeinden ist vor allem dort geboten, wo Güter produziert werden, deren Herstellung privaten Unternehmen übertragen werden könnten. Das bedeutete konsequente Privatisierung öffentlicher Betriebe, aber auch Steigerung der Effizienz öffentlicher Verwaltungen durch Verminderung der Produktionstiefe, also Ausgliederung privatisierbarer Leistungen der öffentlichen Verwaltung. Die öffentliche Hand sollte sich möglichst strikt auf hoheitliche Aufgaben beschränken. Wo bisher mit öffentlichen Betrieben politische Ziele verfolgt werden, können privatisierten Unternehmen Auflagen gemacht werden (unter Umständen gegen ein im öffentlichen Konkurrenzaufruf ermitteltes Entgelt).

Die wirtschaftspolitischen Aufgaben staatlicher Organe ließen sich erheblich vermindern, indem energischer als bisher auf Deregulierung gesetzt wird. Damit erweitert sich der Handlungsspielraum privater Unternehmen. Der tagespolitisch motivierte, Neben- und Fernwirkungen häufig mißachtende öffentliche Einfluß auf die Produktion wirtschaftlicher Leistungen würde beseitigt. Die Stärkung des unternehmerischen Elements sorgte für mehr zukunftsorientiertes Handeln im allgemeinen Interesse. Voraussetzung hierfür ist freilich eine wettbewerbliche Marktorganisation und der Verzicht auf Subventionen, die das unternehmerische Streben von Anstrengungen zur nachhaltigen Steigerung der Leistungskraft ablenken und Bemühungen zur Erhaltung staatlicher Privilegien auslösen.

Die künftige wirtschaftliche und soziale Entwicklung läßt sich mit einer aktiven Deregulierungspolitik in mehrfacher Weise positiv beeinflussen: Erstens entstehen in der Wirtschaft als Ganzes regelmäßig zusätzliche Arbeitsplätze. Zweitens sorgt die Verbilligung von Vor- und Zulieferungen aus bisher regulierten Wirtschaftsbereichen für die

Verbesserung der Wettbewerbsfähigkeit des Standorts Deutschland. Die Investitionsbereitschaft wird tendenziell positiv beeinflußt. Drittens werden erhebliche Verwaltungskosten bei Staat und Unternehmen eingespart. Das bedeutet, daß bisher unproduktiv eingesetzte Kräfte für die produktive Verwendung an anderer Stelle der Volkswirtschaft frei werden. Da auch zukunftsträchtige Wirtschaftsbereiche, etwa die Telekommunikation und die Gentechnik, in hohem Maße von Regulierungen in der Entfaltung behindert werden, leidet die langfristige wirtschaftliche Entwicklung auch aus diesem Grund erheblich unter Regulierungen. Mutige politische Schritte sind überfällig.

Staatliche Aufgaben sollten ferner dadurch vermindert werden, daß die Verantwortung der privaten Haushalte gestärkt wird. Das Wuchern des Wohlfahrtsstaats verursacht enorme Bürokratiekosten, die sich wesentlich reduzieren ließen. Dem „mündigen Bürger" würden mehr Chancen für selbstverantwortliches Handeln nach individuellen Prioritäten gegeben, wenn die Beiträge zur Sozialversicherung gesenkt würden.

Rechtliche Monopole neigen im Vertrauen auf den zuverlässigen staatlichen Schutz vor Konkurrenz dazu, die Erschließung neuer zukunftsträchtiger Märkte zu vernachlässigen. Solche Tendenzen waren und sind insbesondere bei den größten deutschen Unternehmen, Bundesbahn und Bundespost, zu registrieren. Die zögerlich in Gang kommende und begrenzte Öffnung der monopolisierten Märkte läßt auf Besserung hoffen. Die Überführung der öffentlich-rechtlichen Anstalten in eine privatwirtschaftliche Unternehmensform reicht freilich allein nicht aus. Erst die Konkurrenz wird zu energischen leistungsstimulierenden Anstrengungen führen. Mit der ständigen Alimentation hochdefizitärer öffentlicher Unternehmen muß Schluß gemacht werden, wenn sich unternehmerische Verantwortung gegen unternehmensinternes Status quo-Denken und Sanierungswiderstände durchsetzen soll. Die wettbewerbliche Durchlüftung bisher monopolisierter Märkte würde vor allem erkennen lassen, daß private Konkurrenten vergleichbare Leistungen meist wesentlich billiger und mit zukunftsträchtigen innovativen Ideen zu produzieren vermögen.

Ein gewisses Maß an kollektiver Vorsorge für private Lebensrisiken ist zwar unentbehrlich, schon deswegen, weil sonst mangelhafte private Vorsorge zu Lasten der Allgemeinheit ginge. Aber kleinere Risiken, etwa in der Krankenversicherung, und selbstverantwortliche Mit-Vorsorge für die Alterssicherung und gegen Arbeitslosigkeit ist bei dem derzeit erreichten Wohlstandsniveau für die weitaus meisten Haushalte in größerem Maße möglich als heute. Würden nur die Grundrisiken über die Sozialversicherung abgedeckt und würden die Bürger ermutigt, von sich aus für eine private Zusatzversicherung zu sorgen, so ließe sich die Kapitalbildung kräftig anregen. Ein größerer volkswirtschaftlicher Kapitalstock ließe – effizient eingesetzt – die Arbeitsproduktivität steigen und erleichterte der nächsten Generation die Lasten, die sich als Folge der zunehmenden Überalterung einstellen. Die verbreitete Flucht aus der Selbstverantwortung und die Überdehnung des Solidarprinzips müssen abgestellt werden. Solidarität darf nicht länger als ein Recht zur Ausbeutung anderer mißverstanden werden. Dazu sind verhaltenssteuernde, das Eigeninteresse stärkende Regelungen, insbesondere in den sozialen Sicherungseinrichtungen, erforderlich.

Eine umfassende Daseinsvorsorge und -fürsorge wie derzeit wird auf die Dauer unbezahlbar sein. Heute geweckte Erwartungen werden sich als unerfüllbar erweisen. Die Solidargemeinschaft muß sich mit der Abdeckung jener Lebensrisiken bescheiden, die der einzelne nicht aus eigener Kraft selbstverantwortlich zu beherrschen vermag. Dies entlastete die Sozialkassen und eröffnete die Chance, daß jedermann die von ihm gewünschte individuelle Risikoabsicherung frei wählen könnte (anstelle des derzeitigen für alle gleichen politischen Diktats), daß der Mißbrauch der Sozialkassen wirksam eingeschränkt würde und daß durch geringere Arbeitskosten das Beschäftigungsproblem leichter als derzeit gelöst werden könnte. Die gesetzlichen Lohnzusatzkosten in Deutschland, die weltweit an der Spitze liegen, könnten gesenkt werden.

Die Sozialpolitik muß sich künftig bescheidenere Ziele setzen. Der Staat und die Solidargemeinschaft werden zunehmend überfordert, wenn der einzelne die Verantwortung für allzu vieles auf „die Gesellschaft“ abschiebt. Daß den wirklich Hilflosen und Bedürftigen Schutz und solidarische Unterstützung zuteil werden muß, ist unbestritten. Polemik gegen den „Sozialabbau“ hilft nicht weiter, wenn keine Lösungen präsentiert werden, wie die sich abzeichnende Überforderung der Arbeitenden anders abgewendet werden kann. Die Lösung könnte darin bestehen, daß in den sozialen Sicherungssystemen mehr Eigenbeteiligungselemente eingeführt werden. Dies würde dazu führen, daß sich die Menschen sehr viel risikobewußter verhalten. Die Erfahrungen in der Kfz-Versicherung zeigen dies deutlich.

4. Die öffentliche Verschuldung begrenzen

Es liegt im Interesse der kommenden Generation, nach wirksameren Begrenzungen für die öffentliche Neuverschuldung zu fragen, da die gegenwärtigen Vorschriften viel Spielraum lassen. Ein Zwang zur Einschränkung der öffentlichen Aufgaben kann auch von knappen Kassen ausgehen, jedenfalls dann, wenn die Möglichkeiten über Kreditfinanzierung wirksam beschnitten werden. In Deutschland sorgen Vorschriften in Artikel 115 des Grundgesetzes dafür, daß die Kreditfinanzierung öffentlicher Ausgaben nicht ausufert. Kredite dürfen nur für Investitionsausgaben oder zur „Abwehr einer Störung des gesamtwirtschaftlichen Gleichgewichts“ aufgenommen werden. Die Vereinigung der beiden deutschen Teilstaaten hat allerdings ganz erhebliche Störungen dieser Art, vor allem eine rasch wachsende Arbeitslosigkeit in Ostdeutschland entstehen und die Verschuldung des Staates sprunghaft anwachsen lassen. Überdies mag der Standortwettbewerb zwischen den Mitgliedstaaten der Europäischen Union dazu beitragen, die Abgabenlasten und im Zusammenhang damit die Ausgaben in Grenzen zu halten.

Die im Vertrag von Maastricht für die dritte Stufe der Europäischen Union vorgesehene Bestimmung einer Obergrenze für die öffentliche Verschuldung würde zumindest als eine Warntafel wirken, die die Öffentlichkeit alarmiert.

Die Europäische Union hat keine eigenen Befugnisse zur Steuererhebung und zur Kreditfinanzierung ihres Haushalts. Der Zwang zu einem sparsamen Wirtschaften geht von den Regierungen der Mitgliedstaaten aus, aus deren Haushalten der Gemeinschaft Mittel zugewiesen werden. Forderungen der Europäischen Kommission, der Gemeinschaft eigene Befugnisse zur Erhebung von Abgaben und zur Aufnahme von Krediten zuzugestehen, sind bislang gescheitert. Dabei sollte es auch künftig bleiben.

5. Änderungen der politischen Ordnung

Die parlamentarische Demokratie ist die mit weitem Abstand beste politische Organisationsform. Es ist jedoch unbestreitbar, daß Politiker und politische Parteien sich leicht dazu verführen lassen, häufig durchaus in Kenntnis der langfristigen Folgen zu kurzsichtig zu handeln. Deshalb sollte geprüft werden, wie dieser Defekt beseitigt werden kann.

Die Vertrauenswürdigkeit der etablierten Parteien hat in den Augen der Wähler erheblich gelitten. Politikverdrossenheit greift um sich. Die hohe Zahl der Nichtwähler läßt dies erkennen. Den politischen Parteien wird fehlende Bürgernähe vorgeworfen. Statt rascher Lösungen für die von den Wählern als dringlich empfundenen Fragen wurden der Öffentlichkeit endlose Streitereien zugemutet. Der Kampf um die politische Macht und die Profilierungssucht von Politikern drängten das Handeln im allgemeinen Interesse in den Hintergrund. In Wahlen durfte der Staatsbürger nur über die relative Stärke der Parteien, nicht aber über einzelne Politiker abstimmen. Wie zahlreiche Affären von Politikern zeigten, funktioniert die Auswahl der Kandidaten durch die Parteien nur unbefriedigend.

Das verbreitete, keineswegs grundlose Unbehagen sollte als Herausforderung für politische Reformen verstanden werden. Einstweilen werden Fehlentwicklungen nicht wirksam genug durch den Wettbewerb zwischen den politischen Parteien verhindert.

Auf der Ebene der Gemeinden gibt es positive Erfahrungen mit der Direktwahl von Bürgermeistern sowie mit dem Instrument des Volksentscheids und des Volksbegehrens. Es sollte daran gedacht werden, auch für die in Parlamente zu Wählenden dem Staatsbürger mehr Einfluß zu geben. Darüber sollte eine öffentliche Diskussion eingeleitet werden. Dabei wäre auch eine Annäherung an das Mehrheitswahlrecht in Betracht zu ziehen. Das derzeitige Verfahren der Kandidatenaufstellung durch die Parteien ist unbefriedigend. Für die meist hochkomplexen Fragen der Bundespolitik eignet sich das Instrument des Volksentscheids allerdings nicht. Selbst bei den besser überschaubaren Verhältnissen in der Schweiz ist die Referendumsdemokratie an deutlich sichtbare Grenzen gestoßen. In kommunalen Angelegenheiten sind die Wähler dagegen meist unmittelbar betroffen, motiviert und sachverständig.

Der Wettbewerb neuer Parteien kann, wie der Erfolg der Grünen gezeigt hat, zu Programm- und Verhaltensänderungen bei den etablierten Parteien veranlassen. Gelingt es, die Kritik an den bestehenden Parteien mit gut begründeten Reformstrategien zu verknüpfen, könnten neue politische Gruppierungen aus der Schicht der Nichtwähler und der unzufriedenen Wähler alter Parteien erheblichen Zulauf erwarten. Ein solcher Erfolg zwänge die etablierten Parteien, bisherige Verhaltensweisen und Programmpunkte zu ändern. Die Art der gegenwärtigen Parteienfinanzierung aus Steuermitteln erschwert zwar den Start von Außenseitern, macht ihn aber nicht unmöglich. Neue politische Gruppierungen könnten dazu beitragen, Pressionen organisierter Interessengruppen abzuwehren und das allgemeine Wohl wieder in den Mittelpunkt politischen Handelns zu rücken. Der Zwang zur zügigen Lösung dringlicher Fragen würde verstärkt.

Das Schielen der Parteien auf die kurzfristige Gunst der Wähler wird dadurch verstärkt, daß im Verlauf der vierjährigen Legislaturperiode fast ständig irgendwelche Wahlen stattfinden, Wahlkämpfe also nahezu als Normalzustand anzusehen sind. Dem langfristigen Wohl des Gemeinwesens wäre es zuträglich, wenn Wahltermine stärker als bisher gebündelt würden. Auch an eine Verlängerung der Wahlperioden könnte gedacht werden. So finden die Landtagswahlen in Nordrhein-Westfalen, Rheinland-Pfalz, Berlin und im Saarland schon jetzt alle fünf Jahre statt.

Die große Anzahl von Spezialressorts und Fachabteilungen, die in der Bundesregierung und in Bundesministerien für Teilbereiche der Wirtschaft zuständig sind, wirkt ausgabensteigernd. Manche Beamte neigen dazu, sich mit den von ihnen „betreuten" Interessengruppen zu identifizieren und zu solidarisieren. Die verantwortlichen Politiker sind ständig versucht, „ihrem" Wirtschaftszweig zu Vorteilen zu Lasten der Allgemeinheit zu verhelfen und auf diese Weise Kritik zu vermeiden und Ansehen zu gewinnen. Eine wesentliche Verminderung der Anzahl von Bundesministerien hätte nicht nur Einsparungen an überflüssigem Personal zur Folge. Zugleich würde auf den – Ausgaben senkenden – Ausgleich widerstreitender Interessen innerhalb eines großen Ressorts hingewirkt. Kurzsichtige Regulierungs- und Subventionsinteressen könnten leichter zurückgewiesen werden. Der politische Willensbildungs- und Entscheidungsprozeß würde vereinfacht.

6. Einbau institutioneller Stabilisierungsfaktoren

Wenn politische Organe allzuoft der Versuchung ausgesetzt sind, nur auf kurze Sicht hin zu entscheiden, so läßt sich dem durch eine entsprechende Ausgestaltung des institutionellen Rahmens entgegenwirken. Auf diese Weise werden in den tagespolitischen Entscheidungsprozeß mit all seinen Zufälligkeiten Stabilisierungsfaktoren eingebaut. Sie gewährleisten eine Berücksichtigung längerer Zeithorizonte, bieten dafür jedenfalls eine Chance. Das wichtigste Beispiel dafür und zugleich der traditionelle Ansatz ist eine Verfassungslösung. Sie begrenzt von vornherein die Gestaltungs- und damit auch die Fehlgestaltungsmöglichkeiten von Gesetzgebung und Administration, bindet diese Organe an die auf Dauer angelegten Wertentscheidungen einer Verfassung. Das Bonner Grundgesetz ist auf dem Felde der Wirtschafts- und Sozialpolitik jedoch relativ offen. Verfassungsändernde Mehrheiten für stärkere Begrenzungen zu finden scheint heute ausgeschlossen. Die vorgeblichen oder tatsächlichen Verlierer bei solchen Änderungen stehen fest. Ihr Widerstand zementiert den verfassungspolitischen Status quo. Was sich bestenfalls erreichen läßt, sind vage Staatszielbestimmungen, wie sie die Gemeinsame Verfassungskommission von Bundestag und Bundesrat erarbeitet hat. Hier schiebt man die Verantwortung letztlich auf die Gerichte, deren künftiger Umgang mit solchen Normen nicht wirklich vorhersehbar ist.

Nicht immer bedacht wird in diesem Zusammenhang der Umstand, daß das Grundgesetz nicht die einzige für die gesamte Bundesrepublik geltende Verfassung ist. Es tritt als eine Art Überverfassung das europäische Gemeinschaftsrecht hinzu. Aufgrund seiner Vorrangwirkung setzt es sich grundsätzlich gegenüber jedem nationalen Recht, darin eingeschlossen das nationale Verfassungsrecht, durch. Daraus sind zunehmend Begrenzungen für politisches Handeln auf nationaler Ebene erwachsen, und zwar freiheits- und marktorientierte Begrenzungen von Dauer. Dies erklärt sich daraus, daß das europäische Gemeinschaftsrecht trotz aller Mehrdeutigkeiten im Detail insgesamt sehr viel stärker als das deutsche Grundgesetz auf eine marktwirtschaftliche Ordnung hin ausgerichtet ist. Das wichtigste Beispiel sind die vier Grundfreiheiten des freien Waren-, Dienstleistungs-, Personen- und Kapitalverkehrs. Sie wirken unmittelbar zugunsten eines jeden Bürgers. Die Beachtung dieser wirtschaftlichen Grundfreiheiten kann im Verletzungsfalle von jedem einzelnen Betroffenen durchgesetzt werden. Diese

Verfassungsgrundlage hat letztlich die Durchsetzung des europäischen Binnenmarktes erzwungen.

Eine zweite institutionelle Technik besteht darin, in die politischen Entscheidungsprozesse spezielle Organe einzubauen, denen bestimmte Aufgaben zur ausschließlichen Wahrnehmung zugewiesen sind und die dabei in Unabhängigkeit handeln können. Der Einfluß punktuellen und tagespolitisch motivierten Denkens wird auf diese Weise zurückgedrängt. Solche Technik findet sich auf nationaler wie auf europäischer Ebene. Das wichtigste Beispiel innerhalb der Bundesrepublik Deutschland ist die Deutsche Bundesbank. Die Unabhängigkeit auf dem Gebiet der Stabilitätspolitik zu wahren ist für die Zukunft des Gemeinwesens von zentraler Bedeutung. Die Erfahrung hat gezeigt, daß von Parlamenten und Regierungen die größte Gefahr für die Geldwertstabilität ausgeht. Daraus ist im Vertrag von Maastricht die Konsequenz gezogen worden, für eine unabhängige Europäische Notenbank zu sorgen.

Das Bundeskartellamt ist ein weiteres Beispiel für eine in den Einzelfallentscheidungen unabhängige, von tagespolitischem Handeln abgehobene Instanz, die auf dem wichtigen Feld der Wettbewerbspolitik für langfristig orientiertes Handeln zu sorgen vermag. Rechnungshöfe wekken derzeit noch nicht die öffentliche Aufmerksamkeit, die sie als unabhängiges Kontrollorgan der Regierungen verdienen. Sachverständigenräten und unabhängigen Kommissionen kommt neben ihrer Beratungsfunktion für die Regierung die wichtige Aufgabe zu, die Öffentlichkeit umfassend zu informieren, auch über drohende Fehlentwicklungen infolge zu kurzsichtigen und punktuellen Denkens.

Auch Organen der Europäischen Union kommt erhebliche Bedeutung zu. Ohne zwingende Vorschriften aus Brüssel wären insbesondere im Straßengüterverkehr, in der Versicherungswirtschaft und im Luftlinienverkehr kaum Deregulierungsfortschritte erzielt worden. Auch künftig kann mit weiteren Deregulierungsmaßnahmen aus Brüssel gerechnet werden (speziell in der Telekommunikation und im Schienenverkehr, möglicherweise auch in der Stromversorgung). Diese positiv zu beurteilenden Wirkungen sind freilich nicht als Freibrief für die Ausweitung politischer Aktivitäten in Brüssel zu verstehen. Die Deregulierungsmaßnahmen stehen eindeutig im Einklang mit den Vorschriften des Vertrags über die Europäische Union. Auf alle darüber hinausreichenden Bestrebungen muß der Grundsatz der Subsidiarität angewendet werden, wonach die Kompetenz der Mitgliedstaaten nicht durch gemeinschaftliche Organe ausgehöhlt werden darf.

Der Subventionsabbau in der Europäischen Union (bedingtes Beihilfeverbot) könnte in Deutschland stärker als bisher dazu benutzt werden, den langfristig dringend erwünschten dynamischen Strukturwandel voranzutreiben. Tatsächlich überwiegt jedoch das Status quo-Denken. Auch supranationale Organe sind also nicht immer frei von allzu stark tagespolitisch orientiertem, den Strukturwandel behinderndem Denken. Das verbreitete Status quo-Denken sowohl in Bonn als auch in Brüssel ließe sich aufweichen, wenn Subventionen künftig nur noch in degressiver Form, also von Jahr zu Jahr abnehmend, beschlossen und wenn möglichst auch früher zugestandene Subventionen in diesen vorweg angekündigten flexiblen Abbau in kleinen Schritten einbezogen würden.

Positive Wirkungen im Sinne einer langfristig orientierten Politik gehen auch von internationalen Institutionen wie dem GATT und dem Internationalen Währungsfonds aus. Zwar erweisen sich internationale Verhandlungsrunden mit dem Ziel des Abbaus von Handelsschranken generell als schwierig; zudem fehlen auch nach Abschluß der Uruguay-Runde des GATT weithin Sanktionsmechanismen für den Fall, daß sich einzelne Staaten inkonform verhalten. Gleichwohl geht von solchen internationalen Institutionen eine nicht zu unterschätzende disziplinierende Wirkung auf die nationalen Politiken aus. Solche Wirkungen könnten verstärkt werden, wenn im GATT den Betroffenen das Recht eingeräumt würde, gegen staatliche Beschränkungen des Handels vorzugehen.

7. Folgenabschätzung für staatliches Handeln

Der Nutzen einer Vorschrift, wonach Gesetzesentwürfen eine Abschätzung künftiger gesamtwirtschaftlicher Folgen beigegeben werden muß, mag auf den ersten Blick als gering angesehen werden. Zu bedenken ist jedoch, daß auf diese Weise ein zusätzliches Beurteilungskriterium auch für die Öffentlichkeit geschaffen wird. Amtliche Abschätzungen können kritisch überprüft werden. Die öffentliche Verwaltung wird sich mit dieser für sie neuen Materie sorgfältig beschäftigen müssen, wenn sie sich nicht blamieren will. Die parlamentarische Opposition erhält ein zusätzliches Aktionsfeld. Insgesamt gesehen wird der Blick sowohl der Politiker als auch der Öffentlichkeit weit stärker als bisher auf die Neben- und Fernwirkungen staatlicher Maßnahmen gelenkt. Die zeitliche Dimension staatlichen Handelns gerät gerade bei wichtigen Gesetzesinitiativen ins Blickfeld der Öffentlichkeit und der Medien. Diese Wirkung würde verstärkt, wenn wirtschaftsrechtliche Regelungen in regelmäßigen Zeitabständen auf Zielkonformität, Wirksamkeit und gesamtwirtschaftliche Folgen überprüft würden. Auch ein Beitrag zur Durchforstung des nur noch für wenige Spezialisten überschaubaren Vorschriftendschungels könnte von einer solchen Regelung erwartet werden.

Eine umfassende Aufklärung der Öffentlichkeit über das volle Ausmaß und die ernsten Folgen der zeitlichen Verschiebung öffentlicher Konsumausgaben auf die kommende Generation könnte die Veschuldungsneigung von Politikern wohl noch am ehesten bremsen. Anzustreben wäre eine Pflicht für die Regierung, eine Berechnung der Belastungswirkungen auf künftige Generationen („generational accounts") vorzulegen und regelmäßig fortzuschreiben – unter Einbeziehung aller Gebietskörperschaften, Sonderfonds, Schattenhaushalte, umlagefinanzierter Sicherungssysteme etc. Die erschreckend hohen Belastungen, die eine solche Generationenrechnung an den Tag brächte, sollte die allzu leichtfertige Lösung aktueller Verteilungsprobleme zu Lasten der kommenden Generation verhindern helfen.

8. Neue politische Prioritäten

Die langfristige Stabilität des Gemeinwesens ist bedroht. Die Verantwortung gegenüber der kommenden Generation gebietet, daß die Krisenherde rechtzeitig ernstgenommen und frühzeitig Sanierungsmaßnahmen eingeleitet werden, weil sich nur so die zur Gesundung erforderlichen Mittel in engen Grenzen halten lassen.

Stattdessen wird immer häufiger auf pathologisches Lernen gesetzt: Es wird weitergewurstelt in der Erwartung, daß der Problemdruck ständig wächst, schließlich übermächtig wird und daß dann politische Gegenmaßnahmen ohne Widerstand eingeleitet werden können. Erwünscht wäre, daß Politiker ihrer Führungsrolle gerecht werden und die Öffentlichkeit rechtzeitig über die Notwendigkeit des Handelns und die Vorteile frühzeitiger Gegenmaßnahmen informieren. Zu spätes Tätigwerden führt nur zu oft zu unbefriedigenden und teuren Notlösungen (z.B.

in der Krankenversicherung). Zwar ist es für Politiker bequemer, auf Überzeugungsarbeit in der Öffentlichkeit zu verzichten und darauf zu warten, bis sich Probleme bedrohlich zuspitzen und sich Unruhe und Unzufriedenheit ausbreiten. Damit wird jedoch der Kritik an Politikern Vorschub geleistet. Pathologisches Lernen kann sich die deutsche Volkswirtschaft nicht länger mehr leisten.

Unverkennbar bemühen sich maßgebende Repräsentanten der Politik neuerdings darum, die Öffentlichkeit auf die Gefahren hinzuweisen, die von der Verschiebung von Lasten in die Zukunft ausgehen. Immerhin ist eine seit Jahrzehnten vertagte dringliche Aufgabe, nämlich die Sanierung der Bundesbahn, jetzt einer Lösung zugeführt worden, obwohl mit dieser Initiative keine Wählerstimmen zu gewinnen sind. Gewisse Fortschritte sind auch in der Deregulierung zu konstatieren. Es ist zu begrüßen, daß den Wählern die Notwendigkeit von Reformen und einer politischen Neuorientierung nahegebracht wird. Für eine politische Trendwende muß in der Öffentlichkeit um Einsicht geworben werden. Nur so läßt sich die Zustimmung einer Mehrheit erreichen. Bis dahin ist es freilich einstweilen noch ein weiter Weg.

Andererseits tragen die politischen Kräfte dazu bei, erhebliche zukünftige Finanzlasten zu schaffen. Die Neuverschuldung des Bundes ist noch immer viel zu hoch. Die kommende Generation muß sich auch noch in anderer Hinsicht auf steigende Belastungen einstellen, wenn die umlagefinanzierte Pflegeversicherung Wirklichkeit wird.

Energisches staatliches Handeln ist nicht nur in der Wirtschaftspolitik geboten. Derzeit ist ein bedenkliches Ausmaß an Auflösung staatlicher Autorität zu konstatieren. Dazu hat nicht nur die Vernachlässigung des Schutzes der Allgemeinheit vor Rechtsbrechern geführt. Umfragen zeigen, daß die Angst vor Überfällen und Beraubung in der Bevölkerung zu einem beherrschenden Motiv für die Kritik an den staatlichen Institutionen geworden ist. Die sich ausbreitende Mißachtung geschriebener und ungeschriebener gesellschaftlicher Normen ist maßgeblich auch das Ergebnis veränderter schulischer Bildungsziele.

Deshalb ist über Reformen der schulischen Bildung nachzudenken. Die Regeln des gesellschaftlichen Zusammenlebens müssen jungen Menschen ebenso eindringlich vermittelt werden, wie der Sinn gesellschaftlicher Institutionen und rechtlicher Normen. Auch über die Dauer der

Schulbildung (12 statt 13 Jahre bis zum Abitur) und über die Wiedereinführung strengerer Leistungskriterien wäre nachzudenken. Ein Vergleich der Schulsysteme in den wichtigsten Industrieländern zeigt deutlich, daß Deutschlands Schulen weithin erheblich in Rückstand geraten sind, was sich auf den Leistungsstand der Schüler auswirkt. Gelingt es ferner nicht, das Abitur wieder aufzuwerten, werden die Hochschulen – nicht nur im eigenen Interesse, sondern auch zum Wohl der Studienbewerber – zu Eingangsprüfungen übergehen müssen. Wer vollständig oder weit überwiegend auf Kosten der Allgemeinheit studiert, sollte sich auf ein straffes Studium einrichten müssen. Humankapital ist zwar in einem Land ohne nennenswerte Bodenschätze der wichtigste „Rohstoff" und eine wesentliche Voraussetzung für die Bewältigung der künftigen schwierigen Aufgaben. Auch insoweit müssen freilich Aufwand und Ertrag in einem angemessenen Verhältnis stehen.

Vor allem muß wieder Handlungsfähigkeit in der Finanzpolitik hergestellt werden. Dazu gehört nicht nur Ausgabenkürzung, sondern auch der Umbau der Haushalte zu Lasten der konsumtiven Ausgaben und zugunsten der Investitionen. In der mittelfristigen Finanzplanung wären die Schritte in diese Richtung zu verankern. In der Subventions- und Sozialpolitik muß der Gesetzgeber frühzeitig die Weichen umstellen, wenn der Erfolg nicht ausbleiben soll. Eine wirklich vollständige Übersicht über Subventionen und geldwerte Vorteile (ergänzter Subventionsbericht) und eine Offenlegung aller Finanzströme zwischen den Bundesunternehmen und der Bundeskasse wären wichtige Voraussetzungen für Abstriche bei diesen Ausgaben. Die Bundesländer und die Gemeinden sind ebenso gefordert, den von ihnen verwalteten Teil der Infrastruktur zu erhalten und bedarfsgerecht auszubauen. Bei den Gemeinden könnte die Durchforstung der Stellenpläne, die leistungsorientierte Organisation der Verwaltung, die Ausgliederung nicht hoheitlicher Aufgaben und deren Übertragung auf private Unternehmen sowie die Privatisierung kommunaler Betriebe wesentlich zur Ausgabensenkung beitragen. Dadurch würden erhebliche Beträge für die angemessene Berücksichtigung langfristiger Ziele und Aufgaben frei.

9. Die Zeit drängt

Nochmals sei betont, daß es eines Umdenkens nicht nur bei den Politikern und in Interessenverbänden, sondern auch in der breiten Öffentlichkeit bedarf, wenn die Gefahr aktueller Fehlentwicklungen beseitigt und die Verantwortung gegenüber der kommenden Generation fester und unabdingbarer Bestandteil aktueller politischer Entscheidungen werden soll. Dazu genügen nicht einige wenige Appelle. Zu tief sitzt und zu weit verbreitet ist egoistisches, einseitig gegenwartsbezogenes Vorteilsstreben und Anspruchsdenken in breiten Wählerschichten.

Vor allem in der Renten- und in der Pflegeversicherung kann nicht mehr lange zugewartet werden. Beide Fälle eignen sich besonders gut, der Öffentlichkeit darzulegen, wie dringlich das Umdenken inzwischen bereits geworden ist. Zugleich sollte an Veränderungen bei jenen Institutionen herangegangen werden, die dem Denken in langen Wirkungsketten abgeneigt sind. Jene Entscheidungszentren wären zu stärken, die – vom politischen Tagesgeschehen unabhängig – weite Zeithorizonte zum Wohl der Allgemeinheit ins Auge zu fassen pflegen. Die ganz großen Gegenwartsaufgaben der Politik, insbesondere die Bewältigung der Lasten der deutschen Einheit, die Verminderung der strukturellen Arbeitslosigkeit und die Finanzierung der enormen Alterslast in den nächsten Jahrzehnten, aber auch die unvermeidbaren Lasten des ökonomischen Strukturwandels, die Beseitigung der Wohnungsnot und eine bessere infrastrukturelle Vorsorge erfordern vorausschauendes Denken und weite Zeithorizonte in der Wirtschafts- und Sozialpolitik.

So dringlich es ist, der Verantwortung gegenüber der kommenden Generation durch rasches politisches Umsteuern endlich den Vorrang vor kurzfristigen Konsuminteressen und Umverteilungswünschen zu geben, so sollte doch eines nicht vergessen werden. Weniger Staat, mehr selbstverantwortliches Handeln des einzelnen und größere Entfaltungsmöglichkeiten für die Marktkräfte versprechen zwar einen verantwortlicheren Umgang mit der Zeit und mit vielfältigen Risiken. Mit schlagartigen Veränderungen der Verhaltensweisen darf freilich nicht gerechnet werden. Lernprozesse sind erforderlich, und zunächst muß sich Vertrauen in den neuen Kurs der Politik bilden. Geduld wird daher von allen Beteiligten in ganz besonderem Maße verlangt werden, auch von Politikern, die gern in Aktionismus verfallen, wenn neue Maßnahmen nicht sofort die gewünschten Reaktionen hervorrufen. Das politische Umsteuern in einem Gemeinwesen erfordert Zeit. Auch diese Zeitdimension muß respektiert werden.

Einwanderungspolitik – Möglichkeiten und Grenzen

Vorbemerkung

Deutschland hat in den vergangenen Jahren Zuwanderer aufgenommen wie kein anderes Industrieland, die klassischen Einwanderungsländer Kanada und Australien eingeschlossen. In der Bevölkerung verbreitet sich die Sorge, die Zuwanderer könnten den Einheimischen die Arbeitsplätze wegnehmen und den Wohnungsmangel verschärfen. Die Politik reagiert defensiv. Auf der anderen Seite altert und schrumpft die deutsche Bevölkerung. Auf die öffentlichen Haushalte und die Sozialsysteme kommen deshalb außerordentliche Belastungen zu. Die Lücke bei den Erwerbstätigen, so wird behauptet, ließe sich durch Einwanderer schließen, und deshalb fordern manche Beobachter eine andere Einstellung zur Zuwanderung.

Die Sorge um die Arbeitsplätze auf der einen, die Angst um die Sicherheit der Renten auf der anderen Seite erfordern eine bewußte Wanderungspolitik, wie sie die traditionellen Einwanderungsländer seit jeher betreiben, also eine Politik, die die Stärke der Zuwanderung begrenzt und auf die Auswahl der Zuwanderer Einfluß nimmt. Auch dann kann der Zuzug jedoch das Alterungsproblem nicht lösen, wohl aber einen Teil zur Lösung beitragen. Bleibt die Zuwanderung dagegen ungesteuert, so ist zu befürchten, daß sich die Lasten für die öffentlichen Haushalte und Sozialkassen vergrößern statt verringern.

Die politischen Gestaltungsspielräume sind in den kommenden Jahren eng. Das gilt jedenfalls so lange, als der Zuzug deutschstämmiger Aussiedler aus dem Osten noch nicht abgeebbt ist. Es bleibt also Zeit, für die Phase danach eine Einwanderungspolitik vorzubereiten. Dabei ist die ökonomische Abwägung möglicherweise der kleinere Teil des Problems. Die Schwierigkeiten der Integration, die Gefahr der Ghettobildung, Ausländerfeindlichkeit und Gewalt sind Probleme, denen man nicht allein mit gutem Willen und moralischen Appellen begegnen kann. Es gilt auch zu akzeptieren, daß die Aufnahmebereitschaft der heimischen Bevölkerung überfordert werden kann.

Wolfgang Franz hat zu dieser Schrift beigetragen. Dafür danken wir ihm.

November 1994

Juergen B. Donges, Wolfram Engels
Walter Hamm, Wernhard Möschel
Manfred J. M. Neumann, Olaf Sievert
(KRONBERGER KREIS)

I. Einleitung

Die neue Dimension der Einwanderung

1. Wie andere hochentwickelte Volkswirtschaften steht Deutschland unter Einwanderungsdruck mit seinen wirtschaftlichen und gesellschaftlichen Folgen. Der große Strom an Zuwanderern speist sich aus den Aussiedlern Ost- und Südosteuropas, den nachziehenden Familienangehörigen ausländischer Arbeitnehmer, den Asylsuchenden aus aller Welt, deren Zustrom erst seit Erlaß des neuen Asylrechts gebremst ist, und den Kriegsflüchtlingen. Die Aufgabe, diese Menschen einzugliedern, ist zwar vergleichbar den Herausforderungen, die die Integration von Flüchtlingen und Vertriebenen in der Nachkriegszeit und die der Gastarbeiter in den sechziger Jahren gestellt haben. Doch sie ist schwieriger zu bewältigen, weil die Systeme der sozialen Sicherheit überfordert sind und die Aufnahmefähigkeit des Arbeitsmarktes gering ist, wie die hohe und weiter ansteigende Sockelarbeitslosigkeit zeigt.

Es handelt sich zudem, anders als damals, nicht um eine zeitlich begrenzte Aufgabe. Der Zuwanderungsdruck wird in den kommenden Jahren anhalten. Schon Familiennachzug und Aussiedler werden für eine große Zahl an Zuwanderern sorgen. Auch wird sich in absehbarer Zeit an den zentralen Wanderungsursachen – wirtschaftliche Not, ethnische Konflikte oder lokale Kriege – wohl nur wenig ändern. Insbesondere das Wohlstandsgefälle zu Osteuropa und Südosteuropa wird den Wanderungsdruck aufrechterhalten. Dabei geht es aber nicht um schiere Not. Es nimmt vielmehr die Anzahl der Menschen zu, die auswandern, weil sie sich für ihre Kinder und sich selbst in den wohlhabenderen Ländern des Westens eine bessere wirtschaftliche Zukunft versprechen. Die Versuche der Regierungen in den Auswanderungsländern, ihren Bürgern bessere Bleibebedingungen zu bieten, scheinen wenig zu fruchten. Alle reichen Industrieländer suchen derzeit die Zuwanderung abzuwehren oder doch zu begrenzen.

Integrationshindernisse

2. Eine Masseneinwanderung würde unser Land vor schwere Probleme stellen. Da wenig Aussicht bestünde, die Zuwanderer auch nur mittelfristig in den Arbeitsmarkt zu integrieren, würden die öffentlichen Haushalte durch Sozialleistungen und sonstige Folgekosten der Zuwanderung einer erheblichen Belastung ausgesetzt. Einwanderung würde als geringeres Problem gesehen, wenn sie ausschließlich erwünschte ökonomische Wirkungen hätte.

Allerdings hat Einwanderung nicht nur eine wirtschaftliche Dimension. Kulturelle und soziale Fragen sind in diesem Fall ebenso wichtig wie die ökonomischen. Eine für eine gesellschaftlich und wirtschaftlich reibungslose Zuwanderung nötige umfassende Integration der Einwanderer erfordert Integrationsbereitschaft auf beiden Seiten, auch und gerade auf seiten der Einwanderer. Diese können nicht mit dem Anspruch antreten, einen Teil ihres Heimatlandes in Deutschland neu begründen zu wollen. Inwieweit die gesellschaftliche Integration der Zuwanderer gelingt, hängt von vielen Faktoren ab. In wirtschaftlich guten Zeiten ist die Bereitschaft der einheimischen Bevölkerung, Zuwanderer aufzunehmen, größer als in schwierigen. Auf seiten der Einwanderer sind es Lebensalter, Motivation, Bildungsniveau, Sprachkenntnisse, berufliche Qualifikation, Wirtschafts- und Arbeitskultur. Sie können die Assimilation fördern oder hemmen.

Demographische Veränderung und Zuwanderung

3. Auch wenn gegenwärtig kein wirtschaftlicher Einwanderungsbedarf besteht, muß darüber nachgedacht werden, wie sich die Frage auf längere Sicht stellt und welche Politik deshalb schon heute angezeigt ist. Bis zum Ende dieses Jahrzehnts wird der Zustrom von Aussiedlern wohl abebben. Das würde Raum geben für eine gezielte Einwanderungspolitik, und diese könnte sich empfehlen, weil der Bevölkerung Deutschlands ein Alterungsschub bevorsteht. Der Anteil der über Sechzigjährigen an der erwerbsfähigen Bevölkerung wird sich in den kommenden vier Jahrzehnten verdoppeln. Die niedrige Geburtenzahl wird

zu einem Schrumpfen der Bevölkerung führen. Diese demographischen Veränderungen werden das System der sozialen Sicherung und die öffentlichen Haushalte vor gewaltige Herausforderungen stellen. Vielfach wird in der Zuwanderung von Arbeitskräften eine Möglichkeit gesehen, die wirtschaftlichen Folgen dieses Alterungsprozesses abzumildern. Das ist zu prüfen.

Die Entwicklung in Europa

4. Alle Länder der Europäischen Union werden von diesen demographischen Veränderungen betroffen sein, wenn auch in unterschiedlichem Maße. Ohne Einwanderung wird die Einwohnerzahl der Europäischen Union von heute 344 Millionen auf 323 Millionen im Jahre 2020 schrumpfen (die bevorstehende Erweiterung ändert nichts an diesem Trend). Deutschland mit seinen gegenwärtig rund 80 Millionen Einwohnern wird mit 10 Millionen den größten Bevölkerungsrückgang hinnehmen müssen. Auf der anderen Seite stellen schon heute in einigen Ländern der Europäischen Union Zuwanderer aus Drittländern große Bevölkerungsteile. So lebt im Westen Deutschlands die absolut größte Zahl an Ausländern, die nicht aus der Europäischen Union kommen. Mit rund acht Prozent der Bevölkerung haben die alten Bundesländer den größten Anteil nach Luxemburg und Belgien. Inwieweit das Raum läßt für eine weitere Steigerung der Ausländeranteile, hängt von vielen Faktoren ab. Zu bedenken ist, daß der große Teil der Einwanderer in die Europäische Union aus fremden Kulturkreisen, insbesondere aus Vorderasien und Nordafrika stammen würde. Insbesondere würde in vielen Ballungsgebieten ihr Anteil noch weiter stark wachsen.

II. Wanderung: Die Fakten

1. Vom Auswanderungsland zum Einwanderungsland

Wanderungssalden

5. Im Verlauf der letzten hundert Jahre haben sich für Deutschland die Wanderungsströme umgekehrt. Im 19. Jahrhundert übertraf die Auswanderung bei weitem die Einwanderung. Zwar hat Deutschland bis in die Gegenwart nie aufgehört, in geringem Umfang auch Auswanderungsland zu sein, aber das „klassische" Auswanderungsland des 19. Jahrhunderts hat sich längst in ein Einwanderungsland neuen Typs

verwandelt. Ein Rückblick auf die Jahre 1960 bis 1990 zeigt, daß der Ausländerwanderungssaldo der Bundesrepublik überwiegend positiv war (siehe Abbildung 1). Im Zeitraum 1989 bis 1993 eskalierte die Zuwanderung. In diesen Jahren sind im Saldo rund 3 Millionen Personen gekommen, je Jahr das Fünffache der Periode 1970 bis 1980. Insgesamt hat die Bundesrepublik seit den späten achtziger Jahren mehr Zuwanderer aufgenommen als die beiden klassischen Einwanderungsländer Kanada und Australien zusammen.

Zuwanderungsgruppen seit 1989

6. Aber nicht nur das Ausmaß der Wanderungen hat sich verändert, sondern auch deren Struktur. Während die Einwanderung in früheren Jahren zum weitaus größten Teil durch Gastarbeiter und deren Familienangehörige geprägt war, haben in den letzten fünf Jahren die Zuwanderung von Aussiedlern sowie der Zustrom von Flüchtlingen und solchen Ausländern, die das Asylrecht anrufen, wesentlich an Bedeutung gewonnen:

Abb. 1:
Wanderungssaldo zwischen Deutschland und dem Ausland
- in Tausend, ab 1990 einschließlich neue Bundesländer -

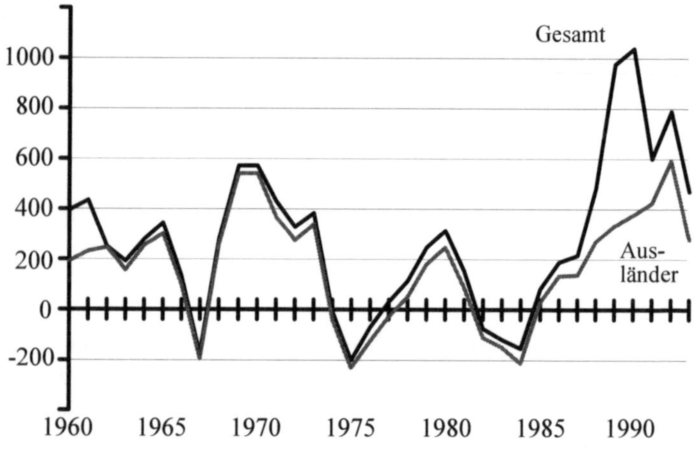

Quelle: Statistisches Bundesamt

- Von 1989 bis 1993 sind nach Deutschland 1,2 Millionen Deutschstämmige aus den ehemaligen Siedlungsgebieten in Polen, Rußland und Rumänien eingewandert. Während der jährliche Zuzug in den achtziger Jahren im Durchschnitt 40.000 betrug, waren es 400.000 Personen im Jahre 1990. Seitdem ist die jährliche Zuwanderung – vor allem wegen des geänderten Antragsverfahrens – auf 200.000 zurückgegangen. Die Zahl der Einreisewilligen dürfte sich jedoch nicht im gleichen Maße verringert haben. Der Antragsstau wird auf 800.000 Personen geschätzt.

- In den letzten fünf Jahren sind per saldo knapp über zwei Millionen Ausländer eingewandert. Dieser Zuzug ist im wesentlichen nicht durch EU-Angehörige oder einen verstärkten Familiennachzug bereits in Deutschland lebender ausländischer Arbeitskräfte ausgelöst worden. Er ist hauptsächlich auf die Zuwanderung von Asylbewerbern und Flüchtlingen sowie illegalen Einwanderern aus den ost- und südosteuropäischen Ländern zurückzuführen. Allein 1992 wurden 440.000 Asylbewerber und 260.000 Flüchtlinge registriert. Für das gleiche Jahr soll sich nach Schätzungen die illegale Einwanderung auf ca. 100.000 Personen belaufen. In den Jahren 1989 bis 1992 wurde ungefähr eine Million Asylbewerber registriert. Obwohl die Anerkennungsquote von Asylbewerbern auch vor der Verschärfung des Asylrechts relativ klein war (1992 etwa 4 Prozent), führt die Ablehnung eines Asylantrages meist nicht zur Ausweisung – aus humanitären, politischen oder rechtlichen Gründen.

Entwicklung der künftigen Einwanderung

7. Wie sich der Wanderungsdruck in Zukunft entwickeln wird, läßt sich schwer abgreifen. Flüchtlingsströme aufgrund von Kriegen oder sonstigen politischen Krisen sind nichtvorauszusehen. Hinzu kommen die Unsicherheiten über die wirtschaftliche Entwicklung in Osteuropa. Zudem haben sich die Bestimmungsgründe der Wanderung angesichts der politischen und wirtschaftlichen Verhältnisse in den Ländern Ost- und Südosteuropas verschoben. Im Gegensatz zu den siebziger und achtziger Jahren lassen sich Wanderungswillige von ihren Vorhaben auch dann nicht abhalten, wenn die wirtschaftliche Lage im Einwanderungsland eher schlecht ist. Überdies hat Deutschland relativ durchlässige Grenzen zu seinen östlichen Nachbarn.

Auch sind die Folgen erneuter Erweiterungen der Europäischen Union, so sie denn kommen, für die Wanderungsbewegungen nur schwer abzuschätzen, aber potentiell hoch bedeutsam. Beispielsweise wird die Bevölkerung der Türkei, deren Regierung ein starkes Beitrittsinteresse bekundet, in den nächsten beiden Jahrzehnten von 40 Millionen auf 53 Millionen wachsen. Ein Beitritt dieses Landes mit der Konsequenz voller Freizügigkeit würde angesichts der vielfach vorhandenen verwandtschaftlichen Beziehungen mit in Deutschland bereits ansässigen Türken hierzulande einen erheblichen Wanderungsdruck auslösen.

Von solchen Unsicherheiten abgesehen, sind folgende Tendenzen zu erkennen: Der Zuzug der Aussiedler wird sich bis bis zum Jahre 2000 abschwächen. Der legale Familiennachzug von Ausländern wird auch in den nächsten Jahren relativ hoch bleiben. Die Zahl der Asylbewerber insbesondere aus Ost- und Südosteuropa hat sich aufgrund des geänderten Asylrechts schon verringert. Insgesamt wird geschätzt, daß bis zum Jahre 2000 jährlich rund 300.000 bis 400.000 Personen nach Deutschland kommen werden. Für die Zeit von 2000 bis 2010 wird mit einer Bruttozuwanderung in der Größenordnung von 200.000 bis 300.000 Personen gerechnet. In diesen Zahlen sind sowohl die Ausländer aus Ländern der Europäischen Union als auch diejenigen, die im Rahmen von Werkarbeitsverträgen bei uns arbeiten (vor allem Polen), nicht mitgerechnet.

2. Erwerbsverhalten und Qualifikationsstruktur

Erwerbsverhalten der Zuwanderer

8. Für die ökonomische Wirkungsanalyse der Einwanderung sind Strukturmerkmale wie Erwerbsverhalten und Qualifikation wichtig. Ein Vergleich der von den deutschen und ausländischen Arbeitnehmern eingenommenen Arbeitsplatztypen könnte zudem Hinweise darauf geben, ob die ausländischen Arbeitnehmer zumindest in der Vergangenheit eher Tätigkeiten wahrgenommen haben, die komplementär zu denen deutscher Arbeitnehmer waren, oder ob sie diese verdrängt haben.

Die Erwerbsbeteiligung der einheimischen Bevölkerung und der Zuwanderer hat sich einander angenähert. Ausländische Männer hatten anfänglich eine höhere Erwerbsquote als deutsche. Im Verlauf der letzten zwanzig Jahre hat sich ihr Erwerbsverhalten dem der deutschen

Männer angeglichen. Die Erwerbsquoten beider Gruppen sanken aufgrund einer verlängerten Schul- und Berufsausbildung sowie einer Vorverlegung des Pensionierungszeitpunktes auf etwa 60 Prozent Ende der achtziger Jahre. Dagegen sind die Erwerbsquoten lediger ausländischer Frauen mit 53 Prozent um rund 15 Prozentpunkte niedriger als die deutscher lediger Frauen. Bei den verheirateten Frauen lagen die Erwerbsquoten bei Ausländerinnen und bei Deutschen Ende der achtziger Jahre ebenfalls nahe beieinander (etwa 50 Prozent). Diese Annäherung geschah jedoch bei den Ausländerinnen von einem höheren Niveau aus (65 Prozent im Jahre 1972), während die Erwerbsquote deutscher verheirateter Frauen von einem Niveau von rund 40 Prozent im Jahre 1972 anstieg.

9. Diese Durchschnittszahlen für Ausländer verdecken merkliche Unterschiede je nach Nationalitäten. Bei etwa gleicher Altersverteilung liegen beispielsweise die Erwerbsquoten der italienischen Erwerbsbevölkerung deutlich höher als die der türkischen. Solche Unterschiede lassen sich auch in der Selbständigenquote ausmachen. Im Jahre 1988 gingen 125.000 Ausländer einer selbständigen Tätigkeit nach, das sind 6 Prozent aller ausländischen Erwerbstätigen im Vergleich zu 9 Prozent bei den Deutschen. Bei den Österreichern, Griechen und Italienern ist die Neigung, sich selbständig zu machen, am höchsten. Hier liegt die Selbständigenquote zwischen 13 und 10, bei den Jugoslawen, Spaniern und Türken hingegen bei etwa 3 Prozent.

Schon diese Zahlen verdeutlichen die Schwierigkeit, die Arbeitsangebotseffekte von Einwanderungsströmen abzuschätzen. Zwar gehört im Vergleich zu den Deutschen ein höherer Anteil der Ausländer der Altersgruppe mit der höchsten Erwerbsbeteiligung an, jedoch bestehen auch hier Unterschiede je nach Nationalität der Einwanderer. Zudem ändert sich die Erwerbsbeteiligung im Zeitablauf. Das Verlaufsmuster entspricht dabei nicht immer dem der deutschen Bevölkerung.

Qualifikationsstrukturen

10. Will man die Qualifikation der Einwanderer mit derjenigen ansässiger Erwerbspersonen vergleichen, so ist insbesondere die Schulbildung von Bedeutung: Bei einer Zählung 1984 hatten 80 Prozent der ausländischen, aber 88 Prozent der deutschen Arbeitnehmer einen Haupt- oder Realschulabschluß. Relativ nicht unbeträchtlich waren die Unter-

schiede beim (Fach-)Hochschulabschluß mit 3 und 5 Prozent. Besonders wichtig ist, daß nur 30 Prozent aller ausländischen Arbeitnehmer, aber 70 Prozent aller deutschen über einen Berufsabschluß verfügten. Dies fand seinen Niederschlag in einer stark unterschiedlichen Verteilung der von ausländischen und deutschen Arbeitnehmern besetzten Arbeitsplatztypen (Tabelle 1). Sie führte wiederum zu einer unterschiedlichen Lohnstruktur ausländischer und deutscher Erwerbstätiger. Als Reflex lagen die Verdienste der Gastarbeiter in den achtziger Jahren um durchschnittlich 20 bis 25 Prozent unter denen der Deutschen.

Tab. 1:
Arbeitsplatztypen deutscher und ausländischer Arbeitnehmer - in Prozent -

	Deutsche	Ausländer
Ungelernte	4,3	21,5
Angelernte Arbeiter	12,5	46,7
Facharbeiter	20,8	21,0
Angestellte	32,0	2,8
Meister	7,9	4,3
Selbständige	7,0	3,4

Quelle: Pischke, J.-St., Assimilation and the Earnings of Guestworkers in Germany, Mannheim 1992, S. 13

Erwerbsneigung der Aussiedler

11. Bei der zu erwartenden Einwanderung bilden die Aussiedler eine bedeutende Gruppe. In der Vergangenheit war bei ihnen das Erwerbsverhalten der Frauen im Vergleich zu dem der ansässigen besonders auffallend (siehe Tabelle 2). Hinweise auf die Arbeitsmarktwirkungen können aus der Gegenüberstellung der beruflichen Struktur der Zuwanderergruppen sowie der tatsächlichen und gewünschten Struktur auf dem westdeutschen Arbeitsmarkt gewonnen werden (Tabelle 3 S. 148). Bei allen Vorbehalten gegenüber den Angaben – insbesondere im Hinblick auf die offenen Stellen als Indikator für den Arbeitskräftebedarf – zeigen sich bei den Aussiedlern vergleichsweise hohe Anteile bei den

Fertigungsberufen und bei den technischen Berufen (insbesondere Schlosser und Mechaniker). Ihnen entsprach ein vergleichsweise hoher Anteil an offenen Stellen – im Gegensatz zu den Arbeitslosen. Etwas unschärfer sieht das Bild bei den Dienstleistungsberufen aus. Hier sind

Tab. 2:
Aussiedler nach ausgewählten Merkmalen
- in Prozent der jeweiligen Grundgesamtheit -

	Aussiedler[a)]	Gesamt-bevölkerung[b)]
1. Geschlecht		
- Männer	50,2	47,9
- Frauen	49,8	52,1
2. Alter[c)]		
- bis 20 Jahre	32,0	21,4
- 20-25 Jahre	9,2	8,6
- 25-45 Jahre	33,0	27,6
- 45-60 Jahre	10,7	21,0
- über 60 Jahre	6,8	21,4
3. Erwerbsbeteiligung[c)]		
- Erwerbspersonen	52,1	48,2
- Männer	27,9	29,1
- Frauen	24,2	19,1
- Nichterwerbspersonen	39,9	51,8
- Hausfrauen[d)]	2,9	23,9
- Rentner[d)]	7,0	21,8
- Schüler u. Studenten	16,7	4,0
- noch nicht schulpfl. Kinder	13,0	8,0

a) 1989; b) 1987;
c) die Aussiedler enthalten nicht zuzuordnende Personen, Prozentzahlen addieren sich daher nicht zu 100;
d) Doppelzählungen möglich

Quelle: Blaschke, D., Aussiedler und Übersiedler auf dem bundesdeutschen Arbeitsmarkt, Wirtschaftsdienst 5/1990, S. 261; Statistisches Jahrbuch 1992; eigene Berechnungen

Tab. 3:
Berufliche Strukturen am Arbeitsmarkt 1990
- Anteile in Prozent -

	Beschäftigte insgesamt[a)]	Offene Stellen[b)]	Arbeitslose[b)]	Aussiedler[c)]
Land- und Forstwirtschaft	1,2	3,5	2,8	4,2
Industrie und Handwerk	35,8	43,1	37,6	46,6
darunter:				
- Schlosser/Mechaniker	8,3	9,3	5,5	13,3
- Elektriker	3,1	3,9	1,8	3,8
- Bauberufe	3,5	6,1	4,4	3,2
Technische Berufe	7,1	5,8	3,8	6,3
Dienstleistungsberufe	55,1	35,5	52,1	35,1
darunter				
- Warenkaufleute	8,0	7,5	8,2	3,6
- Verkehrsberufe	7,3	3,3	3,4	5,0
- Organisation u.ä.	19,2	9,1	13,4	8,3
- Gesundheitsberufe	5,4	6,0	3,2	3,4

a) sozialversicherungspflichtige Beschäftigte
b) Jahresdurchschnitt
c) registrierte Aussiedler

Quelle: Barabas, G., Gieseck, A., Heilemann U., Loeffelholz, H. D. v., Gesamtwirtschaftliche Effekte der Zuwanderung 1988-1991, RWI-Mitteilungen 43 (1992), Heft 2

Aussiedler erheblich unterrepräsentiert. Gleichwohl haben sie dort anscheinend gute Beschäftigungschancen. Erschwerend sind – allerdings nicht nur für Aussiedler – die teilweise mangelhaften Kenntnisse der deutschen Sprache.

Erwerbsverhalten künftiger Einwanderer

12. Die bisher Zugewanderten bilden weder eine homogene Gruppe, noch stimmen ihre Profile mit denen der bereits ansässigen (deutschen)

Bevölkerung überein. Dies dürfte auch für die künftigen Einwanderer zutreffen. Über deren Strukturmerkmale Annahmen zu treffen, ist naturgemäß schwer. Relativ sicher muß von einer hohen Motivation bezüglich der Erwerbsneigung ausgegangen werden. Aussagen über die Veränderung der Erwerbsbeteiligung der Einwanderer im Zeitverlauf sind dagegen mit erheblichen Unsicherheiten behaftet. Dies gilt auch für die Leistungsbereitschaft der künftigen Zuwanderer. Sie könnten dynamischer, fleißiger, kreativer und damit auch produktiver sein als die ansässige Bevölkerung. Aber sie könnten kulturell auch in einer Weise geprägt sein, die Dynamik und Kreativität hemmt. Erfahrungen gibt es für beides.

3. Die rechtliche Stellung der Einwanderer

13. Seit Anfang 1991 ist eine Neuregelung des Ausländerrechts in Kraft. Danach ist Ausländer, wer nicht die deutsche Staatsangehörigkeit oder die Volkszugehörigkeit im Sinne des Artikel 116 Abs.1 Grundgesetz besitzt. Die in Deutschland geborenen und aufgewachsenen Kinder und Enkel von Einwanderern bleiben dem Recht nach Ausländer.

Aufenthaltsregelungen für Angehörige der Europäischen Union ...

14. Für Angehörige der Europäischen Union gilt Freizügigkeit gemäß den Rechtsnormen der Europäischen Union. Dies betrifft gleichermaßen selbständige wie unselbständige Erwerbstätige und deren Familienangehörige. Im Rahmen des Assoziierungsabkommens zwischen der Europäischen Union und der Türkei haben zudem die in der Europäischen Union ordnungsgemäß beschäftigten türkischen Staatsangehörigen im Vergleich zu Angehörigen aus anderen Drittländern Vergünstigungen. Für die freizügigkeitsberechtigten Angehörigen aus der Europäischen Union wird auf Antrag eine „Aufenthaltserlaubnis-EU" erteilt, wenn sie als Arbeitnehmer in einem Arbeitsverhältnis stehen oder als Selbständige zur Ausübung der beabsichtigten selbständigen Erwerbstätigkeit berechtigt sind. Die Gültigkeitsdauer der Aufenthaltserlaubnis beträgt, wenn sie nicht für eine kürzere Dauer beantragt ist, fünf Jahre. Auf Antrag werden Verlängerungen um ebenfalls mindestens fünf Jahre erteilt, sofern die anfänglichen Voraussetzungen immer noch vorliegen. Das gleiche gilt, wenn der Arbeitnehmer unfreiwillig arbeitslos ist. Doch bei Langzeitarbeitslosigkeit (ein Jahr und länger

Arbeitslosigkeit) kann die erste Verlängerung auf eine Dauer von zwölf Monaten begrenzt werden. Analoge Regelungen gelten für Selbständige. Die Aufenthaltserlaubnis wird unbefristet verlängert, wenn die für ihre Erteilung erforderlichen Voraussetzungen weiter vorliegen und wenn der Ausländer sich seit mindestens fünf Jahren ständig in Deutschland aufhält, sich auf einfache Art in deutscher Sprache mündlich verständigen kann, über ausreichenden Wohnraum verfügt und in eigenständigen und ohne Inanspruchnahme öffentlicher Mittel gesicherten Lebensverhältnissen lebt.

... und für Ausländer aus Drittstaaten

15. Für den Aufenthalt von Ausländern aus Drittstaaten gelten die folgenden Regeln:

- Ein gesetzlicher Anspruch auf die erstmalige Erteilung einer Aufenthaltsgenehmigung besteht unter bestimmten Voraussetzungen für nach Deutschland zu ihren Familien zurückkehrende junge Ausländer, die als Minderjährige hier ihren gewöhnlichen Aufenthalt hatten. Besteht kein Anspruch auf eine Aufenthaltsgenehmigung, entscheidet die Ausländerbehörde nach pflichtgemäßem Ermessen, d.h. sie muß rechtmäßige Ziele verfolgen und die einschlägigen öffentlichen und privaten Interessen gegeneinander abwägen. Der zugrundegelegte Sachverhalt muß zutreffend und vollständig sein.

- Die Aufenthaltsgenehmigung wird in der Regel versagt, wenn ein Ausweisungsgrund (Negativschranke) vorliegt (z.B. schwere beziehungsweise wiederholte Straffälligkeit, Konsum harter Drogen, längerdauernde Obdachlosigkeit), die eigene Sicherung des Lebensunterhalts nicht gewährleistet ist oder eine Beeinträchtigung oder Gefährdung der Interessen der Bundesrepublik Deutschland vorliegt.

- Bei den Regelungen für Flüchtlinge sind drei Gruppen zu unterscheiden. Flüchtlinge deutscher Staatsangehörigkeit haben wie alle Deutschen gemäß Artikel 11 Grundgesetz uneingeschränktes Aufenthaltsrecht. Deutsche Aussiedler aus dem Osten haben nur bei Antragstellung im Ausland bei der dortigen deutschen Vertretung ein Aufnahmerecht. Ausländische Flüchtlinge können im Bundesgebiet Schutz vor politischer Verfolgung nur im Rahmen eines Asylverfahrens erhalten. Als Asylantragsteller unterliegen sie besonderen Beschränkungen, z.B. im Hinblick auf ihre räumliche Beweglichkeit und Erwerbstätigkeit. Seit Mitte 1993 darf ein Ausländer für die Dauer der Pflicht, in einer Aufnahmeeinrichtung zu wohnen, keine Erwerbstätigkeit ausüben. Diese Pflicht erstreckt sich auf bis zu sechs Wochen, längstens jedoch bis zu drei Monaten, wobei die „Aufnahmeeinrichtung" nicht mit den „Gemeinschaftsunterkünften" verwechselt werden darf, in denen die Asylbewerber in der Regel danach bis zur Anerkennung untergebracht werden. Allerdings liegen derzeit die praktischen und organisatorischen Voraussetzungen für die (volle) Durchführung des Gesetzes noch nicht vor. Faktisch ist damit die Aufnahme einer Erwerbstätigkeit innerhalb von drei Monaten möglich, sofern die Voraussetzungen für die Erteilung der Arbeitserlaubnis vorliegen.

Regelungen der Arbeitserlaubnis

16. Eine Erwerbstätigkeit von Ausländern erfordert eine Arbeitserlaubnis. Die Aufenthaltserlaubnis ist dabei vorrangig gegenüber der Arbeitserlaubnis. Ohne Arbeitserlaubnis bleibt eine Erwerbstätigkeit illegal. Allerdings sind Inhaber einer Aufenthaltsberechtigung oder Ausländer aus anderen Mitgliedsstaaten der Europäischen Union vom Erfordernis der Arbeitserlaubnis (für Arbeitnehmer) oder der Zulassung als Selbständige befreit.

Für eine Arbeitserlaubnis zur Ausübung einer abhängigen Erwerbstätigkeit ist in bestimmten Fällen zunächst eine Mindestaufenthaltsdauer zu beachten, vor deren Verstreichen keine Arbeitserlaubnis erteilt werden darf. Für Flüchtlinge und beim Familiennachzug zu einem Ausländer mit befristeter Aufenthaltsgenehmigung beträgt diese Wartefrist ein Jahr.

Danach kann eine Arbeitserlaubnis erteilt werden, wobei die „allgemeine" von der „besonderen" Arbeitserlaubnis zu unterscheiden ist. Die „allgemeine Arbeitserlaubnis" wird nach „Lage und Entwicklung des Arbeitsmarktes" erteilt, und zwar unter Umständen, aber nicht zwingend, für eine bestimmte berufliche Tätigkeit in einem bestimmten Betrieb. Praktisch heißt dies, daß eine Arbeitserlaubnis für einen nicht freizügigkeitsberechtigten Ausländer nur in Betracht kommt, wenn die für ihn vorgesehene Stelle nicht mit einem Deutschen oder mit einem Deutschen gleichgestellten Ausländer besetzt werden kann. Die allgemeine Arbeitserlaubnis ist auf die Dauer der Beschäftigung, längstens auf drei Jahre befristet. Die „Arbeitserlaubnis in besonderen Fällen" regelt Ansprüche auf eine Arbeitserlaubnis unabhängig von der Arbeitsmarktsituation, in der Regel unbefristet und ohne die genannten Beschränkungen. Anspruchsberechtigt sind u.a. Ausländer, die mit deutschen Familienangehörigen in familiärer Lebensgemeinschaft leben, anerkannte Asylberechtigte, Flüchtlinge, Ehegatten eines Deutschen oder Ausländers mit Aufenthaltserlaubnis, Besitzer einer Aufenthaltserlaubnis oder -befugnis, die sich seit sechs Jahren ununterbrochen in Deutschland aufhalten, sowie junge Ausländer mit deutschem Schul- oder Berufsbildungsabschluß oder Ausbildungsvertrag. Asylbewerber können sich um eine bis zu dreimonatige Arbeitsaufnahme in Deutschland bemühen, es sei denn, ihr Asylantrag wurde rechtskräftig abgelehnt.

Wenig Transparenz der Regelungen

17. Diese rechtlichen Regelungen sind von dem Bestreben geprägt, kein Einwanderungsland werden zu wollen. De facto ist dieser Zustand aber erreicht. Die vorhandenen Tatbestände sind dabei im Bemühen um Einzelfallgerechtigkeit übermäßig kompliziert und intransparent geworden. So gibt es neben der arbeitsmarktabhängigen und arbeitsmarktunabhängigen Arbeitserlaubnis zum Beispiel eine Fülle von Ausnahmeregelungen. Zudem bestehen Sondergruppen, zu denen etwa die Iraner, Japaner, Schweizer und Türken zählen. Die Frage, um die es in Wirklichkeit geht, ist eine andere, nämlich ob Abwehr weiterer Einwanderung oder ihre sinnvolle Steuerung legislative Leitlinie für die Zukunft sein sollte. Die Zuwanderungsbestimmungen der klassischen Einwanderungsländer könnten hier als Erfahrungshintergrund dienen.

III. Wirtschaftliche und gesellschaftliche Probleme der Einwanderung

1. Die Erwerbschancen

Beschäftigungsautomatismus

18. Mit einer Zuwanderung in der dargestellten Größenordnung sind erhebliche wirtschaftliche und gesellschaftliche Probleme verbunden. Inwieweit sie gelöst werden können, entscheidet sich in erster Linie am

Arbeitsmarkt. Dort wird darüber bestimmt, ob die Einwanderung der wirtschaftlichen Entwicklung förderlich ist oder ob sie durch übermäßige Beanspruchung des Systems der sozialen Sicherung zu einer Belastung wird.

In einer voll funktionsfähigen Marktwirtschaft gibt es keine Grenzen für die Integration zusätzlicher Menschen, die arbeiten wollen und können, in das Beschäftigungssystem. Jede Besorgnis, ein Hinzukommender, der Beschäftigung findet, nähme doch notwendigerweise einem anderen seinen Arbeitsplatz weg, wäre unbegründet. Die gesamte Volkswirtschaft expandierte, wenn mehr Menschen da sind, die arbeiten wollen und dafür Güter haben möchten. Daß es strukturelle Anpassungen geben muß, weil nicht von vornherein zueinander paßt, was die Neuen am besten produzieren können und was sie an Gütern nachfragen, ist selbstverständlich, aber für eine Marktwirtschaft keine ungewohnte Aufgabe. Struktureller Wandel findet ständig statt und ist in einer im ganzen wachsenden Wirtschaft sogar leichter, sprich friktionsfreier zu bewältigen als in einer stagnierenden.

Leider sind die hochentwickelten Marktwirtschaften, so viel Wohlstand sie uns auch beschert haben, nicht mehr so funktionstüchtig, wie hier angenommen wurde. Aber sie waren es einmal und könnten es wieder werden.

Von der Überschußnachfrage ...

19. In den sechziger Jahren bis in die siebziger hinein herrschte sogar Überschußnachfrage auf dem Arbeitsmarkt. Die Arbeitslosenquote bewegte sich überwiegend zwischen 0,7 und 1,5 Prozent. Den 200.000 Arbeitslosen standen ungefähr 600.000 offene Stellen gegenüber. In dieser Zeit war die Gewinnung von ausländischen Arbeitnehmern für fast alle mit Vorteilen verbunden. Sie traten großenteils an die Stelle heimischer Arbeitnehmer, ohne diese zu verdrängen. Sie übernahmen schon vorhandene Arbeitsplätze und ermöglichten es, daß sich eine merkliche Verkürzung der Arbeitszeit und ein beachtlicher Rückgang der Erwerbsbeteiligung der heimischen Bevölkerung reibungslos vollzog. In vielen anderen Fällen ermöglichten sie den ansässigen Beschäftigten, sich intern höher zu qualifizieren, so daß sie rascher in gehobene Positionen aufsteigen konnten. Die freiwerdenden Arbeitsplätze konnten wiederum mit ausländischen Arbeitnehmern besetzt werden. All-

seitige Gewinne aus Komplementarität und Mehrbeschäftigung statt Probleme aus Substitution und Freisetzung bestimmten das Bild. Bis zum Anwerbestop 1973 erhöhte sich die Ausländerbeschäftigung auf fast 2,6 Millionen, das waren 11,9 Prozent der Gesamtzahl der beschäftigten Arbeitnehmer. Im ganzen war die Beschäftigung von Ausländern bis Anfang der siebziger Jahre eine wertvolle Ergänzung am deutschen Arbeitsmarkt; so wurde es damals auch generell von der Bevölkerung empfunden.

... zum Überschußangebot

20. Mit der Rezession 1974/75 änderte sich das Bild – und leider nachhaltig. Die Arbeitslosigkeit stieg auf eine Million im Durchschnitt der Jahre 1975 bis 1979, auf 1,7 Millionen 1980 bis 1984, auf 2,2 Millionen 1985 bis 1990. Immerhin, in dem langgezogenen wirtschaftlichen Aufschwung der Jahre 1983 bis 1991 konnten drei Millionen Arbeitsplätze neu geschaffen werden. Mit dieser Beschäftigungszunahme ging zwar nur ein schwacher Rückgang der Arbeitslosigkeit einher. Es konnte aber noch einmal eine hohe Nettozuwanderung absorbiert werden. Doch strukturelle Probleme wurden nun überdeutlich. Zunächst mit den nachwandernden Familienangehörigen ausländischer Arbeitnehmer, dann mit den Asylbewerbern und den Aussiedlern aus Ost- und Südosteuropa erhöhte sich das Angebot an einfacher Arbeit, für das die Nachfrage schon unzureichend war. Die Arbeitslosenquote der Ausländer liegt seit Beginn der achtziger Jahre nicht unerheblich über der Gesamtquote der Arbeitslosigkeit (siehe Abbildung 2). Für heimische Kräfte, die nur einfache Arbeit anbieten, sieht es nicht besser aus. Und in den meisten hochentwickelten Industrieländern ist es das gleiche. Der Lohn für einfache Arbeit ist höher, vermutlich sehr viel höher, als es dem Wert der Produktionsleistung einfacher Arbeit entspricht, und dieser Wert steht zudem noch unter dem weiter zunehmenden Wettbewerbsdruck des Warenangebots aus Niedriglohnländern, die in der Industrialisierung aufholen. Bei einer solchen Konstellation ist es durchaus verständlich, daß die Eingesessenen teilweise um ihre Erwerbschancen bangen, wenn Einwanderer an den Arbeitsmarkt drängen, zumal wenn diese sich, was nicht selten ist, schnell den Ruf verschaffen, daß sie bezüglich Arbeitswilligkeit und Leistungsbereitschaft die ersteren übertreffen. Billige Waren oder billige Arbeitskräfte, was will man eher hereinlassen – oder etwa beides nicht?

Abb. 2:
Arbeitslosenquote
- in Prozent, Jahresdurchschnitte, alte Bundesländer -

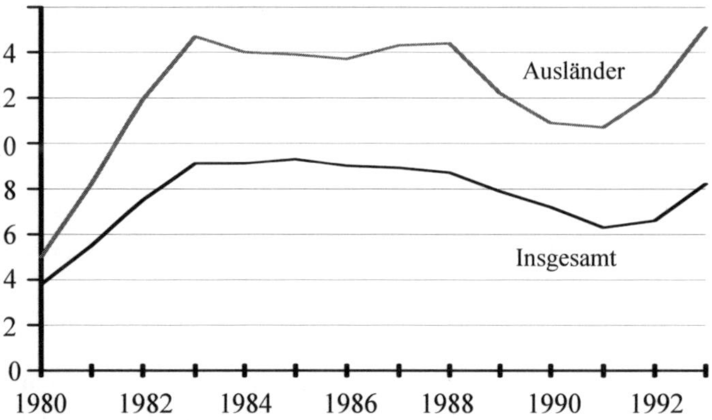

Quelle: Bundesanstalt für Arbeit

Vollbeschäftigung keine unlösbare Aufgabe

21. Noch einmal: Auch bei steigendem Arbeitsangebot Vollbeschäftigung zu erreichen, ist keine unlösbare Aufgabe. Das Beschäftigungsvolumen in einer Volkswirtschaft ist keine vorgegebene Größe. Die Nachfrage nach Arbeitskräften hängt von einer Vielzahl von Faktoren ab. Einer der wichtigsten Bestimmungsgründe ist der Preis für die Arbeit. Die Beschäftigung zusätzlicher Arbeitskräfte erfordert Investitionen. Stimmt der Lohn nicht, so sind für die Unternehmen neben Rationalisierungsinvestitionen, mit denen vor allem einfache Arbeit verdrängt wird (durch qualifiziertere Arbeit, die in den Investitionsgütern steckt), in erster Linie Investitionen im Ausland ertragreich, nicht aber Investitionen in neue inländische Arbeitsplätze. Wegen der Verkrustungen auf dem deutschen Arbeitsmarkt geht sowohl von der bestehenden Arbeitslosigkeit als auch vom zusätzlichen Arbeitsangebot der Einwanderer kein ausreichender Druck auf die Lohnentwicklung aus, von Jahren einer schweren Rezession einmal abgesehen, in denen selbst diejenigen um ihren Arbeitsplatz zu fürchten beginnen, die es in normalen Jahren nicht tun und deshalb zu Lasten der Arbeitslosen immer wieder eine nicht gleichgewichtige Reallohnposition verteidigen. Da es wie erwähnt vor allem die einfache Arbeit ist, die zunehmend unter den

Druck des weltweiten Industrialisierungswettbewerbs gerät, während hochqualifizierte Kräfte eher noch begehrter werden, würde eine nachhaltige Zunahme der Beschäftigung ein Spreizen der vertikalen Lohnskala verlangen. Relativ niedrige Löhne für einfache Arbeit geben aber in einem Wohlfahrtsstaat nur geringe Anreize, überhaupt einer Beschäftigung nachzugehen. Das Niveau der öffentlichen Unterstützung (die Sozialhilfe eingeschlossen) perpetuiert so eine Arbeitslosigkeit, deren Folgen sie zu lindern sucht.

Verdrängungsprozesse

22. Die fundamentale marktwirtschaftliche Mechanik der simultanen Expansion von Produktion und Güternachfrage ist durchbrochen, wenn der Zuwanderer wegen der arbeits- und tarifvertragsrechtlichen Bestimmungen genötigt ist, für seine Arbeit mehr zu verlangen, als ein Unternehmer ihm zu bieten bereit und in der Lage ist, obwohl ihm der bietbare Lohn, sprich die Güter, die er sich dafür kaufen könnte und kaufen möchte, ausreichen würden. So unterbleibt mögliche Beschäftigung, Produktion und Güternachfrage.

Ohne grundlegend veränderte Konstellation wird die derzeitige Zuwanderung im Gegensatz zu früheren Jahren auch nach Überwindung der Rezession nur teilweise durch erhöhte Beschäftigung absorbiert werden, teilweise hingegen entweder direkt oder indirekt über Verdrängungsprozesse die Arbeitslosigkeit erhöhen. Von solchen Verdrängungsprozessen wären besonders die wenig qualifizierten einheimischen Arbeitnehmer betroffen. Ihre Erwerbschancen sänken weiter. Eine zusätzliche Beschäftigung ist am ehesten möglich, wo die Zuwanderer Arbeitsmarktnischen besetzen. Da ein Teil der Arbeitslosigkeit auf eine Diskrepanz zwischen Arbeitsangebot und Arbeitsnachfrage in qualitativer beziehungsweise regionaler Hinsicht zurückzuführen ist, kann diese strukturelle Komponente der Arbeitslosigkeit prinzipiell durch Einwanderer reduziert werden, insoweit sie die erforderliche Qualifikation und Mobilität besitzen.

Überschußangebot bis zum Jahr 2010?

23. Schätzungen zufolge müßten bis zum Ende dieses Jahrzehnts 3 bis 3,5 Millionen neuer Arbeitsplätze geschaffen werden, soll die Arbeitslosigkeit auch nur auf den Stand vor Beginn der jüngsten Rezession

(1991 gab es in Westdeutschland 1,7 Millionen Arbeitslose) zurückgeführt werden. Eine entsprechende Dynamik ist grundsätzlich möglich. Das zeigen die fünfziger Jahre, in denen die Beschäftigung sogar um 4,8 Millionen zunahm, sowie die Jahre von 1985 bis 1992. Angesichts des intensiveren weltweiten Wettbewerbs im Bereich einfacher Industriearbeit, der mangelnden Funktionsfähigkeit unserer Arbeitsmärkte und des Wanderungsdrucks dürfte aber das Szenario eines Überschußangebots an Arbeit zumindest für die Zeit bis zum Jahre 2010 wohl das realistischere Szenario darstellen. Erst ab 2010 ist mit einem sehr deutlichen Rückgang der heimischen Erwerbspersonenzahlen zu rechnen (siehe Ziffer 34). Das verbessert die Arbeitsmarktkonstellation für eine einigermaßen reibungslose wirtschaftliche Integration von Zuwanderern. Da das Beschäftigungsproblem für Kräfte, die nur einfache Arbeit anzubieten haben, aber nicht automatisch mit entfiele, wäre es nicht gerechtfertigt, von einer voraussichtlich ähnlich günstigen Konstellation wie in den sechziger Jahren zu sprechen.

2. Wirkungen auf die öffentlichen Haushalte

24. Mit einer Einwanderung in der angegebenen Größenordnung sind beträchtliche Auswirkungen auf die Ausgaben und die Einnahmen der öffentlichen Haushalte verbunden. Die Haushalte von Bund, Ländern und Gemeinden müssen Starthilfen und laufende Transfers leisten (z.B. Kindergeld, Wohngeld oder Sozialhilfe). Zudem kann es sich als notwendig erweisen, die Infrastruktur auszubauen (z.B. im Wohnungs-, Ausbildungs- und Schulbereich). Geschieht dies nicht, so werden die unvermeidlichen Kapazitätsengpässe zu Belastungen der hier schon lebenden Personen führen. Auf der anderen Seite wird es sich positiv auf die öffentlichen Haushalte auswirken, wenn und soweit die Einwanderer Beschäftigung finden, Einkommen erzielen und Nachfrage nach Waren und Dienstleistungen entfalten und entsprechend Einkommensteuer und Verbrauchsabgaben entrichten.

Die Beiträge der Zuwanderer zu den staatlichen Einnahmen, die Beanspruchung der Geld- und Realleistungen des Staates und die entsprechenden Salden fallen selbstverständlich je nach der rechtlichen Stellung der Einwanderer, je nach Alter, Familiengröße und Erwerbsbeteiligung unterschiedlich aus. Je schneller die Zuwanderer in den Erwerbsprozeß eingegliedert werden können, um so günstiger – beziehungsweise um so weniger ungünstig – sind die unmittelbaren Auswirkungen auf die öffentlichen Haushalte im ganzen.

Die Nettowirkungen für die einzelnen Gebietskörperschaften werden unterschiedlich ausfallen. So werden sie für den Bund günstiger sein als für Länder und Gemeinden. Dies gilt insbesondere für hochverdichtete Regionen und Ballungsgebiete, in denen sich die Zuwanderer wegen besserer Arbeitsmarktchancen bevorzugt niederlassen.

Mehreinnahmen ...

25. Nach überschlägigen Schätzungen betragen die steuerlichen Mehreinnahmen bei 100.000 zusätzlichen – zum Durchschnittslohn beschäftigten – Arbeitnehmern etwa eine Milliarde D-Mark. Hinzu kommen die Sozialabgaben. Insoweit leisten die Zuwanderer zum einen einen Finanzierungsbeitrag zu den von ihnen in Anspruch genommenen staatlichen Leistungen, zum anderen entlasten sie die einheimische Bevölkerung von einem Teil der Ausgaben, die, wie die für Verteidigung, Auswärtige Angelegenheiten oder den Schuldendienst, von ihrem Aufenthalt unabhängig sind.

... und Mehrausgaben

26. Gegenzurechnen sind den Mehreinnahmen die staatlichen Mehrausgaben. Dazu zählen zunächst verschiedene Transferzahlungen. So erhalten seit 1993 Aussiedler eine „Eingliederungshilfe“. Sie umfaßt im wesentlichen alle Leistungen, die im Arbeitsförderungsgesetz vorgesehen sind, also hauptsächlich Lohnersatzleistungen. Die Eingliederungshilfe wird pauschaliert bemessen. Sie beträgt durchschnittlich rund 1.000 DM pro Monat und wird in der Regel etwa acht Monate lang gewährt. Danach kann Arbeitslosengeld beziehungsweise Arbeitslosenhilfe beantragt werden. Häufig kommt jedoch nur – wie für die anderen Zuwanderer auch – die Sozialhilfe in Betracht. Hinzuzurechnen sind Kindergeld und Wohngeld. Weiterhin sind Fortbildungs- und Umschulungsmaßnahmen in Rechnung zu stellen, selbst wenn die Zuwanderer eine schulische und berufliche Ausbildung schon haben und der Staat insoweit Ausbildungskosten spart.

Inanspruchnahme staatlicher Infrastruktur

27. Zuwanderer nehmen aber nicht nur staatliche Transferleistungen in Anspruch, sondern auch die Infrastruktur. Hier können sich speziell Belastungen im Bereich der Bildungs- und Ausbildungseinrichtungen ergeben. Sind Kindergärten und Schulen aller Art voll ausgelastet, dann kann zwar kurzfristig eine Überlast dadurch aufgefangen werden, daß man eine Verschlechterung der Betreuungsrelation in Kauf nimmt. Mittelfristig wären jedoch Kapazitätserweiterungen unvermeidbar. Diese Kosten sind den Einwanderungskosten hinzuzurechnen. In anderer Form entstehen Kosten aber auch ohne die Kapazitätserweiterungen. So geht mit der Verschlechterung der Betreuungsrelation möglicherweise ein Qualitätsverlust in der Schulausbildung einher. Die Zuwanderer nehmen also schon vorhandene öffentliche Güter in Anspruch, bevor das Angebot dieser Güter, auch durch ihre Leistungen, erweitert wird. Die damit verbundenen Kosten, obwohl schwer quantifizierbar, sind ebenfalls bei den Einwanderungskosten zu beachten.

28. In vielen Bereichen der Infrastruktur hat sich ein Investitionsbedarf aufgestaut (vgl. KRONBERGER KREIS, „Mehr Langfristdenken in Gesellschaft und Politik“, Band 28/1994). Dieser erstreckt sich insbesondere auf Entsorgungseinrichtungen (Abwässer, Hausmüll) sowie auf Verkehrseinrichtungen. Aber auch in anderen Zweigen der öffentlichen Infrastruktur, wie zum Beispiel im Schul- und Ausbildungswesen, ist ein wachsender Investitionsbedarf wegen der gestiegenen Zuwanderung sichtbar geworden.

Investitionsbedarf im Wohnungsbau

In gewisser Weise gilt das gleiche für das Wohnungswesen. Wohnungen sind zwar keine öffentlichen Güter, sondern private. Doch der Staat hat bei der Wohnungsversorgung eine erhöhte Mitverantwortung übernommen, namentlich gegenüber den unteren Einkommensschichten. Zuwanderung bringt daher auch hier zunächst einmal zusätzliche öffentliche Lasten mit sich. Und diese entstehen gar nicht einmal vor allem aufgrund hoher Ansprüche der Einwanderer, sondern aufgrund der Standards, die in Deutschland üblich geworden sind. Ausländer sind meist zuallererst an möglichst geringen Mietausgaben interessiert und mit einem sehr niedrigen Wohnstandard zufrieden. Es gilt aber als unerwünscht, daß man so schlecht wohnt, wie Ausländer teilweise zu wohnen bereit sind, solange sie sich nichts Besseres leisten können. Also muß man sie oder das Wohnungsangebot subventionieren, damit ihre Versorgung einem vom Wohlstand des Landes geprägten Mindeststandard genügt.

Im ganzen eher Belastung

29. Diese (unvollständige) Auflistung der mit der Zuwanderung verbundenen Mehreinnahmen beziehungsweise Mehrausgaben gibt nur geringe Anhaltspunkte für die Beurteilung der Nettowirkungen für die öffentlichen Haushalte. Da insbesondere die Zuwanderer der letzten Jahre nur schwer in den Erwerbsprozeß einzugliedern waren, spricht einiges dafür, von einer Nettobelastung der öffentlichen Haushalte auszugehen. Bei Zuwanderern ist die Arbeitslosigkeit relativ hoch. Viele sind für längere Zeit auf die Unterstützung durch die Sozialkassen angewiesen. Steuermehreinnahmen dürften erst nach einiger Zeit mit der Eingliederung in den Erwerbsprozeß zu erwarten sein. Verschiedene Unterstützungsleistungen zur Verbesserung der Eingliederungschancen könnten dazu beitragen.

3. Akzeptanz- und Eingliederungsprobleme

Massive Zuwanderung eine Herausforderung eigener Art

30. Neben den wirtschaftlichen Problemen der Zuwanderung sind Gefahren akut geworden, die aus der ungenügenden Eingliederung der Ausländer in die heimische Bevölkerung resultieren.

Das friedliche Zusammenleben von Menschen ist schwierig. Gemeinsame Sprache und Kultur erleichtern es. Ein vielfältiges Geflecht gemeinsamer Interessen, Gewohnheiten und ungeschriebener Verhaltensnormen gehört dazu. Erziehung, Einübung im Miteinander-Zurechtkommen und spontane Verhaltenskontrolle untereinander bringen es hervor. Im ungünstigen Falle wird das Gemeinsame und dessen Sicherung als Repression erfahren, im günstigen Falle schließlich als bejahter Teil der eigenen Identität. Ohne einen mehr oder weniger starken Konformitätsdruck und die darin liegende Intoleranz ist wohl keine Kultur entstanden und erhalten geblieben, wenngleich erfolgreiche geistige Sublimierung der Normen und Konventionen einer Gesellschaft diese Intoleranz unmerklich werden lassen kann. Während Gäste, auch die fremdartigsten, sowie Zuwanderer gering an Zahl eine kulturelle Gemeinschaft im allgemeinen nicht ängstigen, sondern beleben und befruchten, bringt das Eindringen fremder Kulturen durch massive Zuwanderung eine Herausforderung eigener Art mit sich. Sie betrifft nicht zuletzt die unnachgiebigen Wurzeln, denen eine Kultur sich verdankt, die ihr Halt geben und die sie erhalten – und die sie in gewisser Weise intolerant sein lassen.

Doch dies ist nur die bodennahe Sicht der Dinge. Wer heute über Einwanderung spricht, steht in der Diskussion über das Für und Wider einer multikulturellen Gesellschaft. Das Plädoyer für die multikulturelle Gesellschaft gewinnt sein Pathos dadurch, daß es im Zeichen einzufordernder Toleranz vorgetragen wird. Die Toleranzforderung gehört zum Erbe der europäischen Aufklärung und ist als Teil der Moderne in der westlichen Hemisphäre nirgendwo streitig. Ja, die totalitären Erfahrungen dieses Jahrhunderts haben Anlaß gegeben, sie als Wunschformel ganz obenan zu schreiben: Ohne Angst anders sein (Adorno).

Doch was die Toleranzforderung inhaltlich verlangt, wenn eine Gesellschaft sich nach ihrem Recht und ihrem Bedarf fragt, das Eindringen fremder Kulturen einzugrenzen, ist keineswegs eine einfache Frage.

Multikulturelle Gesellschaft eine Bereicherung?

31. Große kulturelle Distanz zwischen heimischer Bevölkerung und Zuwanderern aus vielerlei Ländern mit ganz anderen Kulturen im Zeichen der multikulturellen Gesellschaft vor allem als Quelle der Bereicherung zu preisen und nicht auch als Schock darzustellen, läuft jedenfalls auf Schönfärberei hinaus. Der Reiz des Fremden ist ein touristisches Ereignis; das Zusammenleben-Müssen, das Miteinander-Auskommen-Müssen ist der Alltag des Einwanderungslandes. Die Entlastung des täglichen Zusammenlebens durch das überkommene oder selbstgeschaffene Regelwerk wird außer Kraft gesetzt, wo der andere sich nach anderem Regelwerk richtet. Außerdem bedeutet die Begegnung mit fremder Lebensart, fremder Wesensart immer auch ein Infragestellen der eigenen Art. Das ist nicht jedermanns Sache. Dem Mustermenschen der aufklärerischen Botschaft ist das Sich-selbst-in-Frage-Stellen ein so selbstverständlicher Teil seiner geistigen Existenz, daß ihn hier nichts ängstigt. Er wird dadurch seiner selbst nur sicherer. Er empfindet Dankbarkeit dafür, daß er eine andere Art zu leben im

direkten Umgang mit Fremden erfahren kann. Doch der Mustermensch der aufklärerischen Botschaft und seine Lebenssituation sind vielleicht doch wenig typisch. Der Mann, der seine Kinder in der eigenen Tradition erzieht, sie darin einüben will, kann diese Aufgabe nicht erst einmal mit der Toleranz für die fremde Tradition beginnen. Noch weniger als viele Erwachsene können Kinder begreifen, daß eine Norm zugleich gilt und auch wieder nicht gilt – obwohl das so ist. Der Erziehende wird also dazu neigen, jedenfalls immer wieder der Versuchung erliegen, gegenüber seinen Kindern Eigenarten der Fremden, denen sie täglich begegnen, eher als Unarten darzustellen, damit die Kinder sie nicht übernehmen. Und schon ist der Weg in die Intoleranz beschritten. Aber es macht wenig Sinn, sich mit einer Predigt in abstrakter Moral darüber zu erheben und dabei die Lebenswirklichkeit zu verfehlen. Die Toleranzforderung ist nun einmal ein unerhört anspruchsvolles sittliches Gebot gerade für diejenigen, die überhaupt noch die sittliche Kraft haben, Normen als verbindlich anzunehmen und weiterzugeben. Einfach – aber auch gehaltlos – ist sie nur für diejenigen, die nichts als verbindlich ansehen, denen nichts heilig ist. Man sollte sich nicht der Illusion hingeben, die Menschen seien anders, als sie wirklich sind.

32. Vielfach wird mit Hinweisen auf eine multikulturelle Gesellschaft den ethnischen Minderheiten der Anspruch eingeräumt, sich nicht in die dominante Kultur integrieren zu müssen. Dabei wird der Kultur des Herkunftslandes die volle Gleichberechtigung eingeräumt. Leitbild ist nicht der Nationalstaat, sondern die internationale Solidarität. Wanderungsbewegungen werden weniger als Wanderung von Erwerbsuchenden denn als Wanderung von Kulturen verstanden. Für die Protagonisten der multikulturellen Gesellschaft ist es sogar widersprüchlich, daß zwar die Produkte anderer Länder als Bereicherung heimischer Konsummöglichkeiten angesehen werden, gegenüber Einwanderungen indessen eine Abwehrhaltung eingenommen wird.

Eine multikulturelle Gesellschaft in Reinheit, nämlich die intensive Kommunikation zwischen eigenständig bleibenden Kulturen im Einwanderungsland, ist weder wünschenswert, noch läßt sie sich realisieren. Die meisten Menschen akzeptieren, wenn auch manchmal nur widerwillig, daß Menschen mit anderer Werthaltung und anderen Verhaltensnormen in ihrer Nachbarschaft leben. Schwerer ist es aber für sie einzusehen, daß die Verbindlichkeit der eigenen als vernünftig angesehenen Werte und Normen in Frage gestellt wird. Die Erfahrungen mit der Friedlichkeit multikultureller Gesellschaften fallen auch nicht so gut aus, wie es oft behauptet wird, und zwar nicht nur in Deutschland nicht, sondern auch und insbesondere in den USA und Frankreich, auch in Großbritannien und den Niederlanden, wo Segmentierung, Ghettoisierung und Intoleranz anstelle eines kulturellen „Schmelztiegels" konstatiert werden.

Tab. 4:
Ausländische Bevölkerung 1993 nach der Staatsangehörigkeit

	in Tausend	in Prozent
Türkei	1.918	27,9
Rest-Jugoslawien	930	13,5
Italien	563	8,2
Griechenland	352	5,1
Polen	261	3,8
Österreich	186	2,7
Rumänien	163	2,4
Kroatien	153	2,2
Bosnien-Herzegowina	139	2,0
Spanien	133	1,9
Niederlande	114	1,7
Großbritannien	112	1,6
USA	108	1,6
Portugal	106	1,5
Iran	102	1,5
Sonstige	1540	22,4
Insgesamt	6880	100,0

Quelle: Statistisches Bundesamt

Kein Wettbewerb der Kulturen

33. Sicherlich kann es nicht darum gehen, von den Einwanderern zu verlangen, die Kultur ihres Herkunftslandes gänzlich aufzugeben und

die heimische Kultur vollständig anzunehmen. Aber es kann noch weniger darum gehen, in Deutschland einen Wettbewerb der Kulturen zu veranstalten, etwa in dem Sinne, daß in Schulen und im täglichen Umgang die fremde Sprache der deutschen gleichwertig sein sollte. Bei der Sprache zumal ist eine sehr weitgehende Integrationsbereitschaft der Einwanderer unbedingt zu verlangen. Die volle Teilhabe an der Gemeinschaft der Sprache mit allem, was darin aufbewahrt ist, bildet neben der Übereinstimmung mit den Grundwerten von Verfassung und Rechtsordnung die entscheidende Voraussetzung für den Schritt vom Gast zum Mitglied des Gemeinwesens. Dazu gehört auch das ungeteilte Schulwesen und die Zuweisung der Religion zur privaten Sphäre. Andererseits muß den Neubürgern innerhalb dieses Rahmens ein gehöriger Freiraum für die Pflege ihrer kulturellen Identität gewährt werden. Aber selbst wenn die Integrationsbereitschaft groß ist, wird die Integration nicht leicht. Das gilt um so mehr angesichts der Vielzahl der bei uns ansässigen unterschiedlichen Bevölkerungsgruppen, die möglicherweise ihre schon aus den Heimatländern stammende gegenseitige Abneigung auch bei uns zum Ausdruck bringen. Beispiele, auch solche, die die Abwehr der Einheimischen verstärken, gibt es bereits. Die Integration wäre im Interesse sowohl der Einwanderer als auch der Einheimischen durch eine Steuerung der Einwanderung zu erleichtern.

IV. Die demographische Herausforderung

34. Die Frage der Einwanderungspolitik wird heute – wie erwähnt – nicht zuletzt unter dem Aspekt gesehen, daß die deutsche Bevölkerung altert und schrumpft. Ohne Nettoeinwanderung sinkt die Bevölkerung in Deutschland von derzeit 80 Millionen auf 75 Millionen im Jahre 2010, 70 Millionen im Jahre 2020 und 64 Millionen im Jahre 2030. Dabei steigt die Alterslast. Heute entfallen auf 100 Personen im erwerbsfähigen Alter (20 bis einschließlich 59 Jahre alt) 35 Personen, die 60 Jahre und älter sind. Bis zum Jahre 2030 würde sich die Zahl der über Sechzigjährigen auf 70 je 100 Personen im erwerbsfähigen Alter verdoppeln. Um die tatsächliche Alterslast zu ermessen, muß man weiter berücksichtigen, daß nicht alle Personen im Erwerbsalter auch berufstätig sind: Hausfrauen, Behinderte, Studenten, Arbeitslose, Sozialhilfeempfänger und andere. Bei unveränderter Erwerbsbeteiligung würde im Jahre 2030 die Zahl der Rentner die der Arbeitnehmer übersteigen.

In dieser Modellrechnung ist unterstellt, daß die derzeitige Lebenserwartung der Sechzigjährigen unverändert bleibt, daß die Geburtenrate in den neuen Bundesländern wieder auf westdeutsches Niveau steigt und daß der Anteil der tatsächlich Erwerbstätigen an der Bevölkerung im Erwerbsalter sich nicht ändert.

Mit diesen Annahmen sind auch die Unsicherheiten der Schätzung aufgezeigt. In den beiden vergangenen Jahrzehnten ist die mittlere Lebenserwartung allgemein, und besonders die Lebenserwartung der Älteren im historischen Vergleich schnell gestiegen. Es ist schwerlich zu erwarten, daß diese Entwicklung abrupt abreißt, schon gar nicht, daß sie sich umkehrt. In anderen Ländern – Schweden, Japan – nähert sich die mittlere Lebenserwartung bereits der Marke von 80 Jahren. Dagegen zeichnet sich ein Anstieg der Geburtenhäufigkeit nicht ab. Sie hat sich im Osten Deutschlands seit 1989 halbiert; in Westdeutschland war die vorübergehend gestiegene Geburtenzahl überwiegend der Echoeffekt des Babybooms der sechziger Jahre. Zunahme der Lebenserwartung und gleichbleibende Geburtenrate heißt, daß die Bevölkerung

Abb. 3:
Zur künftigen Altersstruktur der Bevölkerung in Deutschland - in Millionen, ohne Zuwanderung -

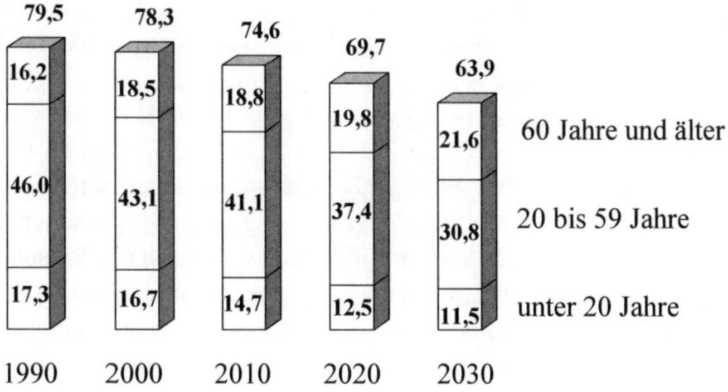

Quelle: Schwarz, K.: Perspektiven der Bevölkerungsentwicklung - Herausforderungen und Sackgassen der Politik, Wiesbaden 1994, unveröffentlichtes Manuskript

langsamer schrumpft als sonst, daß aber die Alterslast erheblich stärker steigt.

Die Risiken für die Sozialsysteme und die öffentlichen Haushalte

35. Die finanziellen Folgen der Alterung treffen die öffentlichen Haushalte am stärksten. Auch bei einem prozentual unveränderten Zuschuß des Bundes zu den Rentenversicherungen – derzeit rund 20 Prozent der Ausgaben, beziehungsweise 25 Prozent der Beitragseinnahmen – müßte der Zuschuß dem Betrage nach allein wegen der wachsenden Zahl an Rentnern deutlich steigen. Das Rentenreformgesetz 1992 sieht darüber hinaus vor, daß auch der prozentuale Zuschuß zunehmen soll, und zwar wegen der Verschlechterung des Verhältnisses von Beitragszahlern zu Rentnern. Weiter kommt es zu hohen Steuerausfällen, weil Rentner – anders als Beamte im Ruhestand – praktisch keine Steuern auf ihr Einkommen zahlen und die Beiträge zur Sozialversicherung im Rahmen der Sonderausgaben steuerabzugsfähig sind. Es kommt hinzu, daß die Pensionslasten des Staates relativ noch stärker steigen als die Lasten der Rentenversicherungen, insbesondere deshalb, weil der Anteil der Beamten an den Beschäftigten in der Vergangenheit deutlich zugenommen hat.

In zweiter Linie und in ähnlichen Größenordnungen sind die gesetzlichen Rentenversicherungen betroffen. Nach einer Projektion des Verbandes deutscher Rentenversicherungsträger wird sich das Verhältnis der sogenannten Eckrentner (Rentner mit Standardrente) zu den Personen im Erwerbsalter von heute 32 Prozent auf 77 Prozent im Jahre 2030 bei unverändertem Rentenzugangsverhalten mehr als verdoppeln.

Drittens nehmen die Kosten im Gesundheitswesen zu, weil Rentner ein Mehrfaches der Leistung von Aktiven in Anspruch nehmen. Schließlich ist nach Einführung der Pflegeversicherung mit einer erheblichen Zunahme der Pflegekosten zu rechnen. Die Anzahl der pflegebedürftigen Alten wird zunehmen, und die Pflegekosten werden im Zeitablauf voraussichtlich überproportional steigen.

So muß man Sorge haben, daß Steuersätze und Abgabensätze zur Finanzierung der Alterslast auf ein Niveau steigen müßten, bei dem die Einnahmen letztlich schrumpfen, weil sich Leistung nicht mehr lohnt oder mehr und mehr in der Schattenwirtschaft stattfindet. Nicht vertretbar ist jedenfalls, eine Vorausschau auf die künftigen Probleme von vornherein auf die günstigsten Annahmen zu gründen und im übrigen auf die eingebaute Elastizität des Systems zu vertrauen.

Mögliche Reaktionen

36. Ohne Einwanderung hat der Staat im Prinzip drei Möglichkeiten, diesen Herausforderungen zu begegnen. Er kann Maßnahmen ergreifen mit dem Ziel, die Geburtenrate zu erhöhen, er kann die Renten kürzen, und er kann auf eine Steigerung der Erwerbsbeteiligung hinwirken.

Mit dem Rentenreformgesetz 1992 wurden die Renten bereits zum wiederholten Mal gekürzt (Nichtanpassung 1978, Einführung und spätere Erhöhung des Krankenversicherungsbeitrages für Rentner). Die sogenannte Bruttolohnformel wurde durch die Nettolohnformel ersetzt, das Rentenzugangsalter mit Ab- beziehungsweise Zuschlägen berücksichtigt.Wer vom Jahre 2000 ab die gleiche Rente haben will wie ein Neurentner heute, der muß dafür länger arbeiten. Solche Kürzungen lassen sich auch in Zukunft schwerlich vermeiden, sei es in der Form, daß das Rentenniveau relativ zum Lohnniveau gesenkt wird, sei es dadurch, daß man ein gegebenes Rentenniveau erst nach längerer Lebensarbeitszeit erreicht. Es wäre ratsam, derartige Rentenkürzungen langfristig vorher anzukündigen, damit die Betroffenen genügend Zeit haben, um in anderer Weise Vorsorge zu treffen.

Die zweite Möglichkeit wären Maßnahmen mit dem Ziel, die Geburtenrate zu erhöhen. Das könnte eine substantielle Verstärkung des Familienlastenausgleichs sein. Mit diesem Ziel könnte man auch Bedingungen schaffen, um die Vereinbarkeit von Beruf und Familie zu erleichtern. Eine derartige Strategie würde Erfolg versprechen, allerdings nicht die Folgen von über zwei Jahrzehnten geringer Fruchtbarkeit beseitigen. Auch dann stiege die Alterslast zumindest bis zum Jahre 2020; die Extremwerte der Status-quo-Projektion für das Jahr 2030 würden freilich nicht erreicht.

Die dritte Möglichkeit liegt in der Erhöhung der Erwerbsbeteiligung. Sie ist in den vergangenen Jahren tatsächlich gesunken; dieser Trend müßte also umgekehrt werden. Der Rückgang der Erwerbsquote beruht überwiegend auf frühen Rentenzugang und längerer Ausbildung, zu einem kleinen Teil auf der Zunahme der Zahl an Sozialhilfeempfängern im Erwerbsalter. Dem steht eine gestiegene Frauenerwerbsquote gegenüber.

Der Gesetzgeber hat mit dem Rentenreformgesetz 1992 bereits Maßnahmen ergriffen mit dem Ziel, die Lebensarbeitszeit zu verlängern. Sie werden wahrscheinlich wirksam, wenn auch quantitativ nicht von großer Bedeutung sein. Die Abschläge bei vorzeitigem Rentenbezug sind verhältnismäßig klein. Frühzeitige Pensionierung bleibt schon bei geringem Hinzuverdienst attraktiv. Zum andern ist zu befürchten, daß teilweise an die Stelle der ursprünglichen flexiblen Altersgrenze die Rente wegen Erwerbsunfähigkeit tritt. Auf der anderen Seite wird sich die Ausbildungszeit voraussichtlich weiter verlängern. An der Lebensarbeitszeit insgesamt – vom Ende der Ausbildung bis zur Pensionierung – wird sich also wohl nur wenig ändern.

Die eigentliche Reserve liegt in der Erwerbsbeteiligung von Frauen. Eine Frau, die den Haushalt versorgt, ist ohnehin über ihren Mann sozialversichert. Wird sie erwerbstätig, so steht ihren Beiträgen nur eine geringe Gegenleistung in Form eines Rentenanspruchs, der über die Witwenrente hinausgeht, gegenüber. Die Hausfrau, die erwerbstätig wird, entlastet also die Sozialkassen beträchtlich. Überdies darf man vermuten, daß viele Frauen bereit wären, zumindest eine Teilzeitarbeit anzunehmen, wenn sich die Gelegenheit böte.

Trotzdem darf man sich auch davon nicht allzuviel versprechen. Die Tätigkeit im Haushalt ist steuer- und abgabenfrei. Wechselt die Hausfrau in eine steuerpflichtige Tätigkeit und überträgt sie den Haushalt Dritten (in welcher Form immer: Haushälterin, Essen im Restaurant, Waschen in der Wäscherei etc.), so wird sie nur bei gehobenem Verdienst einen Zuwachs an Wohlstand erreichen. Unser Steuer- und Abgabensystem wirkt insoweit wie ein Zoll auf die Erwerbstätigkeit der Hausfrau. Die Abgabenlast muß auch dann steigen, wenn der Anstieg durch höhere Erwerbsbeteiligung gebremst wird. Der Zoll auf die Berufstätigkeit wird also höher, die Bereitschaft zur Berufstätigkeit geringer. Selbst wenn es gelänge, die Frauenerwerbstätigkeit unter diesen Bedingungen zu erhöhen, so wäre doch damit wahrscheinlich ein weiterer Rückgang der Geburtenrate verbunden, es sei denn für die Doppelrolle der Frau werden bessere Lösungen angeboten. Wenn dies nicht gelingt, würde das Problem verschoben, nicht aber erleichtert.

Schließlich ist zu bedenken, daß höhere Steuern und Abgaben die Abwanderung in die Schattenwirtschaft fördern, auch die Bereitschaft zu beruflicher Selbständigkeit sowie, seitens der Unternehmen, den Ersatz von Arbeitsverträgen durch Werkverträge.

Unter diesen Bedingungen wäre es insgesamt bereits ein Erfolg, die Erwerbsbeteiligung auch nur konstant zu halten. Soll sie erhöht werden, so müssen die Rahmenbedingungen geändert werden, insbesondere das Steuer- und Sozialabgabenrecht und die Bedingungen, unter denen Frauen Beruf und Familie vereinbaren können.

Wenn der Staat eine Politik dieser Art betreibt, dann, aber nur dann, könnte man für realistisch halten, daß sich die Probleme in einer Größenordnung halten, wie sie der Sozialbeirat unlängst in einer Vorausrechnung präsentiert hat.

Ausgleich des Geburtendefizits durch Zuwanderer?

37. Das ist der Hintergrund, vor dem die Einwanderungspolitik zu sehen ist. Ein weiterer Weg, die Finanzierungsprobleme der Rentenversicherung zu mildern, könnte darin bestehen, junge Ausländer anzuwerben, um das Geburtendefizit auszugleichen. Das bedeutet ökonomisch, daß die Deutschen sich das Aufziehen eigener Kinder ersparen, daß sie also diese Kosten und Mühen ins Ausland verlagern. Soll das eine dauerhafte Lösung sein, so bedarf es einer ständigen Einwanderung von rund 300.000 bis 400.000 Personen pro Jahr, um die Bevölkerung in Deutschland konstant zu halten; je nachdem wie schnell sich das generative Verhalten der Zuwanderer an das der Einheimischen anpaßt. Das würde früher oder später bedeuten, daß die deutschstämmige Bevölkerung in die Minderheit geriete; im Jahre 2100 würde sie möglicherweise nur noch ein Drittel der ansässigen Bevölkerung ausmachen. In eine derartige Entwicklung darf man nicht blind hineingleiten. Wenn das deutsche Volk beschließen sollte, daß es zur Finanzierung der Renten als Gemeinschaft abzutreten bereit ist, dann sollte es das bewußt und nach gründlicher politischer Diskussion tun.

Auch 300.000 bis 400.000 Zuwanderer pro Jahr würden lediglich die Bevölkerung konstant halten. Die Alterslast würde gleichwohl steigen. Um die Lücke bei den Erwerbstätigen ganz zu füllen, die Alterslast also konstant zu halten, müßte die Bevölkerung kräftig wachsen, die Einwanderung zeitweise Millionenhöhe erreichen.

Denkt man an eine zeitlich begrenzte Einwanderung, will man also die Geburtenlücke der vergangenen zwanzig Jahre (teilweise) schließen, so wird das Problem nicht gelöst, sondern nur zeitlich verschoben. Insoweit als die Einwanderer das generative Verhalten der Ansässigen annehmen, tritt der Höhepunkt der Alterslast zwar einige Jahrzehnte später auf, wird aber nicht niedriger. Freilich wäre damit Zeit für andere Lösungen gewonnen, und das ist nicht gering zu achten.

38. Der Beitrag, den die Zuwanderung zur Milderung der Probleme leisten kann, hängt von der Qualifikation, dem Alter und dem generativen Verhalten ab. Eigentlich dürfte man, um das Altersproblem zu lindern, nur junge und qualifizierte Leute zuwandern lassen. Der tatsächliche Zustrom der vergangenen Dekade wies aber andere Merkmale auf. Erstens waren die Zuwanderer zwar im Durchschnitt etwas jünger als die ansässige Bevölkerung; der Unterschied war aber so gering, daß der Beitrag der Zuwanderung zur Problemlösung klein bleiben wird. Zweitens war die Eingliederung in den Arbeitsprozeß schwierig. Die Zuwanderer sind teilweise beruflich wenig qualifiziert, oder sie verfügen über eine Qualifikation, für die es in Deutschland keine Nachfrage gibt (Bauern zum Beispiel). Unter den Ausländern allgemein, den Zuwanderern der letzten Jahre speziell, gibt es überproportional viele Arbeitslose und Sozialhilfeempfänger. Im Ergebnis hat die Zuwanderung der letzten Jahre die öffentlichen Haushalte und Sozialkassen bisher nicht entlastet, sondern zusätzlich belastet.

39. Wenn man überhaupt die Hoffnung haben will, die Alterslast durch Zuwanderung zu erleichtern, dann setzt das eine bewußte Steuerung voraus. Die Möglichkeit dazu ist – wie früher ausgeführt – verhältnismäßig eng begrenzt, zumindest vorläufig. Die Spielräume wachsen in einigen Jahren, wenn der Strom der deutschstämmigen Übersiedler aus dem Osten versiegt. So bleibt die Schlußfolgerung, daß Einwanderungspolitik einen gewissen Teil zur Lösung der Altersproblematik beitragen kann, daß der überwiegende Teil der Aufgabe aber auf andere Weise erfüllt werden muß. Im übrigen gilt: Selbst wenn man den steuernden Einfluß der Einwanderungspolitik für begrenzt hält, bleibt er doch wichtig. Ungesteuert kann der Zustrom das Problem vergrößern, statt es zu mildern.

V. Einwanderungspolitik: Strategien und Einwände

Einsichten aus den Analysen zum Einwanderungsproblem

40. Die wichtigsten Einsichten aus den Analysen zum Einwanderungsproblem sind einfach, aber nicht trivial. Versammelt haben sich zudem Einsichten, die in der öffentlichen Diskussion wild durcheinander rufen. Trotzdem: Sie gehören zusammen.

(1) Einwanderung findet statt, auch ohne daß es eine wirkliche Einwanderungspolitik gibt. Das sollte nicht so bleiben. Es schadet dem öffentlichen Bewußtsein, es verhindert eine angemessene Einstellung zu einem grundlegenden Problem des Gemeinwesens, wenn das Land eine unvermeidliche Entwicklung nur erleidet statt selbst in die Hand nimmt. Es widerspricht dem öffentlichen Interesse, auf die Zuwanderung keinen auswählenden Einfluß zu nehmen.

(2) Die einigermaßen friktionsfreie wirtschaftliche Integration auch einer großen Zahl von Zuwanderern ist prinzipiell möglich. Die Voraussetzungen dafür, nicht zuletzt die ordnungspolitischen Voraussetzungen, sind aber in der Bundesrepublik derzeit nicht gegeben. Sie müßten erst geschaffen werden. Es sind im Prinzip die gleichen, die auch für einen Abbau des unerträglich hohen Sockels an Arbeitslosigkeit unabdingbar erscheinen. Marktgerechte Löhne und Lohndifferenzen sowie die Deregulierung am Arbeitsmarkt gehören dazu. Einwanderungspolitisch ist neben dem Alter die berufliche Qualifikation und die Qualifizierbarkeit der Zuwanderer besonders wichtig.

(3) Die friedliche gesellschaftliche Integration einer ständig wachsenden Zahl von Menschen mehr oder weniger fremder Kultur ist die schwierigste Aufgabe. Integrationswilligkeit der Zuwanderer und Integrationsbereitschaft der aufnehmenden Gesellschaft müssen zusammenkommen. Assimilationsdruck von seiten der letzteren, unterstützt durch staatliche Regelung der Einbürgerungsvoraussetzungen, ist legitim, ja wohl unabdingbar, wenn die Furcht vor Überfremdung, mag sie auch im einzelnen irrational sein, in Grenzen gehalten werden soll. Daß sich ohne schwere Konvulsionen und schlimme Abwehrhandlungen binnen hundert Jahren ein Austausch

der Mehrheit der deutschstämmigen Bevölkerung durch Mitbürger fremdländischer Herkunft vollziehen könnte, ist gleichwohl nicht leicht vorzustellen. Denkbar ist, daß es unvermeidlich sein wird, vornehmen kann man es sich kaum. Wie Firnis könnte die den Bürgerfrieden bewahrende Schutzschicht humanitärer Gesittung abblättern, wenn die einheimische Bevölkerung ihr Platzrecht ernsthaft gefährdet sieht. In jedem Falle gilt: Je größer die gewünschte Zuwanderung ist, desto mehr käme es darauf an, die kulturellen Unterschiede zwischen Zuwanderern und heimischer Bevölkerung gering zu halten.

(4) Zuwanderung ist keine nachhaltige Lösung des demographischen Problems, das in erster Linie ein Problem der Überlebensfähigkeit des umlagefinanzierten Systems der sozialen Sicherung bei schrumpfender Aktivbevölkerung ist. Das demographische Problem erneuert sich immer wieder in dem Maße, wie die zugewanderte Bevölkerung nach und nach das generative Verhalten der heimischen Bevölkerung annimmt. Was man sich als einwanderungspolitisches Ziel allenfalls vornehmen kann, ist ein Beitrag zur Lösung der Aufgabe, die rasante Verschlimmerung der demographischen Situation, die ab 2010 zu erwarten ist, noch abzumildern. Dafür wäre schon ein Verjüngungseffekt bei der Bevölkerung durch bloß temporär hohe Einwanderung hilfreich. Zu Buche schlägt er nur in cumulo. Um so dringender wäre die Aufgabe, die Voraussetzungen für die wirtschaftliche Integration von Zuwanderern, sprich die wachstums- und beschäftigungspolitische Konstellation in Deutschland, umgehend und durchgreifend zu verbessern. Soweit es dabei massive soziale Widerstände zu überwinden gilt, muß man bedenken, daß die sozialen Folgen eines ungelöst bleibenden demographischen Problems nicht bloß schlimm, sondern verheerend sein werden und daß es für wirkungsvolle wachstums- und beschäftigungspolitische Maßnahmen definitiv zu spät sein wird, sobald die demographische Situation die Abgabenlast steil nach oben zu treiben beginnt.

(5) Die Erkenntnis, daß selbst eine geglückte quantitative und qualitative Steuerung der Einwanderung das demographische Problem nicht allein und nicht nachhaltig lösen kann, muß als Befreiung von einer (letzten) Illusion verstanden werden. Wenn die Menschen einer Gesellschaft sich massenhaft entschließen, keine Kinder aufzuzie-

hen, so können sie die daraus erwachsenden Lasten weder vergesellschaften noch auf Dritte abladen. Sie müssen sie in erster Linie selbst tragen, und zwar ganz individuell. Daß sie es nicht können, auch wenn sie rechtzeitig mit dieser Aufgabe konfrontiert werden, ist nicht wahr. Sie haben es immer gemußt. Wer von drei Lasten, die von altersher jeder Mensch zu tragen hat – sich selbst zu unterhalten, die Alten zu versorgen und Kinder aufzuziehen –, eine abwirft, ist zusätzlich belastbar. Wie das im einzelnen geschehen kann, und mit möglichst viel Eigenverantwortung, ist hier nicht das Thema. Einwanderungspolitisch hat es deshalb Bedeutung, weil man gerade diejenigen Einwanderer, die man allein braucht, nicht haben wird, wenn man ihnen Lasten aufbürden will, mit deren Entstehen sie nichts zu tun haben, und wenn man es dabei übertreibt.

Wer diese Einsichten respektiert, hat die wichtigsten strategischen Entscheidungen vorbereitet und muß sie nach Möglichkeit so treffen, daß sie sich gegenseitig stützen.

Die wichtigsten Grundentscheidungen

41. Zunächst ist eine Grundentscheidung zu treffen, wie der aus heutiger Sicht dauerhaften Natur des demographischen Problems entgegenzutreten ist. Hier kommen vernünftigerweise nur zwei Wege in Betracht:

- Entweder befreit sich die Gesellschaft aus der bevölkerungspolitischen Zwangslage, die sie wegen des Umlageprinzips im System der sozialen Sicherung dazu nötigt, für alle Zeit dafür zu sorgen, daß in Deutschland genügend Menschen und damit Erwerbstätige leben, die die Renten bezahlen.

- Oder es wird eine konsequente Familienpolitik betrieben, die das generative Verhalten so verändert, daß das System der sozialen Sicherung wieder ins Gleichgewicht kommt, wenn auch erst auf sehr lange Sicht.

In beiden Fällen blieben die Probleme der Übergangszeit übrig. Sie wären noch immer riesengroß, aber wenigstens überschaubar. Unter Status-quo-Bedingungen hätten wir ohne Zuwanderung im Jahre 2030 ein demographisches Problem, das sich als Lücke bei den Erwerbspersonen darstellen läßt, die auf etwa 15 Millionen Personen zu veranschlagen ist. Diese Lücke wäre teilweise zu schließen (voll erst sehr viel später), teilweise wären die Folgen zu tragen. Man könnte sich eine Drittelung der Problemlösung vorstellen:

- Ein Drittel der demographischen Lücke wird noch geschlossen durch die bis zum Jahre 2030 eintretenden Wirkungen einer umgehend eingeleiteten Politik, die das generative Verhalten der Bevölkerung verändert. Dafür müßten schon in den nächsten 20 Jahren etwa 1,1 Millionen mehr Kinder geboren werden als derzeit vorausgeschätzt. (Zur Würdigung einer solchen Aufgabe: Bei einem generativen Verhalten wie Mitte der sechziger Jahre würden 1,7 Millionen mehr Kinder geboren.)

- Ein Drittel der demographischen Lücke, die sich unter Status-quo-Bedingungen bis zum Jahre 2030 abzeichnet, wird bevölkerungspolitisch (temporär) hingenommen. Die daraus erwachsenden Lasten tragen je zur Hälfte die dann Aktiven (durch erhöhte Sozialabgaben, erhöhte Erwerbsbeteiligung, verlängerte Arbeitszeit, auch verlängerte Lebensarbeitszeit) und die dann Inaktiven (durch ein abgesenktes Rentenniveau sowie eine bis dahin aufgebaute ergänzende private Altersversorgung). Die Änderung der Altersversorgung wäre endgültig gemeint und insoweit ein Beitrag zur dauerhaften Milderung der Probleme.

- Ein Drittel der demographischen Lücke wird durch Zuwanderer und deren Kinder geschlossen. Die Anzahl der Zuwanderer müßte noch für längere Zeit entsprechend hoch sein und könnte dann in dem Maße sinken, wie sich die Erholung beim generativen Verhalten der heimischen Bevölkerung auswirkt.

Die Aufgabenteilung zwischen Familienpolitik als Bevölkerungspolitik, Sozialpolitik mit flankierender Arbeitsmarktpolitik sowie Einwanderungspolitik quantitativ genau so und so genau festzulegen, darauf kommt es selbstverständlich nicht an. Vielmehr kommt es darauf an, daß man sich überhaupt festlegt und jeder dann in seinem Teilbereich an die ihm zugeteilte Aufgabe geht. Aufhören muß eine Diskussion, in der die anstehenden Aufgaben teilweise noch immer geleugnet werden, in der jeder von jedem deren Lösung erwartet, nur nicht von sich selbst, und alle darauf vertrauen, es werde ihnen noch rechtzeitig das Nötige einfallen, die drohende Krise sei noch fern, es könnten sich die Bevölkerungswissenschaftler mit ihren Prognosen ja auch irren, am Ende komme es gar nicht so schlimm wie vorausgesehen. Die Renten sind sicher. Deutschland ist kein Einwanderungsland. Für solche Aufführung ist die Uhr abgelaufen.

Humane Wege zur Steuerung finden

42. Unendlich bedeutsam ist die Komplementarität so vielfältiger Aufgaben, die sich teilweise sogar zu widersprechen scheinen. Zum Beispiel: Man möchte derzeit vor allem wünschen, daß mehr Frauen sich entschließen, Kinder aufzuziehen und nicht unbedingt berufstätig zu sein. Auf der anderen Seite steht der Wunsch der Frauen gerade hiernach. Und für die Zeit, in der die Erwerbspersonenzahl in Deutschland deutlich sinken wird, also etwa ab 2010, ist dieser Wunsch auch doppelt willkommen. An der Jahrhundertaufgabe, die Rolle der Frau im Beruf mit ihrer Rolle in der Familie zu versöhnen, gibt es also keine Abstriche zu machen, im Gegenteil. Zugleich soll sich das Land öffnen, geistig und wirtschaftlich, für eine gewünschte Zuwanderung. Das wird Kollisionen mit sich bringen mit der Aufgabe, die Erwerbschancen der Einheimischen, namentlich der Frauen, aber auch der Anbieter einfacher Arbeit effektiv zu verbessern. Die für die wirtschaftlichen Rahmenbedingungen Verantwortung tragen, müssen diesen Konflikt auflösen, indem sie die Integrationsfähigkeit des Landes erhöhen. Freilich, gewünschte Zuwanderer sind nicht beliebig viele Zuwanderer und nicht Zuwanderer jeder Art. Das Land braucht vor allem junge und begabte Kräfte, wenn die demographischen Probleme nicht statt kleiner größer werden sollen, zum Schaden aller. Auswählende Einwanderungspolitik aber ist nicht nur eine administrative Aufgabe. Es müssen humane Wege der Steuerung gefunden werden. Auch für die unvermeidliche Robustheit des legitimen Eigennutzes eines Einwanderungslandes muß es Grenzen geben.

Qualititative und quantitive Beschränkung gerechtfertigt

43. An der Legitimität dieses Eigennutzes selbst und also an der Legitimität von Regeln zur quantitativen und qualitativen Begrenzung einer Zuwanderung muß nicht einmal der strengste Anwalt einer freien Wirtschaft mit weltoffenen Märkten Zweifel anmelden. Eine staatsbürgerli-

che Gemeinschaft darf ihre Art zu leben, die ihre Identität ausmacht, verteidigen und dieserhalb die Entscheidung treffen, unter sich zu bleiben. Sie darf für sich behalten wollen, was ihr gehört. Sie darf bestimmen, wen sie in die besondere Solidarität, die die Gemeinschaft gewährt, einbezieht und wen nicht. Wer in eine Gemeinschaft eintritt, verändert sie. Er bestimmt dort mit über die richtige Art zu leben. Er hat Teil am gemeinschaftlichen Vermögen, das in erster Linie das öffentliche Infrastrukturkapital darstellt und das die Mitglieder der Gemeinschaft zumeist zu Preisen oder Abgaben unterhalb der Grenzkosten (einschließlich der Grenzkosten einer Kapazitätserweiterung) nutzen dürfen. Er hat Anspruch auf solidarische Hilfe. Nichts von alledem kann Anspruch von jedermann sein. Es ist Menschenrecht, aus einer staatlichen Gemeinschaft austreten zu dürfen; nicht darin eingeschlossen ist der Anspruch, in eine andere eigener Wahl aufgenommen zu werden.

Dies rechtfertigt allemal die quantitative Beschränkung der Zuwanderung, aber wohl auch die qualitative. Wer aufgenommen wird, sollte mit großer Wahrscheinlichkeit in der Lage sein, sich selbst zu unterhalten, und nicht dem Gemeinwesen zur Last fallen. Eine Bevorzugung von Bewerbern mit gewissem Vermögen oder Humankapital, die dem dient, ist auch nicht einfach unfair gegenüber dem Herkunftsland. Ein erwachsener Zuwanderer erspart dem Einwanderungsland zwar die öffentlichen Kosten von Bildung und Ausbildung, aber dies wird doch leicht aufgewogen, jedenfalls in einem hochentwickelten Land, durch den Vermögenswert der Ansprüche, die dem neuen Bürger mit der Aufnahme automatisch zufallen.

Bewegung von Waren oder Arbeitskräften?

44. Zuwanderer verändern auch die Wettbewerbssituation zumindest von Teilen des heimischen Arbeitspotentials. Deren marktkonforme relative Einkommen könnten sinken, und das erklärt einen großen Teil des Widerstandes gegen Einwanderung. Dies ist freilich nicht prinzipiell anders als bei offenen Märkten im internationalen Handel. Die Einfuhr von Waren aus Niedriglohnländern, die typischerweise mit dort billiger einfacher Arbeit hergestellt werden, verschlechtert die Marktposition von Anbietern einfacher Arbeit im Inland. Zugespitzt: Die Bewegung von Waren ersetzt die Bewegung von Arbeitskräften. Hier kann der liberale Ökonom allerdings keinerlei Zugeständnisse

machen zugunsten einer protektiven Politik, ohne an die Grundlagen der Weltwirtschaftsordnung zu rühren, für die er eintritt. Im Gegenteil. Es sind noch immer Defizite an Handelsliberalisierung abzubauen. Das zu tun, liegt schon in unserem eigenen Interesse, weil dadurch erfahrungsgemäß der wachstumsnotwendige Strukturwandel gefördert wird und bei zunehmender Produktion größere Beschäftigungs- und Erwerbschancen winken. Weitere Handelsliberalisierung ist zudem unabdingbar, um den weniger entwickelten Ländern die für sie wohlstandsstiftende Integration in das System der internationalen Arbeitsteilung zu ermöglichen. Offene Gütermärkte schuldet man diesen Ländern, nicht offene Grenzen für die Einwanderung. Hinzu tritt die übernommene Verpflichtung zur Entwicklungshilfe. Doch es ist unehrlich, davon zu reden, diese könnte in irgendeiner absehbaren Zeit so wirksam sein, daß ihretwegen der Auswanderungsdruck in den armen Ländern der Welt schwindet.

Anders verhält es sich mit der Wanderung politisch Verfolgter oder von Menschen, die aus Kriegsgebieten fliehen. Die übrigen Staaten sind schon aus humanitären Gründen – und rechtlich aufgrund der Genfer Konvention – zu einer temporären Aufnahme dieser Menschen verpflichtet.

Ziele der Steuerung

45. Für die quantitative Beeinflussung der Einwanderung bieten sich zwei Strategien an. Bei der ersten wird die Nettoeinwanderung auf der Basis der Zielvorstellung gesteuert, die nach Ausschöpfung der Arbeitsmarktreserven verbleibende Arbeitskräftelücke nach Möglichkeit Jahr für Jahr zu schließen. Dies würde zwar, im Erfolgsfalle, die Arbeitslosenzahlen niedrig halten, aber immer höhere Zuwanderungssalden erfordern, und zwar gerade zur selben Zeit, in der auch andere Länder der Europäischen Union auf hohe Zuwanderungen angewiesen sind. Bei der anderen Strategie orientiert man sich nicht am jährlichen, sondern am langfristigen Ausgleichsbedarf. Dies könnte die Zuwanderung gleichmäßiger über die Jahre verteilen, aber zumindest bis zum Anfang des nächsten Jahrhunderts eine wesentlich höhere Belastung des Arbeitsmarktes mit sich bringen.

Für die unmittelbar vor uns liegenden Jahre ist vermutlich nicht viel zu entscheiden. Der nicht beeinflußbare Teil der Zuwanderung wird schon dem nahekommen, was die zweite Strategievorstellung erfordern könnte. Für die Jahre danach könnte und sollte man sich vielleicht von dem Grundgedanken der ersten Strategie leiten lassen. Sie nimmt mehr Rücksicht auf die wirtschaftlichen und gesellschaftlichen Integrationsprobleme. Sie müßte freilich mit der Maßgabe beschlossen werden, durch eine konsequente Förderung der wirtschaftlichen Dynamik die Schaffung von Arbeitsplätzen zu forcieren und so die Anzahl der wirtschaftlich integrierbaren Zuwanderer rasch zu erhöhen. Andernfalls würde die in eine ferne Zukunft – in die Zeit nach dem Jahre 2010 – vertagte Aufgabe zu groß werden.

VI. Einwanderungspolitik: Steuerungsinstrumente

Keine aktive Anwerbepolitik

46. Vom rechtlichen Rahmen her wird Zuwanderung nach Deutschland gegenwärtig restriktiv gehandhabt. Faktisch wird sich eine stärkere Offenheit im Zusammenhang mit der Europäischen Union durchsetzen. Dies gilt nicht so sehr für Wanderungsbewegungen, wie sie in der alten Zwölfer-Gemeinschaft zu beobachten sind. Zu erwarten ist dies freilich, wenn es in einer nicht zu fernen Zukunft zu einer Osterweiterung der Europäischen Union kommen sollte. Dann könnte sich das Muster historischer Einwanderungen, die aus der Rückschau relativ leicht zu bewältigen waren, im großen Stil wiederholen. Jedenfalls sollte man nicht zu große Hoffnung darein setzen, daß eine rasche Angleichung der Lebensverhältnisse in Mitteleuropa und in Osteuropa an die Standards der alten Mitgliedstaaten der Europäischen Union den wirtschaftlichen Anreiz für solche Wanderungsbewegungen entfallen lassen wird. Es ist eher mit schwierigen und langdauernden Anpassungsprozessen zu rechnen. Dabei kann sich angesichts der im Vorstehenden gegebenen Analyse Einwanderungspolitik nicht als aktive Anwerbepolitik verstehen. Sie definiert sich eher aus einer Defensiv-Haltung heraus, sollte in diesem Rahmen indessen ein Maximum an Flexibilität und Rationalität anstreben.

Aufnahmegebühren?

47. Für eine Steuerung der Einwanderung kommen aus ökonomischer Sicht mengen- oder preispolitische Maßnahmen in Betracht, wobei diese sowohl global wie auch selektiv eingesetzt werden können.

Angesichts der Tatsache, daß die Zuwanderer Nutznießer der öffentlichen Infrastruktur sind, an deren Finanzierung sie nicht beteiligt waren, könnte man daran denken, die Wanderungsströme über „Einwanderungsabgaben" zu steuern, welche den Gegenwartswert der Inanspruchnahme öffentlicher Güter reflektieren. Ähnlich wie eine Klubaufnahmegebühr würden dann Zahlungsbereitschaft und Zahlungsfähigkeit über den Beitritt zum heimischen Gemeinwesen entscheiden.

Gegen solche Aufnahmegebühren sprechen jedoch schwerwiegende Gründe. Deutschland wäre das einzige Land, welches eine solche Maßnahme praktizieren würde, und sähe sich mit hoher Wahrscheinlichkeit auf der nationalen und internationalen Anklagebank. Außerdem können solche Gebühren prohibitiv gegenüber ärmeren, aber leistungsfähigen Zuwanderern wirken. Schließlich wäre ein erhöhter Kontrollaufwand zu befürchten.

Mengenbeschränkung

48. Es verbleiben mengenmäßige Beschränkungen als Instrumente der Einwanderungspolitik. Sie sollten durchaus auswählende Komponenten enthalten. Für eine Auswahlpolitik bieten beispielsweise Australien, Kanada und die USA reiches Anschauungsmaterial. Im Rahmen der 1978 begonnenen „neuen Immigrationspolitik" systematisierte Australien sein Immigrationsberechtigungswesen mittels eines Punktekataloges (ähnlich wie in Kanada): Unter anderem gehen berufliche Fähigkeiten, ein bereits vereinbartes Beschäftigungsverhältnis, Englischkenntnisse, transferierbare Werte und – besonders gewichtet – die Arbeitsmarktchancen in diese Punktebewertung ein. Auf ihrer Grundlage wird dann die Erlaubnis zur Einwanderung erteilt. Eine deutsche Einwanderungspolitik könnte sich an diese Beispiele anlehnen.

Indessen sind mehrere Gruppen von Einwanderern zu unterscheiden. Angehörige der Europäischen Union sind von vornherein nicht betroffen. Für Asylsuchende ist eine europaweite Regelung zu treffen. Abschließende Beschränkungen können auch nicht für Aussiedler gelten. Ihr Zuzug kann nur zeitlich verstetigt und gestreckt werden. Für alle anderen Einwanderer wird vorab eine Richtgröße vorgegeben, wobei die Auswahl nach einem Kriterienkatalog vorgenommen wird. Bereits abgeschlossene Beschäftigungsverträge wären besonders hoch zu bewerten. Weitere Gesichtspunkte sollten die Beherrschung der deutschen Sprache, ferner das Alter bei ledigen Einwanderern oder das durchschnittliche Familienalter sein. Sicherheit des Unterhalts durch eigenes Vermögen rechtfertigt ebenfalls eine Bevorzugung. Davon unbeschadet bleibt das Kriterium der Familienzusammenführung, die schon aus humanitären Gründen als vorrangig einzustufen ist.

Europaweite Regelungen

49. Eine Begrenzung der Zuwanderung auf nationaler Ebene macht Regelungen im Hinblick auf die Freizügigkeit innerhalb der Europäischen Union erforderlich. Es wurde bereits hervorgehoben, daß die Zuständigkeit für die Regelung der Aufnahme von Asylbewerbern auf der Ebene der Gemeinschaft angesiedelt werden sollte. Da Angehörige aus Drittstaaten bei uns auch im Falle einer Einreise aus Ländern der Europäischen Union nicht automatisch Anspruch auf Unterstützungsleistungen (Arbeitslosenhilfe, Sozialhilfe) besitzen, kann eine Quotierung der Asylbewerber auf die einzelnen Mitgliedsländer vorgenommen werden, ohne daß eine Angleichung dieser Leistungen innerhalb der Europäischen Union zwingend notwendig wäre. Jedes Land kann dann die anerkannten Asylsuchenden nach eigenen Grundsätzen unterstützen, ohne befürchten zu müssen, daß die Einwanderer vor allem dahin streben, wo die sozialpolitischen Regelungen am günstigsten sind.

Da Aussiedlern in der Regel unmittelbar die deutsche Staatsangehörigkeit zuerkannt wird, sind sie den Bürgern der Europäischen Union gleichgestellt. Aber auch den übrigen Einwanderern aus Drittstaaten kann wohl nicht für alle Zeiten das Recht auf Freizügigkeit – Freiheit der Wohnsitz- und Arbeitsplatzwahl innerhalb der Europäischen Union – verwehrt werden. Zu denken wäre an eine längere Mindestaufenthaltsdauer in einem Land der Union, zum Beispiel acht bis zehn Jahre. Sofern sich alle Länder der Europäischen Union bei der Erteilung ihrer eigenen Staatsbürgerschaft dieses Erfordernis eines Mindestaufenthalts zu eigen machen, besteht auch wenig Anlaß, eine unbeeinflußbare

Einwanderung aufgrund großzügiger Einbürgerung anderer Mitgliedsstaaten zu befürchten. Spezielle Regelungen können erforderlich werden, wenn Bürger aus Drittstaaten in großer Zahl Ansprüche auf die Staatsbürgerschaft eines Landes der Europäischen Union geltend machen können, die zum Beispiel aus Verpflichtungen dieser Länder als ehemalige Kolonialmächte ableitbar sind.

Steuerreform für Arbeitsplätze und Umwelt

Januar 1996

Juergen B. Donges, Johann Eekhoff
Walter Hamm, Wernhard Möschel
Manfred J.M. Neumann, Olaf Sievert
(KRONBERGER KREIS)

I. Eine doppelte Herausforderung

1. Deutschland hat Probleme mit der Qualität seines Wirtschaftsstandorts, die seine Wettbewerbsfähigkeit gefährden. Zugleich hat das Drängen stark zugenommen, sich energischer dem globalen Klimaschutz zuzuwenden, dabei nötigenfalls auch anderen Ländern vorauszueilen. Das paßt nicht zusammen, wenn man nicht sehr umsichtig vorgeht.

Fragen nach der Qualität des Wirtschaftsstandorts haben ihren hohen Rang aufgrund der seit langem anhaltenden und immer weiter wachsenden Arbeitslosigkeit. Aber obwohl das Bewußtsein allgemein ist, daß für eine durchgreifende Verbesserung der Beschäftigungschancen in Deutschland etwas Durchgreifendes geschehen muß, herrscht bei allen großen Themen der Standortverbesserung Zaudern vor. Und wo Änderungen vorangetrieben werden, haben sie nach Art und Umfang kaum das rechte Verhältnis zur Größe des Problems. Alle wissen, daß ein Umbau des Sozialsystems – ein neues Austarieren von Solidarität und Selbstverantwortung, ein Gewinn an Effizienz – unumgänglich ist; doch jeder größere Reformgedanke wird alsbald erstickt durch Besitzstandsdenken. Jedermann weiß, daß der internationale Wettbewerb, der auch ein Wettbewerb der Arbeitsmärkte ist, zur größtmöglichen Flexibilität in den Arbeitsverhältnissen herausfordert, zumal wenn das Land seine Hochlohnposition verteidigen will; doch die Fortschritte auf diesem Feld machen einen so mühsamen Eindruck, als meinte man, zur Not könne auch alles beim alten bleiben. Jeder weiß, daß ein Land, das die höchsten Löhne hat, sehr gefährlich lebt, wenn es sich dem internationalen Wettbewerb um möglichst gute steuerliche Standortbedingungen verweigert; doch die in Deutschland politisch diskutierten Pläne in Sachen Steuerreform erwecken den Eindruck, als ginge es hier um einen Bedarf an kleinen Korrekturen und nicht um die Überprüfung des gesamten Systems.

Das Bewußtsein, daß Deutschland niedrigere Steuern braucht und nicht höhere, wird weithin verdrängt durch die Faszination der Idee, mit Ökosteuern lasse sich die Kuh an einem zweiten Euter melken. Das ruft inzwischen Furcht und Schrecken bei denen hervor, die wissen oder ahnen, daß das nicht gut gehen kann. Ökosteuern, die – in Maßen und mit Umsicht für eine Senkung besonders schädlicher Steuern genutzt – durchaus eine echte Reformchance sein könnten, drohen von illusionären Weltverbesserern denaturiert zu werden. Deutschland hat anderthalb Jahrzehnte mit durchaus beachtlichen und auch erfolgreichen umweltpolitischen Anstrengungen hinter sich. Sie betrafen vor allem interne Umweltprobleme, und die Belastungen daraus scheinen noch nicht überall voll verkraftet zu sein. Nun drängen Weltprobleme, namentlich die des Klimaschutzes. Man wird sie mit dem gebotenen Sinn für Mitverantwortung, mit Beharrlichkeit und Augenmaß, aber ohne all das flagellantische Beiwerk, das Außenstehende in unserem Land gelegentlich feststellen, angehen müssen. Umweltpolitisch begründete neue Abgaben sind eine ernstzunehmende Möglichkeit, das Steuersystem fortzuentwickeln. Aber bei einem Alleingang sind die Risiken für die Beschäftigung groß. Und allemal ist zu warnen vor der Gefahr, daß unter dem Deckmantel großer ökologischer Ziele dem Bürger letztlich nicht andere, sondern zusätzliche Steuern abverlangt werden.

II. Weniger Steuern auf Arbeitsplätze

1. Steuerpolitik im globalen Wettbewerb

2. Standortverbesserung kommt ohne eine Verbesserung des Steuersystems nicht aus. Das A und O im internationalen Standortwettbewerb sind zwar Innovationskraft, Wagnisbereitschaft und Flexibilität. Aber selbst wenn man hoffen dürfte, daß Deutschland in dieser Hinsicht verlorenes Terrain wiedergewinnt, darf man nicht ignorieren, daß der internationale Standortwettbewerb auch ein Wettbewerb der Steuerpolitik ist. Überdies: Bei den Arbeitskosten wird sich Deutschland voraussichtlich zunehmend schwer tun. Selbst wo internationale Lohnunterschiede und internationale Produktivitätsunterschiede noch miteinander korrespondieren, muß man sich darauf einstellen, daß etliche Länder in der Welt rascher in der Produktivität aufholen, als wir neue Vorsprünge erringen können. Sowohl die Abwehrschlachten auf etablierten Märkten als auch der Gewinn neuer Märkte erfordern unternehmerische Tüchtigkeit, Bereitschaft und Fähigkeit zum Risiko in

einem Maße, wie wir das nur aus Gründerzeiten kennen. Steuerliche Regelungen, die den Wagemut sowie das Investieren selbst belasten, kann man sich nicht länger leisten. In der Vergangenheit sind umverteilungspolitische Ziele zu sehr in den Vordergrund der Steuergesetzgebung getreten. Der globale Wettbewerb hat davor keinen Respekt. Außerdem haben die hohe Arbeitslosigkeit und der drohende Verlust weiterer Arbeitsplätze die Verbesserung der Beschäftigungschancen, die an erfolgreichem unternehmerischem Handeln hängen, zu einer viel dringenderen sozialen Aufgabe werden lassen als die Umverteilung der Einkommen, die aus Investitionen, aus unternehmerischer Tüchtigkeit und geglücktem Wagnis erwachsen.

3. Obwohl detaillierte internationale Steuerbelastungsvergleiche schwierig sind, gibt es keinen Zweifel, daß für Unternehmen in Deutschland ungünstigere Rahmenbedingungen bestehen als in zahlreichen anderen Ländern. Dabei müßten sie zur Sicherung des hohen Einkommensniveaus eher besser sein. Steigenden deutschen Direktinvestitionen im Ausland stehen sinkende ausländische Direktinvestitionen in Deutschland gegenüber. Da ein großer Teil des Sachkapitals – allemal das potentielle Sachkapital – sehr mobil ist, wenn es um Betriebserweiterungen und um Neugründungen geht, kann es sich übermäßiger Belastung entziehen. Je leichter es für die Unternehmen wird, ihren Produktionsstandort dorthin zu verlagern, wo die Kosten günstiger sind, je einfacher es ist, den Rechtssitz des Unternehmens frei zu wählen, einen Gewinn hier oder auch in einem anderen Land entstehen zu lassen, desto weniger ist es möglich, sich dem internationalen Wettbewerb der Steuerpolitik zu entziehen. Ausländische Investoren meiden den Standort Deutschland. Deutsche Investoren gehen ins Ausland und nehmen die Arbeitsplätze mit. Die Arbeitnehmer dagegen sind weniger mobil. Sie sind die eigentlichen Leidtragenden, wenn hohe Steuern das Kapital aus dem Land treiben. Ihnen fehlen die Investitionen, die Arbeitsplätze erst produktiv machen und damit hohe Löhne ermöglichen, ja überhaupt erst Arbeitsplätze schaffen. Eine Reform der Unternehmensbesteuerung – die Entlastung von Investitionen, die Erleichterung von Innovationen – ist in erster Linie eine Reform der Besteuerung von Arbeitsplätzen.

4. Wir sollten mit der Besteuerung von Investitionen aufhören. Das betrifft die Einkommensteuer, soweit sie auf Investitionen lastet, es betrifft die Gewerbesteuer, es betrifft die Vermögensteuer. Im interna-

tionalen Wettbewerb drohen massenhaft weitere Arbeitsplätze verloren zu gehen. Es ist an der Zeit, sich zu einer durchgreifenden Lösung zu entschließen. Die Bekenntnisse zum Vorrang des Beschäftigungsproblems in der Wirtschaftspolitik werden unaufrichtig, wenn man weiterhin vor energischen Maßnahmen zurückschreckt.

Die üblichen Einwände sind nicht überzeugend.

- Es trifft nicht zu, daß eine durchgreifende Lösung nicht finanzierbar wäre.

- Es trifft nicht zu, daß ein Abbau der Steuern, die auf Investitionen lasten, ungerecht wäre.

- Es trifft nicht zu, daß dies eine steuersystematisch bedenkliche Begünstigung darstellte. Im Gegenteil, es geht um mehr Neutralität der Besteuerung.

- Es trifft nicht zu, daß einer Senkung der Steuern und Abgaben auf Arbeitseinkommen Vorrang zu geben wäre.

2. Gegen Ersetzung von Sozialabgaben durch Steuern

5. Daß eine schwergewichtig auf die Schaffung von mehr Arbeitsplätzen zielende Steuerreform in erster Linie bei den steuerlichen Bedingungen fürs Investieren anzusetzen hat und nicht bei den Steuern und Abgaben auf Arbeitseinkommen, erscheint den Menschen nicht selbstverständlich. Den meisten leuchtet ein, daß es gilt, in Deutschland die Arbeitskosten zu senken. Und das trifft ja auch zu. Doch dafür sind zuallererst diejenigen zuständig, die über den Preis der Arbeit bestimmen. Was die Arbeitnehmer und ihre Organisationen hingegen nicht leisten können, das ist die Senkung, ja Beseitigung der Kosten, mit denen der Staat durch seine Steuern die Schaffung von Arbeitsplätzen belastet, und das auch noch stärker, als es andere Länder tun, mit denen wir im Wettbewerb stehen. Denn trotz aller Steuervergünstigungen und der sonstigen direkten Förderung für Investitionen ist die steuerliche Regelbelastung, die auf dem Investieren – das heißt auf der Schaffung von Arbeitsplätzen – liegt, nach wie vor erheblich. Sie ist zudem in einer schlimmen Weise ungleich geworden, was der Effizienz und der Dynamik der Wirtschaft schweren Schaden zufügt.

Die Bedeutung der Arbeitskosten für die Beschäftigungsentwicklung soll damit nicht heruntergespielt werden. Sie gehört vermutlich sogar an die erste Stelle. Die Einsicht dafür wächst auch. Unverständlich ist daher nicht, daß außer der Lohnsteuer die Sozialabgaben, die zur Hälfte – den Arbeitgeberbeiträgen – Teil der Lohnzusatzkosten sind, als erste Kandidaten genannt werden, wenn von dringlicher Abgabensenkung die Rede ist. Aber diese Vorliebe beruht auf Mißverständnissen. Es gibt schlimmere Abgaben. Als am wenigsten schädliche große und allgemeine Steuer gilt zu Recht die Mehrwertsteuer, die allein auf dem Konsum liegt, die Ersparnis und Investition hingegen steuerfrei läßt. Der Mehrwertsteuer am nächsten käme eine reine Lohnsteuer, die alle Arbeitseinkommen erfaßt, die Kapitaleinkommen hingegen frei läßt. Die Sozialabgaben sind als solche zunächst einmal in dem Maße unproblematisch, wie ihnen in versicherungsmathematisch korrekter Höhe Ansprüche auf Versicherungsleistungen gegenüberstehen. Im übrigen gleichen sie einer linearen Lohnsteuer und haben ihr gegenüber sogar noch einen Vorzug. Bei einem Teil der Abgabenpflichtigen liegen sie nicht auch auf den Grenzeinkommen, weil diese die Beitragsbemessungsgrenzen übersteigen. Bei ihnen wird der wichtige Anreiz zu mehr Arbeit und zu mehr Leistung von den Sozialabgaben nicht beeinträchtigt. Ihr Nachteil ist, daß sie auch hinsichtlich der Teile, denen keine versicherungsmäßig entsprechenden Leistungsansprüche gegenüberstehen, nicht von allen Beziehern von Arbeitseinkommen, namentlich nicht von den Selbständigen und den Beamten, erhoben werden. Beschäftigungspolitisch ist diese Unvollkommenheit jedoch nicht der entscheidende Aspekt. (Bei den Beamten hat man sich zudem mit einem Ausgleich durch Minderbesoldung geholfen.)

Richtig ist, es sei wiederholt, daß die Sozialabgaben, genauer: die Arbeitgeberbeiträge, zusammen mit den Bruttolöhnen (einschließlich der Arbeitnehmerbeiträge), die in Deutschland zu hohen Arbeitskosten bilden, die eine Erhöhung des Beschäftigungsstandes verhindern. Aber die Verantwortung für die Arbeitskosten insgesamt – unter Berücksichtigung der Lohnzusatzkosten – haben die Tarifvertragsparteien und nicht der Staat. (Die Mitverantwortung des Staates liegt in dessen Zuständigkeit für die Leistungsansprüche an die Sozialversicherung.) Fatal wäre es jedenfalls, wenn man die Sozialabgaben teilweise in eine höhere Einkommensteuer umtauschte oder auch nur eine Senkung der Einkommensteuer unterließe, weil man zuerst die Sozialabgaben reduzieren möchte. Denn die Einkommensteuer, die auch auf den Investitionen und damit auf der Schaffung neuer Arbeitsplätze liegt und die Bereitschaft zur Mehrleistung mit hohen Grenzsteuersätzen bedroht, ist beschäftigungspolitisch viel schädlicher als die Sozialabgaben. Beim Drängen auf niedrigere Sozialabgaben sind verteilungspolitische Wünsche und die Sorge bezüglich der Lohnnebenkosten – die sicherlich berechtigt ist – eine unheilige Allianz eingegangen. Eine Senkung der Sozialabgaben müßte ihre Legitimation aus der Eindämmung von Sozialausgaben ziehen. Dafür ist eine eigenständige Reform der Sozialsysteme erforderlich, früher oder später auch unausweichlich.

3. Steuerfreiheit für Investitionen in Arbeitsplätze ist Annäherung an ein ideales Steuersystem

6. Vielfach sind diese Zusammenhänge, die einen Umbau des Steuersystems nahelegen, im Ausland eher erkannt und bedacht worden als bei uns. In Deutschland ist die Revision jener Steuern, die das Investieren – das Schaffen von Arbeitsplätzen – belasten, und damit auch die Gemeindesteuerreform zwecks Verringerung der Gewerbesteuerlast viel zu langsam vorangekommen. Dadurch ist Deutschland im Wettbewerb der Investitionsstandorte zurückgefallen, durch eigene Versäumnisse wie durch eine investitionsfreundliche Politik der anderen.

In etlichen Industrieländern hat es tiefergreifende Reformen gegeben. So ist beispielsweise in Skandinavien, Österreich, Dänemark und Frankreich die Steuerlast auf einbehaltene Gewinne erheblich gesenkt worden. Ein Sprung nach vorn ist die „Österreichische Lösung“ einer Definitivsteuer auf Zinserträge. Damit wurde in diesen Ländern von der traditionellen Konzeption einer unterschiedslosen Besteuerung von Arbeitseinkommen und Kapitaleinkommen Abstand genommen und ein duales System der Einkommensbesteuerung mit einer tariflichen Begünstigung der Kapitaleinkommen eingeführt. All dies zeigt, daß es in Deutschland einer weitergehenden Reform bedarf, als sie in diesem Land bisher diskutiert wird. (Siehe hierzu auch die früheren Veröffentlichungen des KRONBERGER KREISES: „Bürgersteuer – Entwurf einer Neuordnung von direkten Steuern und Sozialleistungen“, Band 11/1986; „Reform der Unternehmensbesteuerung“, Band 18/1989)

7. Ideal wäre ein Steuersystem, in dem wirtschaftliche Entscheidungen unter Berücksichtigung von Steuern ebenso ausfallen wie ohne Steuern. Von einem solchen neutralen Steuersystem sind wir weit entfernt.

Bei zahlreichen wirtschaftlichen Entscheidungen ist die Steuer gerade der wichtigste Kalkulationsfaktor.

Die Einkommensteuer benachteiligt den zukünftigen Konsum gegenüber dem gegenwärtigen, indem sie die Kapitalbildung belastet. Kapitalbildung, das ist in erster Linie die Schaffung des Produktionsapparates – der Arbeitsplätze –, mit dessen Hilfe die zukünftigen Güter erstellt werden. Eine neutrale Steuer würde zwar das Niveau des privaten Konsums absenken – das ist Sinn der Besteuerung als Übertragung von Kaufkraft an den Staat –, sie würde aber das Austauschverhältnis von Gegenwartskonsum und Zukunftskonsum unverändert lassen.

Wer 2.000 DM verdient, kann bei einem Zins von 6 Prozent entscheiden, ob er den Betrag heute verbraucht oder ob er ihn anlegt, um in einem Jahr dann 2.120 DM konsumieren zu können. Das Austauschverhältnis von gegenwärtigem Konsum und zukünftigem Konsum ist 1 zu 1,06. Wird eine Einkommensteuer von 50 Prozent eingeführt, die auch auf die Zinsen erhoben wird, dann bleiben nach Steuern 1.000 DM übrig, die im Falle der Anlage in einem Jahr nach Steuern auf 1.030 DM anwachsen. Das Austauschverhältnis hat sich von 1 zu 1,06 auf 1 zu 1,03 vermindert. Über 20 Jahre wächst ohne Steuern bei einem Zins von 6 Prozent ein Betrag von 1.000 DM auf 3.207 DM an. Bei einer Steuer von 50 Prozent ergibt die Anlage von 1.000 DM einen Endbetrag von 1.806 DM. Das Austauschverhältnis von gegenwärtigem und zukünftigem Konsum hat sich von 1 zu 3,2 auf 1 zu 1,8 vermindert. Die Nichtneutralität bereits der einfachen Einkommensteuer wird durch die Vermögensteuer und Erbschaftsteuer noch verstärkt. Das bewirkt, daß weniger gespart und entsprechend mehr konsumiert wird als bei neutraler Besteuerung.

Der einfache Bürger bringt dies, zu Recht, auf die schlichte Formel: Bei den Zinsen aus dem, was ich gespart habe – und andere in gleicher Lage alsbald konsumiert haben –, hat der Staat nichts zu suchen. Als die Kapitalbildung doppelt diskriminierend und deshalb als besonders empörend wird, zu Recht, empfunden, daß der Staat nicht nur den realen Kapitalertrag besteuert, sondern sogar den bloßen Inflationsausgleich im Zins und im Unternehmensertrag – einen Scheinzins respektive Scheingewinn gewissermaßen.

Unter den verschiedenen Formen der Kapitalbildung wird wiederum die beschäftigungsfördernde Bildung von Sachkapital, also die Erneuerung und Erweiterung des Produktionsapparates, durch Investitionen gegenüber der nur mittelbar beschäftigungswirksamen Geldvermögensbildung steuerlich diskriminiert – durch steuerliche Sonderlasten auf Eigenkapital, durch Unzulänglichkeiten bei der Besteuerung von Zinserträgen. Die steuerliche Verzerrung der privatwirtschaftlichen Entscheidung zwischen Konsum und Investition versucht der Gesetzgeber durch Abschreibungserleichterungen und mit einer großen Vielfalt anderer Steuervergünstigungen abzuschwächen, ohne dadurch allerdings die systembedingte steuerliche Bevorzugung des Konsumierens völlig zu beseitigen und die wünschenswerte Steuerneutralität der Verwendungsentscheidungen über das Einkommen zu erreichen. (Zum Teil, nämlich im Zusammenspiel mit der Steuerfreiheit privater Veräußerungsgewinne, schießt er über das Ziel hinaus.) Zudem ist der häufige Wechsel der Abschreibungsmodalitäten für die Unternehmen ein störendes Element ihrer langfristigen, am Markt orientierten Entscheidungen.

Zu den starken Durchbrechungen des Prinzips der Allgemeinheit der Besteuerung kommt das ständige Ärgernis hinzu, daß eine wachsende Zahl von Steuerbürgern sich dem deutschen Fiskus in legaler oder illegaler Weise entziehen, indem sie ihr Geld im Ausland in Geldvermögen oder Sachvermögen anlegen. Die Zinsabschlagsteuer war keine Lösung des Problems, das sie lösen sollte. Die Verletzungen des Grundsatzes der Allgemeinheit und Vollständigkeit der Besteuerung haben inzwischen zur Folge, daß das Aufkommen aus der Besteuerung der Einkommen aus Unternehmertätigkeit und Vermögen (Körperschaftsteuer, Zinsabschlagsteuer, Kapitalertragsteuer, veranlagte Einkommensteuer) bedrückend gering geworden ist. Es wird 1995 nicht viel mehr als 60 Mrd. DM betragen. Und darin sind noch – neben anderem – vor allem die Arbeitseinkommen aller Selbständigen enthalten. (Der Betrag wird freilich statistisch auch dadurch gemindert, daß der Lohnsteuerjahresausgleich bei der veranlagten Einkommensteuer gebucht wird.) In der Tat, weniger die effektiven Steuerzahlungen als die Regeln, aus denen sie sich ergeben – oder eben nicht ergeben –, sind das Beklagenswerte am deutschen Steuersystem.

8. Die praktische Steuerpolitik ist mit wirtschaftspolitischen Aufgaben überfrachtet. Etliche Steuergesetze berücksichtigen eine Vielzahl sich zum Teil widersprechender Partikularinteressen und sind dementsprechend aufgebläht, kompliziert und von Ausnahmetatbeständen durchzogen. Allerdings wäre auch ein ideales Steuersystem vielen Ansprüchen ausgesetzt. Ein wünschenswertes Steuersystem müßte Effizienzpostulate, Verteilungspostulate und administrative Postulate erfüllen. Im einzelnen:

- Die Besteuerung sollte intertemporal neutral, also sparneutral sein. Das heißt, sie sollte Einkommen, das sofort verbraucht wird, und Einkommen, das zunächst einmal investiert und erst später verbraucht werden kann, steuerlich nicht unterschiedlich belasten.

- Die Besteuerung sollte entscheidungsneutral sein (investitionsstrukturneutral sein). Das heißt, sie sollte Investitionen, die einen größeren (volkswirtschaftlichen) Ertrag erbringen als andere, auch nach Steuern aus der Sicht der Investoren als vorzugswürdig erscheinen lassen.

- Die Besteuerung sollte finanzierungsneutral sein. Das heißt, die Steuerbelastung eines Unternehmens sollte nicht davon abhängen, unter welchem Rechtstitel es Kapital aufgenommen hat und ob sich ein großer oder ein kleiner Anteil seiner Kapitalgeber an den Gewinnen und Verlusten beteiligt.

- Die Besteuerung sollte rechtsformneutral sein. Das heißt, die Steuerbelastung eines Unternehmens mit gleichem Ertrag sollte keine unterschiedliche Steuerlast tragen, je nachdem ob der Investor eine Investition als Privatmann oder als Einzelkaufmann vornimmt oder sie indirekt in einer Personengesellschaft oder in einer Kapitalgesellschaft ausführen läßt.

- Die Besteuerung sollte eine faire Progressivität aufweisen. Das heißt, sie sollte auch die besser gestellten Gesellschaftsmitglieder nicht in konfiskatorischer Weise belasten. Das Besteuerungsniveau muß hinreichenden Anreiz zum Einkommenserwerb wahren. Als Richtschnur könnte man in Anlehnung an die jüngste Rechtsprechung des Bundesverfassungsgerichts zur Einheitsbewertung die Grenze der Belastung dort als erreicht ansehen, wo das Gemeinwesen die Hälfte dessen an sich zieht, was der Private erwirtschaftet hat.

- Die Besteuerung sollte den Standort attraktiv halten. Das heißt, die Steuersätze sollten auf ein Niveau beschränkt sein, bei dem sich die Abwanderung mobiler Bemessungsgrundlagen in engen Grenzen hält, am besten sogar Zuwanderung stimuliert wird. Bei weltweit offenen Gesellschaften wird damit namentlich auch die Grenze für die steuerliche Höchstbelastung mitbestimmt, wodurch traditionelle Vorstellungen über zumutbare Steuerlasten überholt werden können. Den Konflikt zwischen dem Wunsch nach deutlicher Steuerprogression und Grenzen der Steuerbelastung, die der internationale Wettbewerb zieht, kann der Gesetzgeber nur auflösen, indem er den Bedarf an Steuern senkt.

- Die Besteuerung sollte das Preissystem dort korrigieren, wo dieses mangels ausreichend definierter oder durchsetzbarer Eigentumsrechte ergänzungsbedürftig ist. Das heißt, das Steuersystem sollte auch äquivalenztheoretisch ausgestaltete Abgaben zur Finanzierung von Kollektivgütern sowie Ökosteuern zur Internalisierung der externen Kosten der Umweltnutzung enthalten.

- Die Besteuerung sollte administrativ einfach sein. Das heißt, sie sollte sowohl dem Steuerpflichtigen wie den Finanzbehörden wenig Aufwand verursachen.

- Die Besteuerung sollte außensteuerrechtlich einpassungsfähig sein, jedenfalls solange man nicht davon ausgehen darf, daß eine größere Zahl von Ländern zu ähnlich strukturierten Steuersystemen übergeht.

- Die Besteuerung sollte mit dem Transfersystem abgestimmt sein. Das heißt, die Erhöhung der Leistungsfähigkeit der Empfänger von Transferleistungen sollte bei der Besteuerung berücksichtigt werden, soweit die Transfers über einen spezifischen Nachteilsausgleich hinausgehen. Belastungssprünge beim Grenzeinkommen, etwa bei der Aufnahme einer Erwerbstätigkeit, sollten vermieden werden.

Beschäftigungspolitisch gesehen ist der Übergang zu einer intertemporal neutralen Besteuerung, einer Besteuerung, die Sparen und Investieren nicht länger diskriminiert, am wichtigsten. Aber eine saubere Lösung dieser Aufgabe würde zugleich etliche der anderen Postulate zu erfüllen erlauben. Darauf ist zurückzukommen (Ziffern 24-29).

Methoden zur intertemporal neutralen Besteuerung

9. Es gibt im Prinzip zwei Methoden, die intertemporale Neutralität der Besteuerung zu sichern. Entweder begnügt sich der Staat damit, Arbeitseinkommen und die über die Normalverzinsung hinausgehenden Gewinne aus der Nutzung der übrigen originären Produktionsfaktoren – Boden sowie Bodenschätze – bei der Entstehung zu besteuern. Steuerfrei bleiben dann die aus der Ersparnisbildung erzielten Zinserträge (*zinsbereinigte Einkommensteuer*). Oder er kürzt das Einkommen um die gesamte Ersparnis, unterwirft dafür aber die Erträge aus der Ersparnis sowie einen etwaigen Abbau der Kapitalbestände zugunsten von Konsumausgaben der Besteuerung (*sparbereinigte Einkommensteuer*).

Diese beiden reinen Formen der Besteuerung von Haushalten lassen sich mit einer Besteuerung von Betrieben (oder allgemeiner: von Investitionsprozessen) kombinieren. Die hier zu erhebende Unternehmenssteuer wäre ebenfalls intertemporal neutral zu gestalten. Das soll heißen, ein Kapitalgeber, der einen Betrag – als Eigenkapital oder Fremdkapital – in einen Betrieb hineingibt und später samt Erträgen zurückerhält, muß darauf rechnen können, daß im Betrieb der mit seinem Kapital ermöglichte Investitionsertrag in Höhe der Normalverzinsung – die dazu dient, den vorübergehenden Konsumverzicht und den Geldwertschwund abzugelten – nicht der Besteuerung ausgesetzt wird. Auch die Unternehmenssteuer kann prinzipiell auf zweierlei Weise intertemporal neutral konstruiert werden.

Die erste Art: Die Betriebe können für Zwecke der Unternehmensbesteuerung alle realwirtschaftlichen Käufe – Vorleistungen wie Investitionsgüter – unmittelbar als Betriebsausgaben verrechnen, sie nehmen gleichsam steuerliche Sofortabschreibungen vor. Der gesamte Cashflow der Investitionen (Umsätze minus laufende Ausgaben) wird der Besteuerung unterworfen. Das heißt, es sind weder Gewinnausschüttungen noch Zinszahlungen von der Bemessungsgrundlage der Unternehmenssteuer abzusetzen.

Alternative Bemessungsgrundlagen für die Einkommensbesteuerung

Herkömmliches System

Unbereinigte Einkommensteuer	**Unbereinigte Körperschaftsteuer**
Summe aller Markteinkommen eines Bürgers	Summe aller durch gütermäßige oder finanzielle Transaktionen bewirkten Vermögenszuwächse einer Kapitalgesellschaft

Konsumorientierte Besteuerung

Sparbereinigte Einkommensteuer	**Investitionsbereinigte Gewinnsteuer**
Summe aller Markteinkommen eines Bürgers – gesparte Einkommensteile + Auflösung von Sparkapital für Konsumzwecke	Summe aller Einzahlungen aus Güterverkäufen – Summe aller Auszahlungen für Güterkäufe (einschließlich Kauf von Investitionsgütern)
Zinsbereinigte Einkommensteuer	**Zinsbereinigte Gewinnsteuer**
Summe aller Markteinkommen eines Bürgers – marktübliche Verzinsung des angelegten Sparkapitals	Summe aller durch gütermäßige oder finanzielle Transaktionen bewirkten Vermögenszuwächse eines Unternehmens – marktübliche Verzinsung des im Unternehmen gebundenen Eigenkapitals

Nach: M. Rose, Ein einfaches Steuersystem für Deutschland, Wirtschaftsdienst, Nr. 8 (1994)

Die zweite Art: Die Investitionsgüter werden aktiviert (erfolgsneutrale Buchung von Kauf oder Einlage) und abgeschrieben; die Normalverzinsung des Vermögens, das im Unternehmen gebunden ist, bleibt steuerfrei. Um die Bemessungsgrundlage für diese Steuer zu ermitteln, müßte der buchhalterische Gewinn herkömmlicher Prägung um einen „Schutzzins" bereinigt werden, das heißt, es werden kalkulatorische Zinsen auf das bilanzielle Eigenkapital abgezogen.

Die Abschreibungsregeln verlieren an Bedeutung. Es ist im Prinzip irrelevant, ob und wie rasch die Investitionen abgeschrieben, das heißt Eigenkapital und Gewinn mindernd als Betriebsausgaben verrechnet werden. Denn der Gewinnminderung im Verrechnungsjahr steht wegen der zugleich eintretenden Eigenkapitalminderung eine Einbuße an späteren Schutzzinsabzügen von gleichem Barwert gegenüber. Man könnte bis zum Extrem, also der Sofortabschreibung, gehen. Die Zinsbereinigung ist eben eine ganz allgemeine Methode zur intertemporal neutralen Besteuerung, die mit allen möglichen Bilanzierungsregeln bis hin zur völligen Bewertungsfreiheit vereinbar ist. Da die Liquiditätswirkung rascher steuerlicher Absetzungen von Investitionsausgaben nicht belanglos ist, sollte jedoch trotzdem – schon wegen der fiskalischen Folgen – ein gesetzliches Regelwerk für die Abschreibung der Investitionen vorgesehen werden. (Bei alledem ist davon abgesehen, daß ein Abschreibungsrecht, das früh wahrgenommen werden darf, auch deshalb besonders wertvoll sein kann, weil es weniger der Gefahr ausgesetzt ist, ungenutzt zu Boden zu fallen, falls das Unternehmen eines Tages in die Gesamtvollstreckung gehen muß.)

Von der Wahl des Besteuerungskonzepts hängt es ab, ob die Besteuerung der Haushalte durch eine allgemeine Vermögensteuer für natürliche Personen zu ergänzen ist. Für eine zusätzliche betriebliche Vermögensteuer, wie sie heute von allen Körperschaften erhoben wird, gibt es in keinem Fall eine Rechtfertigung, weil sie auf eine doppelte Besteuerung des Vermögens hinausläuft. Eine persönliche Vermögensteuer ließe sich noch vertreten im Falle der reinen Konsumbesteuerung, wenn man nämlich in dem Nutzen, den der Vermögensbestand als solcher verschaffen kann und der nicht schon in der letzten Verwendung des Vermögens zum Zwecke des Konsums zum Ausdruck kommt, ein Element der steuerlichen Leistungsfähigkeit sieht. Entscheidet man sich allerdings dafür, die Ersparnis zu besteuern, ist für eine solche Begründung der Vermögensteuer kein Raum. Denn die Ersparnis ist barwertmäßiger Ausdruck aller (erhofften) künftigen Nutzungen – sowohl der rein konsumtiven als auch der dem Bestand entspringenden; der reine Vermögensnutzen wäre schon mitbesteuert.

4. Zur Frage der Gerechtigkeit

10. Noch einmal: Kapital kann sich dem Zugriff des Fiskus entziehen – legal, zur Not auch illegal. Eine Besteuerung seiner Erträge (oder gar seiner Substanz) ist daher erschwert, und sie ist um so weniger durchzusetzen, je stärker der Fiskus durchzugreifen versucht. Er hat auch, wie schon erwähnt, so viele Durchbrechungen der allgemeinen Besteuerungsregeln selbst geschaffen oder toleriert, daß es nicht übertrieben ist zu sagen: Die progressive Einkommensteuer steht für kundige

Steuerbürger, die Geld anzulegen haben (oder sich anderer Leute Ersparnisse leihen können) nur noch auf dem Papier. Außerdem sind die Wege der Steuerausweichung, selbst wenn sie vollkommen legal sind, regelmäßig keine Wege, auf denen das Kapital zu seiner bestmöglichen Verwendung gelangt. Dies sollte helfen, der Einsicht Bahn zu brechen, daß es unvernünftig ist, die Kapitalbildung im Prinzip mit einer Sonderlast zu belegen. Überdies muß der Staat abwägen: Seinen Anspruch auf Teilhabe am Kapitalertrag kann er nur um den Preis eines teilweisen Exodus von Kapital, also von Arbeitsplätzen durchsetzen. Schon insofern wird er die Grenzen seiner Macht akzeptieren müssen.

Das stellt die Frage nach der Steuergerechtigkeit auf besonders heikle Weise. Eine grundsätzlich unterschiedliche steuerliche Behandlung von Arbeitseinkommen und Kapitaleinkommen durchsetzen zu sollen mag ein schwacher Politiker gleichsam als Zumutung eines politischen Suizidversuchs ansehen. Die Doppelbesteuerung des Kapitals – Besteuerung des Sparens und der Sparerträge – wird häufig nicht als ein Nachteil, sondern als gerecht empfunden. Doch die Politik muß sich dem Dilemma stellen. Eine Gleichbehandlung aller Einkommen unabhängig von ihrer Entstehung hat der Gesetzgeber ohnehin nie zu realisieren getrachtet. Eine Gleichbehandlung ist auch kaum finanzierbar, wenn ihretwegen die Steuersätze für alle Einkünfte so gesenkt werden müssen, wie es für die Kapitaleinkünfte erforderlich ist, damit die Auswanderung des Kapitals, die Auswanderung der Steuerbasis gestoppt, ja, in ihr Gegenteil umgekehrt wird. Eine Gleichbehandlung ist zudem nicht geboten; Arbeit und Kapital sitzen insofern im gleichen Boot, als eine Schonung der Kapitalerträge sich positiv auf die Entwicklung am Arbeitsmarkt auswirken wird. Und eine Gleichbehandlung ist auch nicht wünschenswert, insoweit nämlich Kapital letztlich gesparter und investierter Arbeitsertrag ist, der schon zu versteuern war.

11. Daß ein Mensch, der es sich wohlergehen läßt, also Konsum über das zum reinen Lebensunterhalt Benötigte hinaus betreibt, sich nach Maßgabe dieses Konsumaufwands am allgemeinen Finanzbedarf des Gemeinwesens beteiligen sollte, findet vermutlich jeder fair und richtig. Die meisten Menschen, zumal wenn sie über ihre eigene Lage nachdenken, finden es auch verständlich und gerecht, wenn der Staat an den Früchten ihrer Arbeit partizipieren will, sofern der Steuersatz moderat bleibt. Sie finden es hingegen unverständlich, wenn der Staat

ihnen später, nachdem sie mit dem Verbliebenen einen Rechtstitel, eine Wohnung, ein anderes dauerhaftes Gut erworben haben, um dieses Vermögen irgendwann zu verbrauchen, mit dem Ansinnen kommt, einen Teil der Nutzungen, die sie hieraus ziehen, ebenfalls abzugeben. Viele Menschen, in der Tradition der herkömmlichen Einkommensteuer groß geworden, stellen sich hingegen beim Kapitalertrag allein den zusätzlichen Geldbetrag oder einen zusätzlichen Güterhaufen vor und sagen, zumal wenn sie an wohlhabendere Mitbürger denken, dieses Zusätzliche sei doch Zuwachs, Verbesserung der Lage des Empfängers, Erhöhung seiner steuerlichen Leistungsfähigkeit und Belastbarkeit.

Mehrung der Konsummöglichkeiten bedeutet Sparen plus Sparertrag schon, aber, es sei wiederholt, nicht notwendigerweise eine Verbesserung der Lage des Empfängers, verglichen mit dem, der nicht spart. Denn den Zins erlangt der Sparer nur mit Ablauf der Zeit, und der Ertrag in Höhe des Normalzinses ist, neben dem Inflationsausgleich, bloßes Warteentgelt, ist eine Prämie, die der Sparer für die Hintanstellung des Wunsches nach sofortigem Konsum erhält. Gleichbehandlung von Sparer und Nichtsparer in vergleichbarer Lage spricht also gegen die Besteuerung der normalen Kapitalrendite.

Die Ratio eines Systems der Konsumbesteuerung (von dem sich die Variante „Besteuerung eines zinsbereinigten Einkommens“ letztlich kaum unterscheidet) kann man auch so sehen: Der Ertrag allen Wirtschaftens wird erst dann der Besteuerung unterworfen, wenn er für den Endzweck allen Wirtschaftens – den Konsum – zur Verfügung steht. Alles was bis dahin geschieht, dient der Mehrung und Sicherung der Konsummöglichkeiten, hat bloß einen vorläufigen, fürs Ende unsicheren Ertrag und gehört – noch – nicht besteuert. Es kann auch keine Rede davon sein, daß der durch solchen Umweg über Sparen und Investieren ermöglichte Mehrkonsum allein dem zugute kommt, der das ganze in Gang setzt und daher einen Anspruch auf Kapitalertrag, heiße dieser nun Zins oder Dividende, hat. Nein, durch das Investieren steigt die Ergiebigkeit der Arbeit und dementsprechend der Lohn, und das Mehrangebot an Konsumgütern senkt deren Preise. So verteilt sich die Wohltat des Sparens und Investierens auf alle, auch wenn man das marktmäßige Entgelt fürs Sparen, den normalen Kapitalertrag, nicht besteuert. Ja, zum Teil entsteht das Verteilbare überhaupt nur dann, wenn man so verfährt.

Die herkömmliche Besteuerung der Sparerträge hat etwas Willkürliches an sich. Das zeigt sich bei Inflation, aber auch bei deren Gegenteil. Entschlösse sich zum Beispiel die Geldpolitik dazu, statt näherungsweise für Preisstabilität für ein fallendes Preisniveau zu sorgen, und zwar im Ausmaß des Produktivitätsfortschritts für Arbeit, so blieben die Arbeitseinkommen im Durchschnitt gleich, die Zinsen wären um die Deflationsrate niedriger. Eine steuerliche Einkommensermittlung, wie wir sie derzeit haben, enthielte dann systematisch in Höhe des durchschnittlichen Produktivitätsfortschritts für Arbeit keine Verzinsung des Kapitals mehr, obwohl doch in realer Rechnung der Kapitalertrag unverändert wäre, weil der Wert des Geldes gestiegen ist. Niemand, der traditionell denkt, würde etwas dagegen haben. Nun, eine Besteuerung zinsbereinigter Einkommen würde nichts anderes bewirken als genau dies.

Auch die Besteuerung selbst hat Einfluß auf die Höhe der Zinsen und der sonstigen „normalen" Kapitalerträge. Ohne Besteuerung wären die Zinsen niedriger (Ziffer 15). Der Kapitalanleger gewinnt also durch eine Steuerbefreiung seiner Erträge weniger, als er an Steuern spart. Wer sich mit der Besteuerung eines zinsbereinigten Einkommens bis dahin noch nicht anfreunden konnte, tut es vielleicht, wenn er sich dies vergegenwärtigt. Der Steuergesetzgeber bestimmt, wer eine Steuer zahlt. Er bestimmt nicht, wer sie trägt. Ebenso verhält es sich mit einer Steuerbefreiung.

Unabhängig davon sind jedoch besondere Fragen gerechter Steuerlastverteilung aufgeworfen, wenn eine Steuer nicht einfach neu einzuführen oder zu erhöhen ist, sondern nach neuen Prinzipien erhoben wird. Künftig nicht mehr sowohl die Bildung von Vermögen – das Sparen – als auch den normalen Ertrag darauf zu besteuern, erscheint ökonomisch geboten und zugleich fair. Mit einer Reform auch die Besitzer von Altvermögen besserzustellen, könnte man ebenfalls recht und billig nennen. Die Frage ist, ob es in gleichem Maße auch aus ökonomischen Gründen zu verlangen ist. Bezüglich der Altvermögen mag man die Anreizverbesserung, was die Bildung von Vermögen anbelangt, minder bedeutsam finden, weil es hier nur noch um die Vermeidung von zu viel Vermögensabbau – Entsparen – ginge. Zwingend ist das freilich nicht. Was die Anlage von Vermögen, das wünschenswerte Mehrangebot an Kapital für Investitionen im Inland statt im Ausland anbelangt, gibt es keinen Unterschied zwischen Altvermögen und Neuvermögen, sofern sich für Altvermögen die Notwendigkeit oder Möglichkeit der Neuanlage stellt. Gleichwohl muß man wohl die besondere Sensibilität der politischen Öffentlichkeit bei der Frage nach den kurzfristigen Verteilungswirkungen einer Reform bedenken.

5. Besteuerungsgrenzen von Verfassungs wegen

12. Das Bundesverfassungsgericht sieht in der Vermögensteuer eine Sollertragsteuer. Sollertrag bei der Vermögensteuer – das ist nicht weit entfernt zu sehen vom Istertrag einer normalen Kapitalanlage, welcher der Einkommensteuer unterliegt. Das Gericht hat postuliert: Die Vermögensteuer soll zusammen mit der Einkommensteuer 50 Prozent des Ertrags nicht überschreiten. Dem liegt der Fairneßgedanke zugute, den Menschen selber anwenden, wenn es etwas zu teilen gibt. Der Sollertrag eines Vermögens ist nur typisiert zu ermitteln. Der Besteuerung unterliegt im Prinzip das Nettogesamtvermögen eines Haushalts. Es ist daher naheliegend, den typischen (normalen) Ertrag des Nettovermögens in Höhe des Realzinssatzes als Maßstab zur Bestimmung der Maximalbelastung heranzuziehen.

In der Öffentlichkeit ist das Urteil zu Recht als eine Vorgabe aufgenommen worden, die der Vermögensbesteuerung eigentlich kaum noch Raum läßt. Teilweise hat das Verfassungsgericht die Vermögensbesteuerung sogar ausdrücklich untersagt, nämlich zumindest soweit sie die wirtschaftliche Grundlage persönlicher Lebensführung umfaßt. Dies wird mit der einkommensteuerlichen Vorbelastung des Vermögens begründet – einem Räsonnement, mit dem unter Gerechtigkeitsgesichtspunkten genau das postuliert wird, was auch das Ziel der intertemporalen Neutralität der Besteuerung gebietet. Für eine Besteuerung höherer Vermögen eröffnet das Verfassungsgericht zwar im Prinzip durchaus Raum. Bei näherem Hinsehen ist das aber nur der Fall, sofern die Zinsbesteuerung stark abgesenkt wird. Solange die Einkommensteuer zu hohen Sätzen als „Vorbelastungssteuer“ auch vom Kapitalertrag erhoben wird, ja, der reale Kapitalertrag nach Steuern in vielen Fällen schon Null oder gar negativ ist, bleibt für die Vermögensteuer weniger als nichts übrig. Denn nach den höchstrichterlichen Vorgaben muß die Gesamtbelastung eines typisierten Sollertrags in der Nähe einer hälftigen Teilung zwischen Steuerpflichtigem und Fiskus bleiben. Bei dieser Gesamtbelastung wird man darauf abzuheben haben, daß die Vermögensteuer und die Einkommensteuer zusammengenommen 50

Prozent des realen Sollertrags nicht signifikant überschreiten. Das hieße, dem Inflationsausgleich dienende Wertsteigerungen würden vernünftigerweise nicht zum abgabenpflichtigen Sollertrag gezählt.

Die Bedeutung des Urteils reicht weit über die Vermögensteuer hinaus. Die Vorstellungen des Gerichts bezüglich oberer Belastungsgrenzen werden nur dann sinngemäß aufgenommen, wenn man sie voll auch direkt auf die Einkommensteuer und die Gewerbesteuer anwendet. Danach ist bei jeder dieser Steuern zu prüfen, ob – die übrigen Steuern für gegeben genommen – der obere Plafond für die Summe der steuerlichen Belastungen von Kapitaleinkommen (vor Abzug des Sparerfreibetrages, aber nach Abzug eines Inflationsausgleichs) überschritten ist. Konkret heißt dies, daß die Einkommensteuer auf Kapitaleinkommen selbst dann noch radikal zu senken wäre, wenn etwa die Vermögensteuer den sachlichen Argumenten gegen sie, dem Urteil des Bundesverfassungsgerichts und den enormen praktischen Schwierigkeiten, den Vorstellungen des Gerichts künftig zu genügen, ganz zum Opfer fiele. Bliebe es – vorläufig – bei der Vermögensteuer, so wäre der Spielraum für eine darüber hinausgehende Belastung der Kapitaleinkommen durch Einkommensteuer und Gewerbesteuer schon von Verfassungs wegen sehr gering.

6. Der Basisvorschlag: Besteuerung eines zinsbereinigten Einkommens

13. Der Basisvorschlag für eine Reform sei: Die Einkünfte aus Kapitalvermögen sowie die Einkünfte aus unternehmerischer Betätigung werden – soweit Bücher geführt werden – aus dem Einkommen, das der Einkommensteuer unterliegt, herausgenommen, von einem typisierten Unternehmerlohn abgesehen. Sie werden dort, wo sie erwirtschaftet werden, einer linearen Steuer – Gewinnsteuer genannt – unterworfen, soweit sie eine Normalverzinsung des eingesetzten Kapitals – Schutzzins genannt – überschreiten. Diese Besteuerung der Kapitaleinkommen ist abschließend. Bei den privaten Haushalten findet eine Besteuerung der Kapitaleinkommen, unabhängig davon, ob sie ihnen zufließen oder im Gewerbebetrieb verbleiben, nicht mehr statt. Der einheitliche Steuersatz der Gewinnsteuer wird entsprechend dem Höchststeuersatz der Einkommensteuer festgesetzt. Die Gewinnsteuer ist eigenständig; ein Verlustausweis ist nicht mit Einkünften, die der Einkommensteuer unterliegen, verrechenbar.

Dieser Vorschlag für ein zweckmäßiges faires Steuersystem folgt den Vorschlägen der Forschungsgruppe „Konsumorientierte Neuordnung des Steuersystems".* Die Basistechnik ist die Besteuerung von Einkommen einschließlich des Sparens und die Abschaffung der persönlichen Besteuerung von Einkünften aus Kapitalvermögen.

In Gewerbebetrieben, die der Buchführungspflicht unterliegen, gilt von vornherein die separierte Gewinnsteuer, und die Gewinnermittlung wird um eine Vorschrift ergänzt, wonach ein Betrag in Höhe der Standardverzinsung des Eigenkapitals steuerfrei bleibt, der genannte Schutzzins. Werden die im Rahmen der Einkommensteuer zu versteuernden Einkünfte natürlicher Personen aus unternehmerischen Tätigkeiten (landwirtschaftliche, gewerbliche, freiberufliche oder sonstige selbständige Erwerbstätigkeiten) als Überschuß der Betriebseinnahmen über die Betriebsausgaben ermittelt, so kann der Steuerpflichtige bezüglich seiner Einkünfte aus unternehmerischer Betätigung zur Gewinnsteuer optieren. Nur dann kann er den Schutzzinsabzug geltend machen.

Private Haushalte, die Einkünfte aus der Vermietung oder Verpachtung einiger weniger Wohnungen haben, können bezüglich dieser Einkünfte ebenfalls für das Regime der neuen Gewinnbesteuerung optieren. Andernfalls gilt für sie dasselbe wie bei der Selbstnutzung einer Wohnung, das heißt, Aufwendungen können nicht steuermindernd geltend gemacht, Mieterträge brauchen nicht versteuert zu werden.

14. Die Idee der Reform ist es, Einkünfte aus Kapital grundsätzlich nur mit dem Teil zu besteuern, der die marktübliche Verzinsung einer sicheren Anlage (Standardzins) überschreitet. Hieraus ergeben sich die zentralen Elemente des Reformvorschlags.

– Die Besteuerung von Zinsen aus privat gehaltenem Finanzvermögen (Sparkonten, Festgelder, festverzinsliche Wertpapiere etc.) kann aus Vereinfachungsgründen entfallen. Hier können die Unterschiede zwischen der tatsächlich realisierten Kapitalverzinsung und der aus systematischen Gründen steuerfrei bleibenden Schutzver-

---

* Die Konzeption einer zinsbereinigten Einkommensbesteuerung wurde von Manfred Rose (Universität Heidelberg), Franz W. Wagner (Universität Tübingen) und Ekkehard Wenger (Universität Würzburg) entwickelt.

zinsung vernachlässigt werden. Der administrative Aufwand einer exakten Erfassung solcher Unterschiede würde sich im Durchschnitt nicht lohnen.

- Anders als bei Zinseinkünften kann die Differenz zwischen tatsächlich erzielter Rendite und Standardverzinsung bei „Einkünften aus unternehmerischen Tätigkeiten" erheblich sein. Die Bereinigung der Unternehmensgewinne geschieht hier durch Gewährung eines Betriebsausgabenabzugs in Höhe der Schutzverzinsung des investierten Eigenkapitals – zusätzlich zum bereits geltenden Recht auf Abzug der Fremdkapitalzinsen. Aus Gründen der Einfachheit und der konsequenten Durchsetzung der übrigen Regeln des Systems unterbleibt dies in den Fällen, in denen ein nicht buchführender Steuerpflichtiger sich gegen das Regime der Gewinnbesteuerung entscheidet.

Mit der Besteuerung des Gewinns im Rahmen der eigenständigen Gewinnsteuer soll die Besteuerung der Einkünfte aus buchführenden Unternehmen abgeschlossen sein. Ausschüttungen und Entnahmen unterliegen nicht mehr der Einkommensteuer; Unternehmensverluste sind nicht mit Einkünften, die der Einkommensteuer unterliegen, verrechenbar. Da Zinsen im Rahmen der Einkommensteuer als nicht steuerpflichtige Einkünfte betrachtet werden und Dividenden aus übermäßigen Renditen bereits bei Unternehmen durch die Gewinnsteuer belastet wurden, kann auf die Erfassung von „Einkünften aus Kapitalvermögen" vollständig verzichtet werden.

Die Grundkonzeption ist auf die einmalige Besteuerung der auf Märkten erwirtschafteten Einkommen gerichtet. Aus Sicht des an der Erfüllung von Konsumwünschen orientierten Bürgers führt die Besteuerung des persönlichen Einkommens letztlich dazu, daß der individuelle Lebenskonsum einmal und nur einmal belastet wird. Aus unternehmerischer Sicht führt die Besteuerung des Gewinns nicht zu einem Substanzverzehr. Vielmehr ist ein Investitionsertrag, der nur die aus Abschreibung und Normalverzinsung bestehenden Grundkosten des Kapitaleinsatzes deckt, gegen eine steuerliche Belastung geschützt.

Mit diesen Basiselementen der Besteuerung ist sichergestellt, daß von den Kapitalerträgen nur die „Übergewinne" erfaßt werden, die intramarginalen Renten. Das sind Kapitalerträge, die über die Standardverzinsung des eingesetzten Kapitals hinaus erwirtschaftet werden. Analytisch gesehen, bestehen die Übergewinne aus dem Entgelt für die Risikoübernahme der Kapitalgeber des Unternehmens, aus den Sondergewinnen im Falle des besonders glücklichen Ausgangs einer Investition, aus dem Entgelt für besondere Tüchtigkeit des Unternehmers, aus Sondergewinnen im Zusammenhang mit einer starken Marktstellung, darunter der klassischen Monopolrente, aber auch der Pionierrente des innovativen Unternehmens. Alle diese Elemente können auch ein negatives Vorzeichen aufweisen und gegebenenfalls zu einem Verlustvortrag führen. Die Steuerbelastung ist bei Verzinsung des Kapitals in Höhe des Standardzinses gerade Null. Das System ist auch automatisch inflationsbereinigt, jedenfalls was die Ermittlung der Bemessungsgrundlage angeht.

15. Zur Vermeidung abrupter Änderungen im Steueraufkommen sowie unerwünschter Verteilungswirkungen des Systemwechsels sollte die Zinsbereinigung des Gewinns allmählich eingeführt werden. Konkret würde dies heißen: Der sogenannte Schutzzins steigt allmählich – etwa im Laufe von acht bis zehn Jahren – von heute Null bis auf die Höhe einer Standardverzinsung an. Ebenso wären die AfA-Sätze schrittweise abzusenken (siehe unten) und heutige Freibeträge, die der steuerlichen Schonung von Vermögenserträgen dienen, stufenweise abzubauen. Der Zeitpfad für alle Änderungen sollte unbedingt von vornherein verbindlich festgelegt werden. Unter dieser Bedingung dürfte man sagen: Selbst wenn der Gesetzgeber es so einrichtete, daß die Mindersteuerzahlungen aus der Zinsbereinigung in den ersten Jahren voll ausgeglichen werden durch Mehrzahlungen aufgrund der flankierenden Maßnahmen, wären von Anfang an erhebliche positive Wirkungen der Reform zu erwarten. Dies betrifft die zinssenkenden Wirkungen aufgrund eines vermehrten Sparens sowie einer erhöhten Neigung heimischer und ausländischer Kapitalbesitzer, ihr Kapital in Deutschland anzulegen. Und es betrifft die positiven Folgen der verbesserten Voraussetzungen für die Kapitalbildung in den Unternehmen. Bei alledem geht es um Entscheidungen, die typischerweise nicht nur von den aktuellen, sondern ganz wesentlich auch von verläßlich zu erwartenden Rahmenbedingungen beeinflußt sind. Ins Gewicht fällt in einer längerfristigen Betrachtung vor allem, daß kompensatorische Steuermehrzahlungen, soweit sie auf weniger großzügigen Abschreibungsregeln beruhen, ausschließlich einen Liquiditätseffekt und keinen Rentabilitätsef-

fekt mehr haben werden, sobald die volle Zinsbereinigung der Gewinneinkommen stattfindet.

Ergänzende Hinweise

16. Die Änderungen, die am heutigen Steuersystem vorzunehmen wären, um der dargestellten Konzeption zu genügen, wären nicht gering. Der Vorteil wäre aber ein Gewinn an Transparenz, Effizienz, Einfachheit und Fairneß.

Zum besseren Verständnis der Reformkonzeption hier noch einige Hinweise:

- Bei der Zinsbereinigung wird ein Zinssatz für sichere Anlagen gewählt, z.B. die Durchschnittsrendite für öffentliche Anleihen im Besteuerungsjahr.
- Als Bemessungsgrundlage für den Schutzzins ist, wie erwähnt, im Falle von bilanzierenden Gewerbetreibenden das bilanzielle Eigenkapital heranzuziehen, im Falle von Kleingewerbetreibenden, Selbständigen, Privatvermietern von Immobilien und Inhabern eines land- und forstwirtschaftlichen Betriebs, die für das Regime der Gewinnsteuer optieren, ist die korrespondierende Größe des Eigenkapitals heranzuziehen, nämlich die Differenz zwischen dem Wert der um die bisherigen Abschreibungen gekürzten Ausgaben für Sachinvestitionen abzüglich der Schulden. Werden die Schulden nicht abgezogen, so ist auch der Schuldzinsenabzug zu versagen und statt dessen die Standardverzinsung vom gesamten fortgeschriebenen Wert des Sachkapitals zu berechnen.
- Auf die Integration der Unternehmenssteuer in die Einkommensteuer kann und sollte verzichtet werden. Dies vermeidet die Komplikationen des heutigen Anrechnungsverfahrens und bedeutet die Rückkehr zum international vorherrschenden klassischen Verfahren der Besteuerung von Körperschaften.
- Zur Vermeidung einer doppelten Erfassung von Gewinnen und einer doppelten Zinsbereinigung wird im Falle, daß ein Unternehmen an einem anderen beteiligt ist oder eine selbständig zu besteuernde Tochter hat, das der Zinsbereinigung zugrunde zu legende

Eigenkapital durch einige Korrekturbuchungen korrigiert. Die Unternehmensbilanz wird gleichsam konsolidiert.

- Verluste werden bei der Steuer durch Verrechnung in einem späteren Gewinnjahr in aufgezinster Form berücksichtigt. Dies könnte ergänzt werden durch die Beibehaltung des heutigen Prinzips, wonach ein begrenzter Verlustrücktrag möglich ist. Der intertemporale Verlustausgleich ist essentiell für die Reformkonzeption, zumal der zinsbereinigte Gewinn eine sehr unstetige Größe ist und oftmals unter Null liegen dürfte. Zugleich ist aber auch essentiell, daß ein so definierter „Verlust" nicht mit anderen Einkünften des Steuerpflichtigen – etwa solchen aus unselbständiger Arbeit – verrechnet werden darf. Die Teilhabe des Staates an dem Risiko, daß Verluste im Sinne negativer zinsbereinigter Gewinne auftreten, sollte sich soweit irgend möglich auf eine Teilhabe durch Verrechnung mit späteren – in begrenztem Maße auch früheren – (Über-)Gewinnen beschränken.

- Die Besteuerung von Unternehmen, die den Gewinn nach Vermögensvergleich (bilanziell) ermitteln, könnte in einem eigenen Gewinnsteuergesetz geregelt sein. Daß die Gewinnsteuer proportional sein soll, gehört zu den Essentialien der Reform. Dadurch wird die Besteuerung vereinfacht, und die Anreize werden vermindert, auf Steuervergünstigungen zu drängen oder sich einer progressiven Besteuerung auf allen möglichen legalen oder illegalen Wegen zu entziehen.

- Bei Personenunternehmen mit tätigen Teilhabern kann ein kalkulatorischer Unternehmerlohn nicht der Gewinnsteuer, sondern der Einkommensteuer als Einkünfte aus nichtselbständiger Arbeit des Gesellschafters unterworfen werden. Der Abzug eines lohnsteuerpflichtigen Unternehmerlohnes als Betriebsausgabe ist jedoch nur insoweit erlaubt, als es hierdurch nicht zu rücktrags- bzw. vortragsfähigen Verlusten kommt. Unterbleibt der Abzug als Betriebsausgaben, so unterbleibt auch die Besteuerung des kalkulatorischen Unternehmerlohnes im Rahmen der Lohnsteuer.

- Eigentlich müßte das neue System auch im Bereich der Alterseinkommen angewandt werden – das hieße konsequente Besteuerung des Aufbaus von Anwartschaften auf Renten und Pensionen und

Steuerfreiheit der Alterseinkommen. Sonst gibt es die Nachteile eines Systembruchs in einem wichtigen Teilbereich. Die systemfremde, aber immerhin konsequente Alternative wäre: Wo derzeit die Freistellung der Ersparnisse praktiziert wird, wie beim Aufbau von Anwartschaften auf Sozialrenten und Beamtenpensionen, ist der volle Betrag der später vereinnahmten Renten oder Pensionen der Steuer zu unterwerfen, wie es gegenwärtig schon bei den Beamtenpensionen der Fall ist. Für eine Besteuerung bloß des Ertragsteils, wie gegenwärtig bei den Renten, wäre kein Raum.

AfA-Vergünstigungen zurücknehmen

17. Kommt es zu der vorgeschlagenen Basisreform der Unternehmensbesteuerung, so sollten die Abschreibungsvergünstigungen abgebaut werden. Dies hat zur Folge, daß sich von daher die Staatseinnahmen zunächst einmal verbessern, obwohl in einer Barwertrechnung eine solche Veränderung des AfA-Profils im allgemeinen keinerlei Gewinnsteuerbelastung verursacht. Die damit verbundenen negativen Liquiditätswirkungen sind für die Unternehmen zwar nicht irrelevant. Aber der fiskalische Aspekt muß hier ausschlaggebend sein. Selbst eine nur allmählich wirksam werdende Zinsbereinigung der steuerpflichtigen Gewinne braucht Gegenposten für die damit programmierten Einnahmeausfälle, jedenfalls für längere Zeit.

Ein konzeptionskonform nicht leicht lösbares Problem stellt die Bewertung von Vermögensgegenständen dar, deren typischer Ertrag, wie bei vielen unbebauten Grundstücken, oft für sehr lange Zeit allein in Wertzuwächsen besteht. Hier den Staat entsprechend dem Gewinnsteuersatz ständig am Ausfall einer laufenden normalen Rendite zu beteiligen, erscheint unbefriedigend, obwohl es durchaus konzeptionskonform ist wegen der schwebenden Schuld, die in der Form einer hohen Steuerzahlung im Falle einer Realisierung der Wertzuwächse zu begleichen ist. Es wäre zu prüfen, ob nicht die steuerlichen Bewertungsregeln eine Pflicht zur zwar vorsichtigen, aber zeitnahen Bewertung solcher Vermögensgegenstände einschließen sollten, so daß gegebenenfalls Buchgewinne den Mangel an Cash-flow mindern oder ausgleichen. Notabene, auch hier geht es streng genommen allein um einen Liquiditätseffekt, nicht um einen Renditeeffekt, und im Prinzip um keinen, der allein bei Vermögensgegenständen der genannten Art auftritt.

Ansatz beim Sparen, Wirkung beim Investieren

18. Mit der Besteuerung eines zinsbereinigten Einkommens wird die Besteuerung von Kapitaleinkommen nicht aufgegeben, sondern nur beschränkt. Es bleibt die Besteuerung der „Übergewinne". Man mag monierend sagen: Die Reform bringt vom Ansatz her direkt zunächst einmal vor allem eine Beseitigung der Anreizschäden beim Sparen, weniger beim Investieren. Das trifft zu und hat seine Rechtfertigung darin, daß dieser Ansatz die steuersystematisch und praktisch sauberste Lösung erlaubt. (Andere Ansätze mögen fiskalisch etwas billiger sein, sind aber mit neuen unguten Nebenwirkungen verbunden.) Im Marktzusammenhang erscheinen freilich die indirekten Wirkungen aufs Investieren nicht weniger verläßlich als die direkten auf die Kapitalbildung. Dabei ist zunächst an die Zinswirkungen zu denken, doch nicht an sie allein. Diese sind angesichts der großen Einflüsse des internationalen Kapitalverkehrs auf die Zinsen in einem Land zwar nur schwer vorherzusehen. Aber das heißt nicht, daß sie gering sein werden. Steuerfreiheit der den Ausländern zufließenden Standarderträge aus Kapitalanlagen wird – je nach den maßgeblichen Doppelbesteuerungsabkommen – ein internationales Zinsgefälle zugunsten Deutschlands mit sich bringen. Und: Länder mit guten wirtschaftlichen Rahmenbedingungen haben am internationalen Kapitalmarkt allemal einen Zinsbonus.

Wichtig ist außerdem die Verbesserung der Bedingungen für die Kapitalbildung in den Unternehmen – wegen der Steuerfreiheit einer Standardrendite des Eigenkapitals – sowie die damit im Zusammenhang stehende Erleichterung der Beschaffung von Eigenkapital von außen. Letzteres betrifft zumal die Entwicklungschancen kleiner und mittelgroßer Unternehmen. Gründerzeiten brauchen solche Rahmenbedingungen. Es betrifft aber auch die Investitionen und Aktivitäten, über die im internationalen Standortwettbewerb entschieden wird. Die extrem hohe steuerliche Belastung der thesaurierten Gewinne von Kapitalgesellschaften gehört zu den schlimmen – und unnötigen – steuerlichen Standortnachteilen Deutschlands. (Die von vielen deshalb angeregte direkte Begünstigung einbehaltener – reinvestierter – Gewinne wäre mit sehr negativen Nebenwirkungen verbunden.) Die vorgeschlagene Reform würde zwar die steuerliche Grenzbelastung der Gewinne nicht entscheidend senken, wohl aber die Gesamtbelastung. Schon die bloße Transformation verborgener Gewinne – stiller Reserven – in offene, die sich aus der Kombination von Steuerfreiheit standardisierter Gewinne und reduzierter AfA-Beschleunigung ergäbe, brächte es mit sich, daß sehr viele Unternehmen besser dastehen.

19. Außerdem ist die verbleibende Gewinnsteuer sehr differenziert zu sehen. Sie hat in all den Fällen ein Aufkommen mit einem Barwert von Null für den Fiskus, in denen die Unternehmen Investitionen tätigen, die gerade den Standardzins erwirtschaften. In aller Regel ist die Rentabilität unternehmerischer Investitionen jedoch beträchtlich höher. Dies ist in einer unsicheren Welt mit Investoren und Finanziers, denen die Unsicherheit der Einkommenschancen nicht gleichgültig ist und die daher mit einer Risikoprämie kalkulieren, auch nicht anders zu erwarten. Aus diesem Grunde hat der Fiskus aus der Gewinnsteuer ein positives Steueraufkommen zu erwarten, ohne daß er ein marginales Investitionsprojekt, ein Projekt, das gerade den sicheren Zins und das erforderliche Minimum an Risikoprämie abzuwerfen verspricht, unrentierlich machte. Denn der Besteuerung der Risikoprämie, die im Erwartungswert (dem durchschnittlich erwarteten Wert) von Gewinnen und Verlusten steckt, steht – gerade nach Maßgabe des Steuersatzes – eine Beteiligung des Fiskus auch an den Risiken eines Projektes gegenüber. Die Risikobeteiligung wird effektiv via Verrechnung von Verlusten mit Gewinnen aus anderen Projekten. Im Falle eines Verkaufs des Unternehmens wird sie auch effektiv via Verrechnung von Verlustvorträgen mit Gewinnen des Erwerbers.

Der Staat bietet also etwas für sein Steueraufkommen. Man mag sagen: Was er bietet, ist nicht sehr viel, da er ja an Kapitalverlusten eines Unternehmens mangels Einlage prinzipiell nicht beteiligt ist und im Falle der Liquidation des Unternehmens dessen Verlustverrechnungsansprüche untergehen. Die Möglichkeit des Übergangs von Verlustvorträgen auf ein anderes Unternehmen – im Falle des Verkaufs des Unternehmens – ist jedoch nicht geringzuschätzen. Sie verringert in der Tat das Kapitalrisiko der Investoren eines einzelnen Unternehmens in definitiver Weise. Hätte man den Fall, daß Verlustvorträge nicht zu Boden fallen, für den allein relevanten Fall zu halten, dann – freilich nur dann – könnte man sogar eine doppelte Feststellung treffen: Die Risikoübernahme kostet den Staat nicht so viel, wie die Betriebe dafür an Gewinnen abzuliefern haben; aber sie ist zugleich den Unternehmen wertvoller als das, was sie abzuliefern haben. Der Grund dafür ist, daß der Staat alle Unternehmensrisiken bei sich mischt und insgesamt viel weniger Sorgen als ein Privater um die Folgen ungewöhnlicher Verluste im Einzelfall haben muß.

Selbst im günstigsten Falle für das Risikokalkül ist selbstverständlich eine Gewinnbesteuerung deshalb noch keine Wohltat und darf nicht beliebig hoch festgesetzt werden. Denn die intramarginalen Renten – die Gewinne über die anderwärts bei einer sicheren Kapitalanlage erzielbare Rendite hinaus – stammen von Investitionen, zu deren erfolgreichem Abschluß es in der Regel gehöriger unternehmerischer Anstrengung bedarf. Es sind hier – implizit im Investitionsertrag – Prämien im Spiel, die über den kalkulatorischen Unternehmerlohn hinausgehen, soweit dieser nach den Entgelten an einem ähnlich anspruchsvollen, aber sicheren Arbeitsplatz bemessen wird. Der Unternehmer braucht – von Risikoliebhabern, Workaholics und ähnlichen abgesehen, von denen es zweifellos viele gibt – einen Anreiz für das besondere Engagement, das effektives Management verlangt. Dieser Sonderanreiz wird durch die Gewinnsteuer beeinträchtigt. Er darf nicht so stark gemindert werden, daß in nennenswertem Umfang leistungswillige und leistungsfähige Unternehmer ins Ausland abwandern oder potentielle Unternehmer ein sorgloses, ruhiges Leben vorziehen. Das gleiche gilt – und wahrscheinlich mehr noch – für die Schumpeterschen Pioniergewinne, die regelmäßig nicht bloß Entgelte für unternehmerische Anstrengungen unterwegs sind, sondern Sondergewinne für innovative Projekte, für zündende Ideen, die ihren Ursprung großenteils schon vor der Realisierungsphase haben. Ein innovatives Projekt wird nicht in einem Land realisiert, in dem der Staat den größten Teil des erwarteten großen Ertrags für sich beansprucht. Steuerfreiheit für den normalen Kapitalertrag, aber hohe Besteuerung von Sondergewinnen stellt in diesen Fällen immer noch einen standortschädlichen Rahmen dar. Freilich, die Schumpeterschen Pionierrenten – etwas besonders Feines, obwohl sie oft durchaus die Gestalt von (temporären) Monopolrenten haben – sind nicht leicht zu scheiden von vulgären Monopolrenten, solchen, die nichts mit besonderer Leistung zu tun haben und die nicht zu besteuern helle Empörung auslösen würde. Diese Empörung wäre zudem unbedenklich, da an Sondergewinnen aus einer starken Marktstellung, die wettbewerbspolitisch problematisch ist, anders als der Marktvorsprung des Pioniers, volkswirtschaftlich kein Schutzinteresse besteht.

Trotz der Einwände bezüglich der Pionierrenten ist die Besteuerung der Übergewinne im ganzen gut gerechtfertigt. Das gilt auch für die Forderung, daß sie an den Höchstsätzen der Einkommensteuer orientiert sein soll. Andernfalls gäbe es ungute Anreize zur steuersparenden Verschiebung von Einkommensteilen hin zur Gewinnsteuer.

Zugleich aber ist richtig, daß die derzeitigen Höchststeuersätze für die Arbeitseinkommen anreizschädlich hoch sind. Sie sollten gesenkt werden – und mit ihnen der Gewinnsteuersatz –, sobald die Finanzpolitik den nötigen Spielraum dafür gewonnen hat.

20. Viele drängen darauf, die Defizite im System der Einkommensbesteuerung vor allem dadurch zu überwinden, daß die Bemessungsgrundlagen verbreitert und die Steuersätze gesenkt werden. Dafür gibt es durchaus gute Gründe. Das zentrale Manko der Einkommensbesteuerung – die steuerliche Last auf dem Schaffen von Arbeitsplätzen – wird dadurch jedoch nicht beseitigt. Die hier vorgeschlagene Reform hingegen zielt gerade darauf. Keine vorstellbare Senkung der Sätze einer allgemeinen Einkommensteuer könnte Deutschland im internationalen Wettbewerb zu einem steuerlich so attraktiven Investitionsstandort machen, wie es geboten und mit dem hier vorgeschlagenen System möglich erscheint.

7. Die Gewerbesteuer

Weiterer Stillstand der Reform nicht zu verantworten

21. Die Reform der Gewerbesteuer als einer die gewerblichen Investitionen ganz spezifisch treffenden Steuer steht zu Recht weit oben auf der steuerpolitischen Agenda. Im Prinzip gilt für eine Kommunalsteuer, daß sie in starkem Maße äquivalenzorientiert sein sollte. Zumindest darf sie nicht nach der Finanzierungsform und unbegründet nach der Betriebsgröße differenziert sein. Die geplante Abschaffung der Gewerbekapitalsteuer ist daher zu begrüßen. Aber auch die Gewerbeertragsteuer weist den Makel auf, eigenfinanzierende und große Gewerbebetriebe zu benachteiligen. Nach wie vor erscheinen eine Nettoumsatzsteuer (Steuer auf den Umsatz abzüglich Vorleistungen) oder eine Wertschöpfungsteuer als Lösungen, die zugleich Anreize zu effizientem Handeln bieten und den spezifischen Anforderungen an eine Gemeindesteuer Rechnung tragen. Diese beiden Steuerarten unterschei-

den sich nicht nur nach der Zeitstruktur des Steueraufkommens, es stehen dahinter auch unterschiedliche Konzeptionen des Äquivalenzgedankens. Bei der Wertschöpfungsteuer wird auch der Kapitaleinsatz Privater als Ursache gemeindlicher Kosten angesehen (oder als typisches Resultat gemeindlicher Anstrengungen zur Stärkung der Kommune als Wirtschaftsstandort). Bei der Nettoumsatzsteuer wird letztlich das fiskalische Interesse der Kommune weitgehend mit den Interessen privater Investoren synchronisiert. Kapitalerträge führen im Kern erst zur Besteuerung, wenn sie nicht reinvestiert werden.

Die Reformdiskussion hat sich von beiden Vorstellungen inzwischen abgekehrt. Ein weiterer Stillstand der Reformbemühungen um die Gewerbesteuer ist aber nicht mehr zu verantworten. Die Beteiligung der Kommunen an der Mehrwertsteuer ist allem Anschein nach am ehesten konsensfähig. Dazu mag es also kommen. Das Steueraufkommen sollte den Gemeinden nach einem wirtschaftsbezogenen Maßstab zufließen. Dieser Schlüssel sollte nicht nur von den Löhnen, sondern auch vom Kapital der Betriebe bestimmt sein. Schlimm ist, daß auf diesem Reformweg das dringend erwünschte kommunale Hebesatzrecht verloren gehen soll (anders als auf den beiden zuvor genannten).

22. Bleibt die Gewerbeertragsteuer – vorläufig – bestehen, so wäre zu entscheiden, ob die Konzeption für die Ermittlung des zinsbereinigten Gewinns auch auf die Ermittlung des steuerlichen Gewerbeertrags anzuwenden ist. Gewichtige Gründe sprechen dagegen. Dadurch würden zwar bestimmte Nachteile der alten Gewerbesteuer entfallen. Namentlich brauchte man nicht mehr von einer ungerechtfertigten Sonderbelastung gewerblicher Einkünfte zu sprechen; die Gewerbeertragsteuer würde gleichsam zu einem mehr oder weniger integralen Teil der Gewinnsteuer, würde zu deren kommunalem Ast. Die Höhe des Gewinnsteuersatzes müßte selbstverständlich dieser Tatsache Rechnung tragen. Doch solchem Vorteil stünde der letztlich entscheidende Nachteil gegenüber, daß es dem Aufkommen aus der zinsbereinigten Gewinnsteuer mit Gewißheit an Stetigkeit und ausreichend geringer Streuung über die Gemeinden hinweg fehlen würde. Das macht sie für eine Gemeindesteuer ungeeignet. Mehr als eine ergänzende Funktion könnte jedenfalls eine solchermaßen ausgestaltete Gewerbeertragsteuer in einer künftigen Gemeindefinanzverfassung keinesfalls haben.

23. Ob wegen der Steuerausfälle bei der Gewerbesteuer andere Steuern erhöht werden müssen, hängt nicht zuletzt von der Aufkommenswirkung der übrigen Steuerrechtsänderungen ab. Die Änderungen im Bereich der Einkommensteuer und Körperschaftsteuer könnten zunächst einmal sogar die Bemessungsgrundlage erhöhen, weil Ausnahmetatbestände entfallen und die AfA-Vergünstigungen zurückgenommen werden. Doch dies wird vom Tempo bei der Einführung der Zinsbereinigung für die vorgeschlagene Gewinnsteuer und vom Tempo der AfA-Reduktion bestimmt. Der Reformgesetzgeber sollte wohl kein zeitweiliges Mehraufkommen programmieren. Auf längere Sicht wäre in jedem Falle mit einem Minderaufkommen aus diesem Teil der Reform zu rechnen.

Als Ersatz für die Abschaffung der Gewerbesteuer böte sich eine Anhebung der Mehrwertsteuer als relativ investitionsfreundliche Alternative an. Dies muß jedenfalls ins Auge gefaßt werden, wenn das Aufkommen einer neuen Ökosteuer zur Kompensation des Gewerbesteuerausfalls nicht ausreichen sollte. Auf keinen Fall darf das Niveau der Ökosteuer vom Kompensationsbedarf bei der Gewerbesteuer bestimmt sein. Ihr Niveau hat sich alleine nach der mit Fingerspitzengefühl vorzunehmenden Abwägung der sinnvollen verbrauchslenkenden Wirkung der Steuer und der fragwürdigen, vom Steuersatzgefälle abhängigen Wirkung der Produktionsverlagerung ins Ausland zu richten.

8. Die lange Liste der Vorteile aus einer solchen Reform

24. Ein Steuersystem nach dem beschriebenen Muster wäre relativ einfach strukturiert. Die Basis bilden die progressive Besteuerung des persönlichen Einkommens mit Ausnahme von Kapitalerträgen und eine Gewinnsteuer, gestaltet als proportionale Unternehmenssteuer auf zinsbereinigte Gewinne. Eine solche zweigliedrige Besteuerung ohne kompliziertes Anrechnungsverfahren wäre transparent und nachvollziehbar. Eine einfache Besteuerungsidee darf auf mehr Akzeptanz beim Bürger zählen und wird den Steuerwiderstand geringer ausfallen lassen. Subventionstatbestände im Steuersystem werden offensichtlicher, ein Sonderrecht für Interessengruppen läßt sich weniger leicht durchsetzen. Das AfA-Recht entfällt als Begünstigungsinstrument im Grunde ganz. Ein solches vereinfachtes Steuerrecht beseitigt administrative

Mühen für den Steuerzahler wie für den Fiskus. Namentlich der Wegfall der Vermögensteuer hilft hier, aber auch der Verzicht auf die Gewerbekapitalsteuer. Streit bei der Gewinnermittlung über angemessene Abschreibungen und angemessene Rückstellungen wird gründlich entschärft. Hier können pauschale Festlegungen gewählt werden, die keiner Begründung bedürfen und bei denen sich die Frage nach der Angemessenheit im Einzelfall nicht stellt. Oder es kann, soweit sich das mit dem fiskalpolitischen Interesse an möglichst frühzeitigem Steuerzugriff vereinbaren läßt, der Primat der Handelsbilanz steuerlich wieder voll akzeptiert werden.

25. Eine intertemporal neutrale Steuer ist fair. Menschen mit gleichem Einkommenspotential, aber höherer Sparneigung werden nicht mehr diskriminiert. Anstößige Formen der Investitionsbegünstigung wie die Doppelung der Vorteile der Steuerfreiheit privater Veräußerungsgewinne und der Inanspruchnahme renditewirksamer AfA-Vorteile können entfallen. Besondere Freibeträge, besondere Steuersatzermäßigungen, werden nicht benötigt, liegen weniger nahe und werden auch nicht vermißt. (Wo keine AfA zu verrechnen sind und keine Zinsbereinigung der Erträge vorzunehmen ist, wird sich die Steuerfreiheit der privaten Veräußerungserlöse von selbst verstehen.) Wegen der klaren Technik, mit der die Diskriminierung von Sparen und Investieren verhindert wird, muß auch nicht befürchtet werden, daß alte Schlupflöcher ohne weiteres wieder geöffnet werden. Ein gradueller Übergang zum neuen Recht der Zinsbereinigung wird zudem schlagartige Vorteile zugunsten derjenigen, die bereits Kapital angesammelt, Vermögen gebildet haben, weitgehend verhindern.

26. Eine systematisch bereinigte, aber im übrigen vervollständigte Steuerbemessungsgrundlage sichert auch ein hinreichendes Steueraufkommen. Dies hilft, die Steuersätze mäßig zu gestalten, was über positive Anreize zu wirtschaftlicher Betätigung wiederum gut für die Entwicklung der Steuerbemessungsgrundlage ist. Man mag hier sogar eine Chance sehen, das unaufhaltsame Wuchern der steuerlich induzierten Schattenwirtschaft zu stoppen. Die Steuerhinterziehung kann zurückgehen; bei den Zinseinnahmen entfällt sie schon durch die Definition der Steuerbemessungsgrundlage. Dies wird zur „Sozialhygiene“, zur Schärfung des steuerlichen Rechts- und Unrechtsbewußtseins beitragen. Mit dieser Besteuerung wird auch die Kapitalflucht ins Ausland aus steuerlichen Motiven weitestgehend gestoppt. Das Stopfen von

Steuerschlupflöchern tut der Produktivität schon bei gegebenem Kapitalbestand der Volkswirtschaft gut. Kapital wird nicht mehr aus steuerlichen Gründen in Verwendungen gelenkt, in denen es nicht den gesamtwirtschaftlich höchsten Ertrag erbringt. Dies gilt um so mehr, wenn effizienzsteigernde Lenkungswirkungen von Ökosteuern und einer Gemeindesteuerreform hinzutreten.

27. Die Steuerbereinigung trägt nicht nur zur personellen, sondern auch zur institutionellen Fairneß bei. Mit dem Wegfall der Gewerbesteuer und der vereinheitlichten Besteuerung der Unternehmen kommt es endlich zu steuerlicher Wettbewerbsneutralität. Kapitalgesellschaften und gewerbliche Betriebe sind nicht mehr benachteiligt. Eigenkapital und Fremdkapital werden gleichbehandelt. Dies ist ebenfalls nicht nur ein Gebot gerechter, gleichmäßiger Behandlung, sondern steigert auch die Effizienz des wirtschaftlichen Handelns.

28. Die Reform bietet wesentliche kommunalfinanzpolitische Vorteile, wenn auch eine äquivalenztheoretisch fundierte Gemeindesteuer mit eigenem Hebesatz noch besser wäre. Die Beteiligung der Gemeinden an der Mehrwertsteuer verschafft diesen immerhin eine stetig fließende Steuerquelle. Die Zumessung nach ökonomischen Indikatoren wird das Interesse an der örtlichen Wirtschaft wach halten. Dieses Interesse erstreckt sich nicht mehr nur auf Betriebe großer Gewerbesteuerzahler, sondern – gleichgewichtiger – auch auf den lokalen Mittelstand, auch auf Existenzgründer. Zudem wird es ein stärkeres Interesse der Kommunalpolitiker an Arbeitsplätzen geben, die die freien Berufe schaffen. Was dadurch an Mittelstandsfreundlichkeit in der lokalen Politik gewonnen wird, wiegt alles auf, was der Mittelstand an Steuerprivilegien, die das alte Gewerberecht ihnen gewährte, bei der Reform aufgeben muß. Und es ist sicher nie falsch, die lokale Politikebene an einer hinterziehungsanfälligen Steuer zu beteiligen.

29. Niedrige Einkommensteuersätze, keine Belastung des Investierens, steuerlich fairer Wettbewerb, begrenzte Belastung der Innovationsgewinne, faire Beteiligung des Fiskus an Gewinn und Verlust bei der Unternehmensbesteuerung, Schließen von Steuerschlupflöchern, Interesse der Gemeinden an wirtschaftlicher Prosperität aller – dies fügt sich zu einem Rahmen, der neuer wirtschaftlicher Dynamik, dem Schaffen von neuen Arbeitsplätzen zuträglich ist. Unsere aktuellen und unsere zukünftigen Beschäftigungssorgen werden wir mit einer Steuerreform

allein nicht lösen können, auch mit einer radikalen Reform nicht. Aber es ist kaum zu sehen, wie es ohne sie gehen soll. Eine unmittelbare Antwort auf das Kardinalproblem zu hoher Arbeitskosten für einfache Arbeit ist sie am wenigsten. Helfen wird sie jedoch auch hier. Eine bessere Ressourcennutzung und mehr wirtschaftliche Dynamik entlasten den Arbeitsmarkt in voller Breite. Auch von der fiskalischen Entlastung des Sozialstaats durch eine Zunahme der allgemeinen Erwerbstätigkeit profitieren indirekt alle, und die Problemgruppen am Arbeitsmarkt am meisten.

III. Ausgleich durch Ökosteuern?

30. Die Umweltproblematik ist neben den schweren Beschäftigungssorgen eine eigene Wurzel der Diskussion über die nötige Fortentwicklung des Steuersystems. Trotzdem: Eine Reformkonzeption braucht einen konsequent beachteten Leitgedanken. Wer als Klimaschutzmaßnahmen Ökosteuern einführt und das Steueraufkommen für verteilungspolitische Ziele oder für andere schöne Zwecke verbraucht, für die eigentlich kein Geld da ist, nicht aber für eine Verbesserung der Investitionsbedingungen, der wird via Erhöhung der volkswirtschaftlichen Steuerquote und Sonderbelastung energieabhängiger wirtschaftlicher Aktivität eine Standortverschlechterung bewirken und doch nur eine sehr unsichere Umweltverbesserung dafür bekommen, womöglich gar keine. Der gesunde Steuerwiderstand der Staatsbürger wird derzeit durch Seelenmassage aus verschiedenen politischen Lagern abgebaut. Deshalb muß schon bei den Einstiegsentscheidungen verläßlich gemacht werden, daß die Einführung von Ökosteuern nur in Betracht kommt als Teil einer Reform, die in erster Linie auf Standortverbesserung, auf Verbesserung der Beschäftigungschancen zielt. Eine für die Erde merkliche Umweltschutzwirkung ist viel zu unsicher, als daß man die Akzente umgekehrt setzen dürfte.

Eine schöne Illusion ist es, daß beides sich leicht verbinden läßt. Allerdings stellt sich durchaus die Frage, ob nicht umweltpolitisch motivierte neue Abgaben besser als andere Steuererhöhungen, etwa eine Erhöhung der Mehrwertsteuer, geeignet sind, für einen Ausgleich im Staatsbudget zu sorgen, wenn Steuersenkungen, die zur Lösung der Beschäftigungsprobleme beitragen sollen, Einnahmeausfälle mit sich bringen, die durch dauerhafte Zurückhaltung bei den Staatsausgaben nicht voll abzudecken sind. Hier kommt es offensichtlich auf die Qualität der Begründung für eine umweltpolitisch gewollte neue Abgabe an.

1. Klimaschutz und Energieverbrauch

Fortschreitende Erwärmung der Atmosphäre

31. Die Menschen sorgen sich um die Entwicklung der die Erde umgebenden Lufthülle. Sie sehen sich mit Ergebnissen der Klimaforschung konfrontiert, die für die kommenden Jahrzehnte eine allmähliche, aber ständig fortschreitende Erwärmung der Atmosphäre voraussagen. Welche Folgen der prognostizierte Klimawandel für die verschiedenen Regionen der Erde haben wird, ist nicht sicher. Vorherrschend ist aber die Einschätzung, daß dieser Wandel eher auf eine Klimakatastrophe denn auf eine Klimaverbesserung hinauslaufen wird.

Als Ursache für die prognostizierte fortschreitende Erwärmung gelten der weltweit rasch zunehmende Energieverbrauch und die damit einhergehende Emission von Klimagasen. An übernationalen, in einigen Ländern auch nationalen Zielvorgaben für die anzustrebende Verminderung von Emissionen fehlt es nicht, wohl aber weithin am festen politischen Willen, die befürchtete bedenkliche Entwicklung wirksam zu bekämpfen.

Einigkeit über Begrenzung der CO_2-Emissionen

32. Als gefährlich gilt vor allem der Ausstoß von Kohlendioxid (CO_2) beim Verbrennen kohlenstoffhaltiger, überwiegend fossiler Energiestoffe. Die von Menschen verursachten Emissionen von CO_2 sind zwar gering, wenn sie mit der totalen, weit überwiegend auf natürlichen Vorgängen beruhenden weltweiten CO_2-Freisetzung verglichen werden. Der bei der Energieerzeugung entstehende Ausstoß von CO_2 erreicht nur ein Zehntel des jährlichen Gesamtaufkommens, soll aber die Hälfte des Treibhauseffekts bewirken. Andere vom Menschen erzeugte Spurengase, insbesondere Methan, Fluorkohlenwasserstoffe (FCKW) und Stickoxide, verursachen vergleichsweise wesentlich geringere klimabeeinflussende Wirkungen oder sind (wie im Fall von FCKW) durch Produktionsverbote zu eliminieren.

Über die Notwendigkeit einer globalen Begrenzung der von Menschen verursachten CO_2-Emissionen gibt es, jedenfalls im Grundsätzlichen, weitgehenden internationalen Konsens. Im Anschluß an die Klimakonferenz der Vereinten Nationen in Rio de Janeiro 1992 haben sich rund 160 Staaten, darunter praktisch alle Industriestaaten, zu einer Begrenzung ihrer CO_2-Emissionen verpflichtet. Im Rahmen des Welt-Klimagipfels im Frühjahr 1995 in Berlin hat die Bundesregierung das nationale CO_2-Reduktionsziel weiter verschärft. Die Bundesregierung hat wiederholt erklärt, daß sie diese Ambition auch mit Hilfe einer CO_2-/Energiesteuer verwirklichen will – möglichst auf EU-Ebene, zur Not auch im nationalen Alleingang, und aller Voraussicht nach noch in dieser Legislaturperiode.

Zur quantitativen Einordnung

33. Jede Politik zur Begrenzung des CO_2-Ausstoßes muß letztlich auf einen Strukturwandel abzielen, in dessen Folge der Verbrauch kohlenstoffhaltiger Energieträger zurückgeht. Mehr als 85 Prozent des deutschen Energieverbrauchs basiert auf Kohle oder kohlenstoffhaltigen Energieträgern. Es geht also um die Verringerung des Einsatzes eines ganz wichtigen Produktionsfaktors, nicht um eine Nebensache. Das von der Bundesregierung angekündigte Projekt einer Reduktion der CO_2-Emission von 1990 bis zum Jahre 2005 um 25 Prozent ist ökonomisch alles andere als leicht erreichbar.

Und sein ökologischer Nutzen ist bis auf weiteres lediglich ein Hoffnungswert. Auch eine „erfolgreiche“ nationale Politik zur CO_2-Minderung kann den Klimawandel nicht wesentlich beeinflussen, solange sie keine Entsprechung in der Politik anderer Länder findet, und zwar vieler Länder. Selbst eine Koordination innerhalb der Europäischen Union verspricht keine wesentliche Wirkung, wenn in den anderen Industrieländern und in der Dritten Welt die Emission von Treibhausgasen unvermindert weiterwächst. Deutschlands Anteil an den weltweiten anthropogenen CO_2-Emissionen liegt bei vier bis fünf Prozent, eine Minderung dieser Emissionen um 25 Prozent bedeutet also eine Minderung der globalen Emissionen um lediglich ein Prozent. Und selbst wenn sich eine Minderungsrate von 25 Prozent in ganz Westeuropa verwirklichen ließe, wäre damit lediglich eine Verringerung der globalen Emission um gut 3 Prozent erreicht – eine Entschärfung des Klimaproblems kann man sich davon nicht versprechen. Die so ehrgeizig anmutenden Ziele einer ökologischen Steuerreform werden vollends zu einer vernachlässigbaren Größe, wenn man sie dem zu erwartenden Anstieg des weltweiten Verbrauchs an fossilen Energieträgern gegenüberstellt: Die Internationale Energieagentur (IEA) rechnet für den Zeitraum von 1992 bis 2010 mit einem Wachstum des globalen Primärenergieverbrauchs um 35 bis 45 Prozent und für die Steinkohle sogar mit einem Verbrauchsanstieg um 50 Prozent. Was dies für die globale CO_2-Emission bedeutet liegt auf der Hand.

2. Ökosteuern: Eine Gratwanderung

Ökosteuern: Skepsis und ...

34. Angesichts der Euphorie, die sich bei vielen mit dem Begriff Ökosteuern, die dem weltweitem Klimaschutz dienen, verbindet, ist es angemessen, zunächst von den Risiken zu sprechen, die man mit der Aufnahme solcher Steuern in das Steuersystem eingeht, und erst anschließend davon, warum diese auch eine Chance darstellen könnten.

Der Wohlstand von Menschen hat drei Quellen: die Nutzung von Arbeitskraft, die Nutzung von Wissen und Intelligenz, die Nutzung von Naturkräften. Man muß sich dies wohl so elementar vergegenwärtigen, um zu erkennen, welch fundamentale Selbstbeschneidung der Mensch sich verordnet, wenn er die Nutzung der Naturkräfte begrenzt, wie das der Fall ist, wenn er aus Klimaschutzgründen den Verbrauch von Energie direkt oder indirekt einer strengen Begrenzung unterwirft. Die wirtschaftliche Bedeutung einer mengenmäßig gravierenden Restriktion bezüglich der tolerierbaren Nutzung von Energie läßt sich kaum abschätzen. Der Marktwert der derzeit genutzten Energiemenge – etwa im Verhältnis zum Sozialprodukt – gibt darüber keine Auskunft. Er ist deshalb gering, weil Energie zu geringen Kosten erzeugt werden kann. Der Marktwert von Atemluft ist noch geringer, und niemand wird deren Bedeutung daran ablesen wollen. Die immensen wohlstandssteigernden Wirkungen des Verkehrs, von dem fast alle Arbeitsteilung abhängig ist, wurden möglich, als er billig – aber deshalb doch nicht entsprechend weniger wertvoll – wurde. Heute freuen sich wirtschaftlich irregeleitete Menschen über jeden Verkehr, der nicht stattfindet, weil man ihn leichtfertigerweise im Stau ersticken läßt. Schlechterdings nichts wissen sie über die schlimmen Folgen dessen, was sie beklatschen. Und das gängig gewordene Pathos bei Umweltthemen unterdrückt die nötige Empörung gegen eine Politik, die den Verkehrsinfarkt riskiert und als Mittel der Selbstregulierung beschönigt. Bei einer Behinderung des Energieverbrauchs werden die Menschen noch weniger als beim Verkehr durchschauen, welches die Folgen sind, streiten doch selbst die Fachleute über sie, was aber überhaupt nicht besagt, daß sie im Zweifel gering sind.

Menschen, die im Wohlstand leben, mögen aus Einsicht in die Gefährdung des ökologischen Gleichgewichts auf der Erde zu Verhaltensänderungen bereit sein. Aber das würde nicht ausreichen. Auch die vielen Millionen und Abermillionen Menschen, die im Wohlstand aufholen wollen und denen ihre heutige Not und die Not ihrer Kinder viel wichtiger erscheint als die mögliche Not ihrer noch ungeborenen Kindeskinder, müßten mit der verordneten Knappheit von Energie, mit deren Erzeugung sich gravierende Umweltbelastungen verbinden, konfrontiert werden. Selbst wenn man ihnen auf andere Weise hülfe, die Last eines Verzichts auf ungehemmten Energieverbrauch zu tragen, dürften sie doch aus einem Preissystem, das zu diesem Verzicht anreizt, ja nötigt, nicht herausgenommen werden. Auch ein vorsichtig Urteilender muß wohl sagen, daß eine weltweite Akzeptanz eines solchen Programms in hohem Maße unsicher ist. Erläßt man hingegen dem weit überwiegenden Teil der Menschheit die Erschwerung des Zugangs zu den wichtigsten Naturkräften, so müßte in den reicheren Ländern der Welt die Zuschüttung dieser Quelle menschlichen Wohlstands so weit gehen, daß die Akzeptanzprobleme sich nach dort verlagern. Nur Träumer können das anders sehen. Da helfen auch keine Nachweise, wieviel Verschwendung an Energie, technisch gesehen, unterbleiben könnte. Verschwendung ist keine technische Kategorie, sondern eine ökonomische. Auch Vermeidung von Verschwendung (im technischen Sinne) kostet sehr, sehr viel; außerdem wird darüber hinaus noch wesentlich mehr gefordert.

Kurz, Länder oder Ländergruppen, die sich entschließen, den Weg einer direkten oder indirekten Restriktion des Energieverbrauchs zu gehen, müssen den Erfolg ihres Tuns für die Erde im ganzen – und nur dies zählt – für unsicher halten und die eigenen Lasten für hoch. Die negativen Rückwirkungen auf den wirtschaftlichen Wohlstand ihrer Bürger, mit denen sie rechnen müssen, haben eine doppelte Ursache. Die Beschränkung der Verfügbarkeit einer wichtigen und nur zu wesentlich erhöhten Kosten ersetzbaren Ressource beschränkt zum einen die mögliche Güterproduktion, zum anderen wird ein Teil der technisch möglichen Produktion aus wirtschaftlichen Gründen in Länder abwandern, die den Energieverbrauch nicht behindern. Im letzteren Fall wird die Vorleistung in Sachen Klimaschutz wieder aufgehoben. Daß die Bevölkerungen der reichen Länder bereit sein könnten, die ganze Last einer Reduktion der klimagefährdenden Emissionen in die Erdatmosphäre zu tragen und außerdem den ärmeren Ländern mit riesigen Transfers die Bereitschaft abzukaufen, die bei ihnen unumgänglich erscheinende Ausweitung der Emissionen in wirksamer Weise zu beschränken, erscheint besonders unrealistisch. In einem moralisierenden Szenario mag man sich so etwas ausmalen. Es paßt jedoch nicht zu einem wirklichkeitsnahen Menschenbild, daß sich in irgendeinem Staat Menschen ohne akute Not, bloß aus langfristigem Problembewußtsein heraus mehrheitlich im Sinne eines solchen Szenarios entscheiden. Für eine solche Prognose braucht man die verbreitete Neigung der Menschen zum Trittbrettfahren noch nicht einmal zu bemühen. Dies ist die radikal skeptische Position hinsichtlich der Lösbarkeit eines Problems, dessen Existenz kaum noch bestritten wird.

... Hoffnungen

35. Die zuversichtliche Position gründet sich auf den Befund, daß Klimaschutz unausweichlich sei und daß Steuern, die aus Klimaschutzgründen – und also in ihrer lenkenden Wirkung – gerechtfertigt sind, endlich die Möglichkeit schaffen, in weitreichendem Maße schädliche andere Steuern abzubauen. Lenkungsabgaben haben die gleiche Funktion wie Preise. Sie dienen der knappheitsgerechten Steuerung der Verwendung von Ressourcen. Die allermeisten Steuern haben diese Funktion nicht. Sie dienen allein der Beschaffung öffentlicher Einnahmen, und mangels besserem nimmt man bei ihnen in Kauf, daß sie die Menschen von dem eigentlich Erwünschten eher abhalten, als daß sie sie dazu anhalten. Die Einkommensteuer mindert den Anreiz, Einkommen überhaupt zu erzielen, obwohl der Steuergesetzgeber sich gewiß das Gegenteil wünschte. Das gleiche oder ähnliches gilt für die meisten anderen Steuern. Man mag deshalb sagen: Die Umweltschutzprobleme sind in einer Hinsicht sogar ein Segen. Endlich hat der Staat etwas zu verkaufen, und zwar im großen Stil. Zu verkaufen hat er Verfügungsrechte über eine knapp gewordene Umwelt. Denn Besteuerung des Verbrauchs von Energie, deren Erzeugung mit einer Belastung der Umwelt verbunden war, ist nichts anderes als eben der Verkauf des

Rechts auf diese Umweltbelastung. (Es sei erst später erörtert, ob Besteuerung der beste Weg ist, dem Klimaschutzproblem beizukommen; es ist jedenfalls ein Weg.) So gut wie ein am Markt ermittelter Preis ist selbstverständlich auch eine wohlbegründete Lenkungssteuer nicht. Die Höhe der Steuer ist letztlich willkürlich festgesetzt, ist Ausdruck einer kollektiven (Un-)Wertentscheidung, nicht Ausdruck von individuellen Nutzenschätzungen, wie sie sich am Markt durchsetzen müssen, und dort Nachfrage und Angebot für ein Gut und schließlich den markträumenden Preis bestimmen.

Falsch hingegen ist das immer wieder zu hörende Argument, Umweltsteuern seien als dauerhafte Quelle von Staatseinnahmen schon deshalb ungeeignet, weil sie, wenn sie ihren Zweck – eine unerwünschte Inanspruchnahme der Umwelt zu verhindern – bestmöglich erfüllen, kein Steueraufkommen mehr erwarten lassen. Unerwünscht ist nicht jedwede Inanspruchnahme der Umwelt, sondern eine übermäßige. Es geht um eine Optimierungsaufgabe. Und so wie die Einkommensteuer zwar die Einkommenserzielung dämpft und die Mineralölsteuer den Benzinverbrauch, beides aber keinesfalls auf Null bringt, so soll und wird auch eine vernünftig bemessene Ökosteuer den „Umweltverbrauch" nicht auf Null bringen; ihr Aufkommen wird daher – wie das der Einkommensteuer oder der Mineralölsteuer – eine hübsche und stabile Höhe haben.

Grundsätze

36. Es geht um eine Gratwanderung. Oberster Leitsatz der Debatte über einen Wandel des Steuersystems sollte sein: Die Reform muß selbst dann Vorteile versprechen, wenn die großen erhofften, aber leider sehr unsicheren positiven Umweltschutzwirkungen ausbleiben.

Daraus ergeben sich vor aller Diskussion über die Details eine Reihe von weiteren Grundsätzen.

- Erstens: Ohne energische allgemeine steuerliche Standortverbesserung, die die Erwerbschancen in Deutschland deutlich erhöht, geht gar nichts.

- Zweitens: Die allgemeine Standortverbesserung muß in jedem Falle stärker zu Buche schlagen als die spezielle Standortverschlechterung für bestimmte Branchen, die sich aus nationalen Ökosteuern zumindest auf Zeit, wahrscheinlich sogar dauerhaft ergibt.

- Drittens: Eine nationale Vorreiterrolle kommt nur in Maßen in Betracht. Es ist ganz und gar unseriös, von einem Steueraufkommen von (in einigen Jahren) 200 bis 300 Mrd. DM und darauf zielenden Ex-ante-Festlegungen für die Entwicklung der Steuersätze zu reden.

- Viertens: Bei der Abwägung zwischen spezifischen beschäftigungspolitischen Risiken und umweltpolitischen Chancen muß man der jeweiligen Unsicherheit der Wirkungserwartungen gehörig Rechnung tragen. Es geht nicht an, den umweltpolitischen Zielen von vornherein einen so hehren Charakter beizulegen, daß schon die geringste Wahrscheinlichkeit, ja, die bloße Denkbarkeit, ihnen näher zu kommen, ausreicht, große beschäftigungspolitische Nachteile in Kauf zu nehmen.

Einfache Wahrheiten

37. Am Wege der Diskussion über das Gebotene und das zu Unterlassende stehen Mahntafeln, auf denen einfache Wahrheiten verzeichnet sind, die niemand ignorieren oder gar ins Gegenteil verkehren sollte.

- Erstens: Nur vordergründig geht es vor allem um Umwelt- versus Kapitalinteressen. Der wirkliche Gegenpol des Interesses an guter Umwelt ist das Erwerbsinteresse der arbeitenden Menschen. Kapital, das bereits investiert ist, kann aufgrund aggressiver Umweltpolitik zwar verlorengehen. Noch zu investierendes Kapital aber kann sich durch Abwanderung viel besser wehren als Arbeit.

- Zweitens: Es ist eine Schimäre, daß beim Umweltschutz allemal eine double dividend – mehr Beschäftigung und bessere Umwelt – verheißen ist. Einen positiven Beschäftigungseffekt gibt es nur unter ganz bestimmten Bedingungen, Minderung von Einkommensansprüchen zumal. Und diese Bedingungen sind dann gegebenenfalls auch die eigentliche Ursache des Beschäftigungsgewinns.

- Drittens: Es trifft nicht zu, daß Arbeit und Kapital prinzipiell im Interessengegensatz zueinander stehen. Sie sitzen im gleichen Boot, wo es um das Interesse an neuen Investitionen geht. Bezüglich der Erträge aus Altinvestitionen kann man die Kapitalisten zwar schröpfen zugunsten von Arbeit oder Umwelt. Aber selbst hier nicht ungestraft. Die Altinvestoren werden irgendwann wieder als Neuinvestoren gebraucht, und sie haben ein langes Gedächtnis.

Ökonomie im Kopfstand

38. Von diesen Grundsätzen und einfachen Wahrheiten verlangen zwei nach einer näheren Erläuterung. Denn sie wenden sich gegen eine verbreitete Neigung, Ökonomie gleichsam im Kopfstand zu betreiben, so daß die Welt dann ziemlich verkehrt aussieht.

Der Gefahr, daß seine Wettbewerbsfähigkeit verliert, wer einem internationalen Umweltproblem im nationalen Alleingang entgegentritt, wird gerne entgegengehalten, daß der Vorreiter als erster die neuen Techniken entwickelt haben wird, die man für eine bestmögliche Antwort auf die Umweltprobleme braucht, und also einen Wettbewerbsvorsprung hat, sofern die anderen in der Umweltpolitik nachziehen und ebenfalls solche Techniken benötigen; sie kaufen sie dann von den Pionieren. Das Argument ist nicht falsch, aber es weist doch zunächst einmal nur auf einen Abzugsposten von den Nachteilen hin, die der Vorreiter ertragen muß; der Abzugsposten kehrt die Nachteile nicht einfach per Saldo in Vorteile um.

Die größere Rücksichtnahme auf die Umwelt, zu der eine neue Regelung nötigt, ist gleichbedeutend mit einem Verlust an Produktivität. Eine neue Technik kann immer nur helfen, diesen Verlust zu minimieren. Sie kann die Produktion niemals ebenso billig oder gar noch billiger machen, als sie es vor der Neuregelung war. Deshalb ist auch an die Gefahr zu denken, daß man im Wettbewerb bestimmte Produktionszweige (fast) vollständig an Länder verliert, die sich der Umweltschutzregelung (erst einmal) nicht anschließen. Dann kommt es im Vorreiterland womöglich überhaupt nicht zur Entwicklung und Erprobung neuer Techniken. All dies soll nicht heißen, daß im Falle eines internationalen Umweltproblems das umweltpolitische Vorangehen eines einzelnen Landes oder einer Ländergruppe überhaupt nicht in Betracht kommt. Denn dies könnte die Blockade bedeuten für jeden Versuch, ein Weltproblem anzugehen.

Ein Nachziehen der anderen läßt sich unter dem Druck einer internationalen Diskussion leichter bewirken als (nahezu) Einstimmigkeit von Anfang an. Doch es bleibt dabei: Nur ein Voranschreiten in Maßen ist vertretbar. Es darf die Unternehmen, denen damit eine Pionierrolle verordnet wird, nicht wettbewerbsunfähig machen. Und bei einer allmählichen Verschärfung der Maßnahme muß man engen Kontakt halten mit der tätigen Bereitschaft der anderen Länder, nachzufolgen. Notabene: Möglicherweise läßt sich durch internationale Vereinbarungen über Umweltsteuern per Termin das Patt zwischen den Ländern bei der Einführung von Ökosteuern aufheben. Ja, schon nationale Festlegungen per Termin, die an die Bedingung ähnlicher Entscheidungen der anderen geknüpft sind, könnten diese Wirkung haben. Im Falle des Klimaschutzes ist das Thema „Voranschreiten versus Gleichschritt" am Ende ein Weltthema. Es genügte nicht, daß die europäischen Staaten, Nordamerika, Japan etc. sich nach und nach auf eine gemeinsame Politik einließen. Für den Klimaschutz der Erde wäre nichts gewonnen, wenn sich die Fertigungsstätten energieintensiv erzeugter Güter schließlich in der übrigen Welt versammelten, weil sie dort von einer laxen Umweltpolitik profitieren. Unter diesen Bedingungen würde es noch schwerer, die anderen Länder für ein Nachziehen zu gewinnen. Sie würden hohe Ausgleichsforderungen stellen.

Auf einem anderen Blatt steht die Frage, ob und wie man dafür sorgen sollte, daß der Energieverbrauch der privaten Haushalte von Maßnahmen des Klimaschutzes stärker getroffen wird als die Güterproduktion (ohne daß davon ein zu großer Anreiz ausgeht, den Verbrauch von Energie – wo möglich – auf die Vorstufe des privaten Verbrauches, die Güterproduktion eben, vorzuverlegen).

39. Von „Ökonomie im Kopfstand" kann man auch sprechen, wenn Forderungen nach mehr Umweltschutz, hier: mehr Klimaschutz, leichthin mit der Verheißung verbunden werden, dieser werde helfen, unsere Probleme mit der hohen Arbeitslosigkeit zu lösen. Mit der gleichen Einfalt kann man sagen: Laßt uns weniger produktiv sein, dann haben wir mehr zu tun. Knapp ist aber nicht Arbeit generell. Es gibt genug zu tun auf der Welt. Knapp ist Arbeit, die so viel erbringt, daß sich aus dem Ertrag die Lohnansprüche befriedigen lassen, mit denen die Menschen an den Arbeitsmarkt kommen. Wir brauchen deshalb Produktivitätsfortschritte, nicht Rückschritte.

Richtig ist allerdings: Wenn die Menschen den Umweltschutz höher schätzen als bisher, so kann das heißen, sie sind bereit, mehr als bisher für den Umweltschutz zu arbeiten oder andere – gegen entsprechendes Entgelt – für diesen Zweck arbeiten zu lassen. Sie sind also bereit, gegebenenfalls Geld dafür zu opfern. Wenn es das heißt, dann kann es auch zu der entsprechend positiven Beschäftigungsfolge kommen. (Obschon nichts einfach daran ist, solche Bereitschaft konkret festzustellen und einzufordern, da die Umwelt nun einmal kein privates Gut ist, sondern ein öffentliches.) Freilich, wenn die Menschen zum Lohnverzicht bereit sind, kann es allemal zu mehr Beschäftigung kommen, völlig unabhängig davon, ob ein besserer Umweltschutz der Anlaß für den Verzicht war, ja, noch viel verläßlicher als in diesem Falle. Weniger Lohn verlangen heißt ja Arbeit lohnend finden, die es bisher – des zu geringen Arbeitsertrages wegen – nicht war. Vereinfacht muß man wohl feststellen: Wird mehr Arbeit für mehr Umweltschutz getan und ist trotzdem die gleiche Güterproduktion rentabel, weil ausreichend stark verringerte Stundenlöhne gezahlt werden, so ist für die Zunahme der Gesamtbeschäftigung die Lohnsenkung kausal, nicht der vermehrte Umweltschutz. Das Problem stellt sich im Prinzip sogar noch schärfer. Ohne Lohnsenkung hätten die Unternehmen nämlich wegen der erhöhten Umweltschutzkosten trotz der Mehrarbeit je Produkteinheit im allgemeinen insgesamt weniger Arbeitskräfte nachgefragt als vorher. Denn mehr Rücksichtnahme auf die Umwelt vermindert – bei unverändertem Lohn – die Menge an lohnender Produktion, und dies schlägt im allgemeinen auf die Beschäftigung stärker durch als die Mehrarbeit je Produkteinheit. Schon die Aufrechterhaltung des alten Beschäftigungsstandes erfordert also eine Lohnsenkung. Im Falle einer Umweltschutzsteuer, auf die ein Unternehmen überhaupt nicht mit einer belastungsmindernden Änderung der Produktionstechnik antworten kann, muß die Lohnsenkung sogar einen vollen Ausgleich für die Steuer schaffen, wenn die Beschäftigung nicht sinken soll. Erst eine noch stärkere Lohnsenkung erhöht die Beschäftigung.

3. Umweltsteuern bei Standortwettbewerb

40. Über das Kosten-Nutzen-Verhältnis neuer CO_2-/Energiesteuern sind Illusionen also fehl am Platz, zumal wenn es um Steuern im nationalen Alleingang geht. Wenn der Gesetzgeber sich gleichwohl dafür entscheidet, muß er eine solche Steuer so ausgestalten, daß sie ökologisch möglichst treffsicher und ökonomisch möglichst wenig schädlich ist.

Ein umweltpolitisches Instrument führt dann zu einer effizienten Verwendung natürlicher Ressourcen, wenn es die Entscheidungen der Wirtschaftssubjekte so lenkt, daß es unmöglich ist, mit dem gegebenen Ressourceneinsatz ein höheres Produktionsergebnis zu erzielen. Auf der anderen Seite sollte die Lenkungswirkung des Instruments, das heißt seine ökologische Effektivität, ebenfalls gut sein. Das umweltpolitische Instrument muß geeignet sein, das ökologische Ziel tatsächlich zu erreichen.

CO_2-Steuer versus Energiesteuer

41. Die Voraussetzungen dafür, die Verursacher von CO_2-Emissionen gezielt zu belasten und auf diese Weise dazu anzuregen, Umweltbelastungen zu vermindern, sind gut. Vom Menschen verursachte CO_2-Emissionen stehen in einem chemisch klar definierten Mengenverhältnis zur Verbrennung kohlenstoffhaltiger Energieträger. Soll der CO_2-Ausstoß verursachungsgerecht getroffen werden, ist freilich zu beachten, daß beispielsweise bei der Verbrennung von Erdgas – umgerechnet und bezogen auf 1.000 Steinkohleneinheiten – weit weniger CO_2 freigesetzt wird als bei der Verbrennung von Heizöl und erst recht weniger als beim Einsatz von Steinkohle. Eine Energiesteuer, die den Energieverbrauch ohne Rücksicht auf die benutzte Primärenergieart gleich hoch besteuerte, setzte nicht die richtigen Anreize zur Eindämmung der CO_2-Emissionen (siehe Tabelle). Impulse, auf Primärenergien mit vergleichsweise geringer CO_2-Emission überzugehen, gäbe es nicht. Eine CO_2-Steuer ist daher ökologisch gegenüber einer allgemeinen Energiesteuer eindeutig und bei weitem vorzuziehen.

Steuerbelastung von CO_2-Emissionen
bei einheitlicher Besteuerung der Energieträger

	Steuer in DM/t SKE	Steuer in DM/t CO_2
Heizöl	100	32,0
Erdgas	100	49,5
Braunkohle	100	22,7
Steinkohle	100	27,1

CO_2-Steuer und Kernengerie

42. In der politischen Diskussion werden erhebliche Vorbehalte gegen eine reine CO_2-Steuer laut, die daher rühren, daß diese Steuer nicht nur die kohlenstoffarmen Energieträger weniger belastet, sondern auch die Kernenergie. Die Vorbehalte wurzeln in der These, daß die Kernenergie nicht ihre wahren Kosten zu tragen habe. Vernachlässigt werde das Unfallrisiko sowie ein großer Teil der Entsorgungslast. Die These wird kontrovers diskutiert. Unbestreitbar ist, daß die Kernkraft viel dazu beiträgt, den Verbrauch an fossilen Brennstoffen in Grenzen zu halten. Wollte man den in deutschen Kernkraftwerken erzeugten Strom in Kohlekraftwerken herstellen, würde dies einen zusätzlichen CO_2-Ausstoß von jährlich 175 Mio. t (1993) bedeuten, was einer Steigerung um mehr als 10 Prozent entspräche. Was die (Unfall-)Risiken angeht, gilt für einen nationalen Alleingang beim Verzicht auf Kernkraft das gleiche wie für den Alleingang bei der CO_2-Eindämmung. Solange andere Staaten – auch in unmittelbarer Nachbarschaft Deutschlands – unvermindert an der Kernkraft festhalten, steht das erzielbare Mehr an Sicherheit in keinem vertretbaren Verhältnis zu den ökonomischen und ökologischen Lasten, die man sich mit einem Ausstieg aus der Kernenergie einhandelt. Vor allem aber wird die Energiepolitik der Kernkraftproblematik nicht gerecht, wenn sie sich vor der Aufgabe drückt, die Vor- und Nachteile im einzelnen zu bewerten und abzuwägen. Dabei wären Risikoaspekte ebenso zu beachten wie die Rolle der Kernenergie als klimaneutrale Energiequelle. Sie in einen Topf mit Energieträgern zu werfen, die völlig anders gelagerte Probleme aufweisen, macht ein rationales Gesamtkonzept praktisch unmöglich. Träfe es zudem zu, daß für die Entsorgung in der Kernkrafttechnik derzeit nicht hinreichend vorgesorgt wird, dann wäre hier – und nicht beim Energieverbrauch – mit korrigierenden Maßnahmen einzugreifen.

Einbettung in eine schlüssige Gesamtpolitik

43. Unter Effizienzaspekten ist nicht zuletzt auch darauf zu achten, daß eine CO_2-Steuer in ein schlüssiges Konzept für die Verkehrspolitik, die Energiepolitik und die Umweltpolitik eingebettet wird. Dies ist nicht gegeben bei einer Verkehrspolitik, die den Energieverbrauch durch Verkehrsstaus in die Höhe treibt. Besonders schwer verständlich ist zudem das Festhalten an einer Kohlepolitik, die einen extrem CO_2-intensiven Energieträger mit hohen Subventionen fördert. Gewiß ist

Kohle nicht überall substituierbar, beispielsweise in der Stahlherstellung; dort hätte ein Ende des Kohleprotektionismus lediglich zur Folge, daß deutsche durch importierte Kohle ersetzt würde, die CO_2-Bilanz also unberührt bliebe. Aber die Elektrizitätswirtschaft, die rund dreimal soviel Kohle einsetzt wie die Eisenschaffende Industrie, hätte ohne die Verpflichtung zur Verstromung deutscher Steinkohle einen Kraftwerk-Mix verwirklicht, in dem Gas- und Ölkraftwerke eine größere Rolle spielen und der einen deutlich geringeren spezifischen CO_2-Ausstoß aufwiese als der heutige Kraftwerkspark. Neben anderen, hier nicht zu betrachtenden Gründen sprechen daher auch Aspekte des Klimaschutzes dafür, auf mittlere Sicht die Subventionierung der deutschen Steinkohleproduktion vollständig zu beenden.

Ökosteuern: Anpassungslasten und ...

44. Ökosteuern verändern die relativen Preise der Güter und die relativen Kosten unterschiedlicher Produktionsverfahren. Im Prinzip gilt: Wird die Inanspruchnahme der Umwelt teurer, dann werden die Güter, die relativ „umweltintensiv“ produziert werden, im Vergleich zu den anderen Gütern teurer. Dies führt zu Substitutionseffekten. Die Nachfrage nach den teuren, umweltschädlich hergestellten Gütern wird zugunsten der weniger umweltschädlich hergestellten abnehmen. Außerdem ändern sich die Produktionsverfahren; die Umweltnutzung wird eingeschränkt und – soweit das technisch möglich und ökonomisch sinnvoll ist – durch die Nutzung anderer Ressourcen ersetzt.

Wie der Strukturwandel, der aus solcher Anpassung folgt, im einzelnen verlaufen wird, läßt sich kaum abschätzen. Für die Anpassungszwänge in der einzelnen inländischen Unternehmung ist letztlich die Frage entscheidend, in welchem Umfang – falls überhaupt – zusätzliche Kosten wie die Ökosteuern auf die Güterpreise überwälzt werden können. Das Ausmaß der Überwälzungsmöglichkeiten hängt entscheidend davon ab, wie zum einen die Nachfrager auf höhere Preise reagieren und ob zum anderen die Wettbewerber mitziehen. Je weniger die Nachfrager bereit sind, ein Produkt trotz eines höheren Preises abzunehmen, und je weniger die Wettbewerber ebenfalls einen Überwälzungsbedarf haben, um so stärker ist der Zwang zur Anpassung bei den energieintensiven Unternehmen.

Von einer Ökosteuer würden also besonders die Unternehmen, die im internationalen Wettbewerb stehen, getroffen. Wer im Inland oder auf Exportmärkten im Wettbewerb gegen Produzenten bestehen muß, die nicht der heimischen Steuergesetzgebung unterliegen, wird eine nationale Ökosteuer kaum an die Verbraucher weitergeben können – an die im Inland allenfalls begrenzt und an die im Ausland meist gar nicht. Eine im nationalen Alleingang eingeführte Ökosteuer wird im Extremfall zur Folge haben, daß die gesamte Anpassungslast von den in den Unternehmen beschäftigten Produktionsfaktoren getragen werden muß. Dort ist nach Wegen zu suchen, die Produktivität so zu steigern, daß man trotz teurer gewordener Umweltnutzung zu alten (Weltmarkt-)Preisen anbieten kann. Wer das nicht schafft, muß seine Einkommensansprüche zurücknehmen, oder er scheidet aus. Insgesamt wird der betroffene Wirtschaftssektor stärker schrumpfen und mehr Arbeitsplätze abbauen müssen, als dies in einer geschlossenen Volkswirtschaft oder bei einer konzertierten Einführung der Ökosteuer in vielen Ländern der Fall wäre. Dies sind die Kosten eines nationalen Alleinganges.

... Anpassungsreaktionen

45. Der nachfrageseitige Anpassungsdruck, der sich infolge einer Ökosteuer aufbauen wird, läßt sich mit Hilfe der Preiselastizität der Nachfrage ausdrücken, einer Kennziffer, die den prozentualen Rückgang der nachgefragten Menge in Beziehung zu der zugrundeliegenden prozentualen Preissteigerung setzt. Schätzungen für den Energiebereich zeigen, daß sich die Nachfrageelastizitäten der verschiedenen Sektoren des Energiemarktes erheblich voneinander unterscheiden.

Zu der gesamten Endenergienachfrage in Deutschland tragen die privaten Haushalte (ohne Kraftstoffe) zu gut einem Viertel und der Verkehr zu knapp 30 Prozent bei, auf Industrie und gewerbliche Kleinverbraucher (Handwerk, industrielle Kleinbetriebe, Baugewerbe, Groß- und Einzelhandel etc.) entfallen zusammen rund 45 Prozent. Bei den privaten Haushalten wiederum verursacht der Bedarf an Raumwärme mehr als drei Viertel des Energieverbrauchs (ohne Kraftstoffe).

In diesem Bereich, der für die Beurteilung der kurzfristig realisierbaren Energieeinsparung der Haushalte von besonderer Bedeutung ist, sind die kurzfristigen Anpassungsmöglichkeiten begrenzt. Einfache Energieeinsparmöglichkeiten, z.B. Doppelverglasung, sind schon weitgehend ausgeschöpft. Die Wärmedämmung von Wänden und Decken sowie die Erneuerung von Heizungsanlagen sind mit einem höheren Aufwand verbunden. Modernisierungs- und Reinvestitionsmaßnahmen sind zwar ein Anlaß, energiesparende Investitionen vorzunehmen. Sie können sich aber nicht allein nach Veränderungen der Energiepreise richten. Es wird – wenn auch nicht kurzfristig – schon viel erreicht, indem eine höhere Belastung des Energieverbrauchs frühzeitig signalisiert wird. Nach Einschätzung des Umweltbundesamtes ließen sich durch die wärmetechnische Sanierung von Altbauten im Durchschnitt 45 Prozent des Energiebedarfs einsparen; dies entspräche 11 Prozent der gesamten deutschen CO_2-Emissionen.

Die kurzfristige Preiselastizität der Energienachfrage (Kraftstoffnachfrage) im Verkehrsbereich ist verschiedenen Untersuchungen zufolge ebenfalls gering. Es wird geschätzt, daß eine zehnprozentige Steigerung der Kraftstoffpreise den Kraftstoffverbrauch direkt um lediglich ein Prozent verringert. Sogar nur etwa halb so groß ist anscheinend die Elastizität der Energienachfrage des beruflich bedingten Verkehrs. Allerdings zeigt der Vergleich mit den USA, daß hohe Kraftstoffpreise die Verkehrsteilnehmer zum Kauf von Fahrzeugen mit kleinerem Hubraum und geringerem Verbrauch veranlassen. Auch die Wahl des Wohnstandortes kann sich ändern, und die Entstehung von Heimarbeitsplätzen mag sich beschleunigen. Mittelfristig gesehen dürfte das Anpassungpotential also durchaus respektabel sein, ebenso der zu erwartende ökologische Lenkungseffekt.

Schon kurzfristig sehr viel empfindlicher als die Haushalte und der Verkehrsbereich dürften die Produzenten reagieren. Die Preiselastizität der Nachfrage nach fossiler Energie wird für den Bereich der Industrie auf -0,6 bis -0,8 und damit viel höher als die der Haushalte geschätzt, so daß hier mit schnellerer Substitution gerechnet werden kann. Dies zeigt auch die rasche Reaktion des industriellen Energieverbrauchs auf die Ölpreisschocks der siebziger Jahre. Sie war um so bemerkenswerter, als die Explosion der Ölpreise in den 70er Jahren alle Industriestaaten betraf. Ökosteuern hingegen sind (zunächst) nationale Instrumente. Wer im Ausland wirtschaftet, ist von ihnen erst einmal nicht erfaßt; wer im Inland wirtschaftet, verliert an Wettbewerbsfähigkeit gegenüber seinen ausländischen Konkurrenten. Nach den umfassenden Energiesparmaßnahmen der letzten beiden Jahrzehnte, ausgelöst durch das im internationalen Vergleich überhöhte Energiepreisniveau, sind die Möglichkeiten weiterer Einsparungen ohnehin begrenzt. Die Anpassung der Produzenten wird deshalb mit großer Wahrscheinlichkeit auch in der Emigration vom Produktionsstandort Deutschland bestehen.

Klimasteuer im Alleingang?

46. Eine im nationalen Alleingang eingeführte CO_2-Steuer wird insbesondere energieintensiv arbeitende Unternehmen zur Verlagerung von Produktion an ausländische Standorte veranlassen. Soweit dies der Fall ist, bringt die Steuer den Klimaschutz nicht voran. Die Anpassungslasten des Inlandes aber kommen voll zur Wirkung. Wo Ausweichreaktionen über Grenzen hinweg den ökologischen Erfolg nationaler Umweltsteuern zunichte machen, kommt daher einer internationalen Abstimmung der Umweltpolitik große Bedeutung zu. Ohne gleichgerichtete Maßnahmen in einer nennenswerten Zahl anderer Industriestaaten, ohne den Beitritt der sich entwickelnden Länder zu einer globalen Politik der Begrenzung von CO_2-Emissionen, also ohne gemeinsame Fortschritte beim Klimaschutz kann eine nationale Klimasteuer nicht mehr als ein – von der Hoffnung auf Nachfolge bestimmter – demonstrativer erster Schritt und deshalb jedenfalls kein großer Schritt sein.

Gewerbliche Wirtschaft von der Besteuerung ausnehmen?

47. Wenn die Produzenten international handelbarer Güter als Adressaten einer großen CO_2-Steuer ausscheiden, mag man sich immer noch fragen, ob nicht wenigstens Unternehmen besteuert werden können, die vorwiegend für lokale oder regionale Märkte arbeiten. Aber die in diesem Fall zu lösenden Abgrenzungsprobleme sind wohl zu groß. So muß man entweder sehr klein anfangen oder sich entschließen, bis zu einer wirksamen internationalen Abstimmung die gewerbliche Wirtschaft von einer CO_2-Steuer auszunehmen.

Besteuerung des privaten Brennstoffverbrauchs, ...

48. Der private Verbrauch trägt, wie erwähnt, erheblich zum CO_2-Ausstoß bei. Die privaten Haushalte haben in Deutschland einen Anteil von rund 25 Prozent an den gesamten CO_2-Emissionen; dabei sind die anteilig den Haushalten zuzurechnenden Emissionen der Stromerzeuger eingerechnet, nicht aber der Kraftstoffverbrauch. Der Verkehr, der ebenfalls zu einem erheblichen Teil dem privaten Verbrauch zuzurech-

nen ist, bringt es ebenfalls auf knapp ein Viertel der Gesamtemissionen. Steuerliche Maßnahmen, die auf die Verminderung des CO_2-Ausstoßes im Bereich der privaten Haushalte und im privaten Verkehr zielen, würden also wichtige Verursacher umweltschädigender Emissionen treffen.

49. Wünschenswert wäre eine Belastung in Abhängigkeit vom unterschiedlich hohen CO_2-Ausstoß je nach den benutzten Brennstoffen. Soweit Steinkohle oder Braunkohle, Heizöl oder Erdgas für private Heizzwecke benutzt wird, ist die Ermittlung des damit verbundenen CO_2-Ausstoßes und eine darauf beim Lieferanten zu erhebende Steuer problemlos. Das gilt auch für Fernwärme. Allerdings stellt sich die Frage, wie zwischen gewerblichem und privatem Einsatz von Energie dort unterschieden werden soll, wo eine enge Verbindung beider Nutzungsbereiche besteht, beispielsweise in der Landwirtschaft und oft auch im Handwerk und im Kleingewerbe. Hier sind die Besteuerungspraktiker gefragt. Im Prinzip müßte das Problem lösbar sein.

... des Elektrizitätsverbrauchs und ...

50. Beim Elektrizitätsverbrauch ist die Aufgabe schwieriger, weil der Strom, der in verschiedenen Kraftwerken mit unterschiedlichen Emissionen hergestellt wird, in ein gemeinsames Verteilnetz für gewerblichen und nicht-gewerblichen Verbrauch eingespeist wird. Eine Identifikation beim Endverbraucher ist nicht möglich. Um dennoch dem (nicht-gewerblichen) Endverbraucher die CO_2-Steuer anteilig in Rechnung zu stellen, könnte folgendes Verfahren gewählt werden.

Der Stromerzeuger weist dem Betreiber des Verteilnetzes den impliziten CO_2-Gehalt seines Stromverbrauchs sowie die Höhe der darauf zu entrichtenden CO_2-Steuer nach. Das stromverteilende Unternehmen ist der Steuerschuldner. Es stellt die Steuer dem Endverbraucher in Rechnung. Die gewerblichen Endabnehmer werden gegen Vorlage eines Freistellungsbescheids des Finanzamtes von der Steuer ausgenommen. Bezieht das Energieversorgungsunternehmen Strom von verschiedenen Lieferanten mit unterschiedlichen Emissionen, so muß die dem Endverbraucher in Rechnung zu stellende Steuer als gewogenes Mittel aus den Emissionen der unterschiedlichen Kraftwerke ermittelt werden. Im Überschneidungsbereich von gewerblichem und privatem Verbrauch muß man sich mit pauschalierten Anteilen behelfen. Werden die Demarkationsgrenzen zwischen den Energieversorgungsunternehmen beseitigt, entstünde in dem dann möglichen Wettbewerb zwischen verschiedenen Anbietern ein Anreiz, möglichst CO_2-arm erzeugten Strom zu beschaffen, damit man mit günstigen Preisen um die Versorgung einer Kommune konkurrieren kann.

... des Treibstoffverbrauchs

51. Bei der Besteuerung des Treibstoffverbrauchs im Verkehr ist eine Trennung von privatem Konsum und gewerblicher Nutzung nicht möglich. Gleichwohl sollte man sich für die Einbeziehung in die Besteuerung entscheiden. Vergaserkraftstoffe werden im Gegensatz zum Dieselöl überwiegend für private Fahrten gebraucht, und wo dies nicht der Fall ist, ergeben sich doch aus einer Besteuerung keine großen Wettbewerbsprobleme. Beim Dieselöl scheidet dagegen wegen des starken internationalen Wettbewerbs im Straßengüterverkehr, im Busverkehr und in der Binnenschifffahrt ein deutscher Alleingang in Form einer Ökosteuer auf Dieselöl aus. Allerdings fahren auch viele privat genutzte Personenkraftwagen mit Dieselmotoren. Sie würden von einer Befreiung des Dieselöls profitieren; dies spricht für eine CO_2-Besteuerung auch des Dieselöls. Um die gewerblichen Nutzer davon freizustellen, könnte der Weg einer Rückvergütung durch die Finanzbehörden erwogen werden. Im Überschneidungsbereich von privater und gewerblicher Nutzung müßte mit pauschalen Ansätzen für den privaten Nutzungsanteil von Fahrzeugen gearbeitet werden. Besser wäre es freilich, mit dem größten Nachdruck ein mit unseren Nachbarländern abgestimmtes Vorgehen anzustreben.

Abstimmung in der Europäischen Union

52. Auch einseitige ökologisch motivierte Mineralölsteuererhöhungen werfen innerhalb der Europäischen Union Fragen auf. Sofern die gemeinschaftlich festgelegten Obergrenzen der Treibstoffbesteuerung überschritten würden, ist die Zustimmung europäischer Organe einzuholen. Auf jeden Fall entstünde ein Preisgefälle an den Grenzen, was den Tanktourismus (und damit Steuerausfälle in Deutschland) verstärken würde.

Internationale Vereinbarungen dürften auch bei der Besteuerung des Flugbenzins unumgänglich sein. Flugbenzin ist das einzige Mineralölprodukt, dessen Verbrennung derzeit keiner Steuer unterliegt. Ein Land, das im Alleingang eine fühlbare Besteuerung des Flugbenzins einführte, müßte damit rechnen, daß viele internationale Fluggesellschaften auf die Verkehrsflughäfen in Nachbarstaaten auswichen. Alle Bemühungen, wenigstens innerhalb der Europäischen Union eine einheitliche Besteuerung des Flugbenzins einzuführen, sind bisher schon im Ansatz gescheitert. Neuerliche politische Initiativen sind dennoch dringend zu wünschen. Den Versprechungen der Regierungen von 160 Staaten der Erde, den CO_2-Ausstoß zu vermindern, sollten Taten folgen. Von einer fühlbaren Besteuerung des Flugbenzins gingen verstärkte Anstrengungen aus, Flugzeuge mit geringem Treibstoffverbrauch einzusetzen, den Luftverkehr auf Kurzstrecken einzuschränken und Warteschleifen über stark belasteten Flughäfen zu vermeiden.

Sozialunion für Europa?

Vorbemerkung

Viele drängen darauf, daß die Europäische Union sich der ungelösten beschäftigungs- und sozialpolitischen Probleme ihrer Mitgliedsländer annimmt. Um der „sozialen Dimension der Gemeinschaft“ willen sei es notwendig, die Vereinbarungen von Maastricht um ein Kapitel zur gemeinsamen Beschäftigungs- und Sozialpolitik zu ergänzen. Nur durch gemeinsame Maßnahmen sei zu erreichen, daß die Angleichung der Lebensverhältnisse gefördert, der wirtschaftliche und soziale Zusammenhalt gestärkt und die Funktionsfähigkeit der Europäischen Währungsunion gesichert werde.

Sollte die Gemeinschaft diesen Forderungen nachgeben, so wird sie das schon bestehende Problem der unzureichenden wirtschaftlichen Dynamik in Europa vergrößern, nicht verkleinern. Eine zentrale Wahrnehmung von beschäftigungs- und sozialpolitischen Aufgaben der Mitgliedsstaaten widerspricht dem Subsidiaritätsprinzip. Es wäre fatal, würden die Mitgliedsländer aus ihrer Verantwortung für die selbstgeschaffenen Probleme des Arbeitsmarkts und der sozialen Sicherung entlassen. Sie müssen und können diese Probleme selber lösen, so der politische Wille gegeben ist. Angesichts der großen Herausforderungen, denen wir uns heute in Europa stellen müssen, wäre eine Festigung der „Sozialunion“ kontraproduktiv.

Norbert Berthold hat zu dieser Schrift beigetragen. Dafür danken wir ihm.

Dezember 1996

Juergen B. Donges, Johann Eekhoff
Walter Hamm, Wernhard Möschel
Manfred J.M. Neumann, Olaf Sievert
(KRONBERGER KREIS)

I. Einführung

Nationaler Sozialstaat auf dem Prüfstand

1. Die Welt und mit ihr Europa ist in Bewegung. Weltweite handelspolitische Vereinbarungen haben geholfen, die Güter- und Faktormärkte weiter zu öffnen. Der Transport von Gütern und die Kommunikation sind besser, schneller und billiger geworden. Dies alles hat die Globalisierung der Absatzmärkte vorangetrieben und die Internationalisierung der Produktionsstandorte begünstigt. Auch ohne daß die Wanderung von Arbeitskräften umfangreicher geworden wäre, sehen sich die Arbeitsmärkte vor Bedingungen eines verschärften internationalen Wettbewerbs gestellt. Die Länder der Europäischen Union haben diese Entwicklung mit dem „Binnenmarktprogramm 1992“ für die europäischen Güter- und Dienstleistungs-, vor allem aber für die Kapitalmärkte weiter beschleunigt. Die Europäische Währungsunion wird ihr zusätzlichen Schub verleihen.

Es ist unbestritten: Offene Güter- und Faktormärkte sind eine wesentliche Voraussetzung für mehr Wohlstand, mehr lohnende Beschäftigung und mehr individuelle Freiheit. Diese Vorteile sind allerdings nicht umsonst zu haben. Die Anpassungsaufgaben zeigen sich derzeit in einem verstärkten strukturellen Wandel, der Arbeitnehmern und Unternehmungen erhebliche Anpassungslasten aufbürdet. Ein nicht geringer Teil dieser Lasten fällt zudem auf den Sozialstaat. Dort trifft zweierlei zusammen: Der Sozialstaat ist finanziell überfordert; alle Verantwortlichen müssen darauf drängen, ihn zu rationalisieren, die Balance zwischen gesellschaftlicher Solidarität und individueller Selbstverantwortung neu auszutarieren. Zugleich hat die Anzahl derer stark zugenommen, die sich – schon heute oder in der Zukunft – auf den Sozialstaat angewiesen fühlen und die Versprechungen, die er ihnen gegeben hat, als ihren Besitzstand energisch verteidigen.

Beides trifft vor allem jene Länder der Europäischen Union hart, in denen der Sozialstaat besonders stark ausgebaut ist. Das „Europäische Modell“ steht auf dem Prüfstand. Sein Programm ist, Wettbewerb und Solidarität so zusammenzuführen, daß einerseits die allokativen Vorteile marktlicher Lösungen genutzt, andererseits aber sozial unerwünschte Ergebnisse mit staatlicher Hilfe korrigiert werden. Damit ist man offensichtlich an Grenzen gestoßen.

Drängen auf Europäisierung

2. Die von Vertretern der Arbeitnehmerorganisationen, aber auch von vielen Politikern erhobene und in Ansätzen in den Maastrichter Verträgen berücksichtigte Forderung, die Wirtschaftsunion in Europa um eine „soziale Dimension“ zu ergänzen, muß man vor diesem Hintergrund sehen. Es geht dabei nicht nur um die Aufgabe, in einer immer stärker zusammenwachsenden Europäischen Gemeinschaft die Tätigkeitsfelder der Sozialpolitik sachgerecht zu verteilen und für bestimmte soziale Verpflichtungen der Unternehmen ein Mindestmaß an Einheitlichkeit zu finden. In dem Drängen in Richtung einer Europäischen Sozialunion kann man immer auch vier weitere Grundinteressen erkennen:

(1) Es geht um die Verteidigung des Sozialstaats, wie er in den vergangenen Jahrzehnten gewachsen ist. Dies wollen vor allem die reicheren Länder.

(2) Es geht um die Verlagerung eines Teils der Lasten des Sozialstaats auf die europäische Ebene. Dies wünschen vor allem die ärmeren Länder.

(3) Es geht den reicheren Ländern darum, durch Harmonisierung sozialer Regelungen Arbeit in den anderen Ländern ähnlich teuer zu machen, wie sie bei ihnen schon ist.

(4) Es geht darum, eine Senkung der Löhne und Sozialleistungen sowie eine Verschlechterung der sonstigen Arbeitsbedingungen in Europa, wie sie sich aus dem verschärften Standortwettbewerb ergeben könnten, zu verhindern.

Die verabredete Europäische Währungsunion hat bewußt gemacht, daß „mehr Markt“ bevorsteht. Damit verbinden sich Ängste, die – wie so oft – zu Abwehrreaktionen führen, die das, was man befürchtet, erst wahrscheinlich machen. Zu solchen Abwehrreaktionen gehört das Drängen in Richtung Europäischer Sozialunion. Während die konfuse Vorstellung, daß das eine das andere bedinge, schon älter ist, wird neuerdings außerdem gefordert, und zwar nicht nur von gewerkschaftlicher Seite, sondern auch von der sogenannten Reflexionsgruppe der

Europäischen Union in Sachen Maastricht II, in den Unionsvertrag ein Kapitel zur Beschäftigungspolitik aufzunehmen.

Umfang der Sozialbudgets

3. Bei der Verteidigung des Sozialstaats in Europa geht es um viel, aber auch beim Streben nach Angleichung. In der Spitzengruppe liegen die skandinavischen Länder. Sie haben noch immer den am stärksten ausgebauten Wohlfahrtsstaat. Der Anteil der Zahlungen für soziale Zwekke im Verhältnis zum Sozialprodukt liegt hier weiterhin bei 40 Prozent oder darüber. Aber auch in den wirtschaftlich stärksten Ländern Europas greift der Sozialstaat auf jede dritte Geldeinheit zurück, die dort erwirtschaftet wird. So betrug die sogenannte Sozialleistungsquote im Jahre 1993 in Deutschland und in Frankreich 31 Prozent. Die großen Mittelmeerländer weisen noch Anteile von über 20 Prozent auf, Italien fast 26 Prozent, Spanien 24 Prozent. Die Nachhut bilden Portugal mit 18 Prozent und Griechenland mit 16 Prozent.

Das Herzstück der sozialpolitischen Aktivitäten sind die Systeme der sozialen Sicherung, die Sicherung gegen Krankheit und die Sicherung im Alter sowie die staatlich organisierte Absicherung gegen die finanziellen Folgen der Arbeitslosigkeit. Der jüngste Sproß in dieser Familie ist – in einigen europäischen Ländern – die umlagefinanzierte staatliche Pflegeversicherung. Die seit Mitte der siebziger Jahre steigende und persistent hohe Arbeitslosigkeit hat die passive und die aktive Arbeitsmarktpolitik verstärkt. Die umverteilungspolitischen Aktivitäten des Sozialstaats konzentrieren sich nicht darauf, das Problem der Armut in den Griff zu bekommen. Das größte Umverteilungsvolumen wird im Bereich der Einkommen der Mittelklasse zwischen den nicht ganz Reichen und den nicht ganz Armen hin und her geschoben. Die Bezieher mittlerer Einkommen mögen die Vorstellung haben, daß sie von den umverteilungspolitischen Regelungen des Staates begünstigt werden. Tatsächlich finanzieren sie den Löwenanteil der staatlichen Leistungen.

Zu dem, was Sozialpolitik umfaßt, gehört die riesige Zahl an Regulierungen, sei es gesetzlicher, sei es tarifvertraglicher Art, die in Gestalt von Verboten, Geboten, Auflagen und Einigungserfordernissen die Arbeitsbedingungen reglementieren, zugleich aber regelmäßig ebenfalls direkt oder indirekt die Arbeitskosten erhöhen und die Flexibilität der Unternehmen beschränken, indem sie deren Handlungsmöglichkeiten einengen.

II. Sozialpolitische Ambitionen in der Europäischen Gemeinschaft

Vertragliche Grundlagen

4. Die konkreten vertraglichen Regelungen lassen eigentlich keinen Zweifel zu: Sozialpolitik ist primär Sache der Mitgliedstaaten. Vieldeutige Generalziele wie „Schaffung eines hohen Maßes an sozialem Schutz“ oder „Förderung des wirtschaftlichen und sozialen Zusammenhalts“ oder „Solidarität zwischen den Mitgliedstaaten“ erschweren es allerdings, klare Grenzen zwischen den Kompetenzen der Einzelstaaten und denen der Gemeinschaft zu ziehen. Unverkennbar ist die Absicht, den sozialpolitischen Einflußbereich der Union zu Lasten der Mitgliedstaaten nach und nach zu vergrößern. Dies war nicht schon immer so.

5. Die Gründungsmitglieder der EWG hatten zunächst voll darauf gesetzt, daß stärker integrierte Güter- und Faktormärkte die Lebens- und Arbeitsbedingungen der Arbeitskräfte verbessern und einander annähern werden (Art. 117 EG-Vertrag). Sozialpolitische Aufgaben standen in den Römischen Verträgen ganz am Rande. Frankreich konnte sich mit weiterreichenden Ideen bezüglich der sozialpolitischen Erfordernisse einer Wirtschaftsgemeinschaft nicht durchsetzen. Bei dieser restriktiven Haltung blieb es bis Mitte der achtziger Jahre. Mit dem Anstieg der Arbeitslosenquote – von knapp drei auf über zehn Prozent innerhalb eines Jahrzehnts – bekam das Streben nach sozialer Harmonisierung mehr Beachtung. Mit der Erweiterung der Gemeinschaft um Spanien, Portugal und Griechenland wurden die Unterschiede in den Arbeitskosten größer; in den nördlichen Ländern entstanden Sorgen bezüglich ihrer Wettbewerbsfähigkeit auf dem Gemeinsamen Markt. Mit dem „Binnenmarktprojekt 1992“, das Mitte der achtziger Jahre auf den Weg gebracht wurde, entfielen weitere Handelshemmnisse und Behinderungen auf den Güter- und Faktormärkten; die Gewerkschaften der nördlichen Länder befürchteten, daß der freiere europaweite Handel und die unbehinderten Kapitalbewegungen den sozialen Schutz

ihrer Mitglieder schwächen würden. Der Ruf nach gemeinschaftlicher Regelung der „sozialen Dimension“ der Gemeinschaft wurde lauter.

Zentralisierungstendenzen

6. Mit dem Vertrag von Maastricht wurde diesem Drängen teilweise nachgegeben. Der Europäischen Union wurden im neugefaßten Artikel 3 (Tätigkeiten der Gemeinschaft) in genereller Weise Aufgaben und Befugnisse auf dem Gebiet der Sozialpolitik und des wirtschaftlichen und sozialen Zusammenhalts zugesprochen. Mit Ausnahme Großbritanniens, das den schon durch die Gemeinschaftscharta der sozialen Grundrechte („Sozialcharta“) seit 1989 vorgezeichneten Weg der Gemeinschaft nicht mitgehen wollte, schlossen die Mitgliedstaaten ein Abkommen über die beabsichtigten zukünftigen sozialpolitischen Aktivitäten der Gemeinschaft und fügten es dem Protokoll über die Sozialpolitik bei.

Zumindest partiell kann man inzwischen von Zentralisierungstendenzen in der europäischen Sozialpolitik sprechen. Sozialpolitische Mindestnormen können jetzt auf etlichen Gebieten (z. B. Arbeitsschutz, Arbeitsbedingungen, Unterrichtung und Anhörung der Arbeitnehmer sowie Chancengleichheit von Männern und Frauen) mit qualifizierter Mehrheit beschlossen werden. Kommission und Europäisches Parlament sind bestrebt, die Bereiche für Mehrheitsentscheidungen zu vergrößern, zum Beispiel durch eine weite Auslegung des Begriffs „Arbeitsumwelt“ (Art. 118a des EG-Vertrags). Einstimmigkeit ist weiterhin erforderlich in den Bereichen soziale Sicherheit der Arbeitnehmer, Kündigungsschutz und Mitbestimmung. Gar keine Kompetenzen hat die Gemeinschaft auf den zentralen Gebieten Arbeitsentgelt, Koalitionsrecht sowie Streik und Aussperrung erhalten.

Wichtig könnte die Bestimmung werden, wonach automatisch neue Gemeinschaftskompetenzen entstehen, wenn die Kommission geltend macht, daß bestimmte sozialpolitische Aufgaben durch die Mitgliedstaaten nicht ausreichend wahrgenommen werden und besser durch die Gemeinschaft erfüllt werden können. Da der Artikel 3 b EG-Vertrag die Tätigkeitsfelder der Gemeinschaft durch die Bezeichnung von Zielen, für die sie Zuständigkeit hat, bestimmt, nicht durch die Abgrenzung und Zuweisung konkreter Handlungskompetenzen, gibt es gegen zentralistische Tendenzen keine wirklich unüberwindbaren Barrieren.

Das Subsidiaritätsprinzip ist eine Barriere, aber es ist offen, ob sie ausreichend hoch ist.

Streitigkeiten zwischen der Kommission und den Mitgliedstaaten darüber, ob eine Richtlinie einstimmig oder nur mit qualifizierter Mehrheit beschlossen werden muß, sind infolge der eher vagen und daher unterschiedlich auslegbaren Formulierungen des Vertrages programmiert. Die Europäische Kommission bemühte sich schon in der Vergangenheit darum, das Erfordernis einstimmiger Entscheidungen des Ministerrats einzudämmen.

Kommt es zu Meinungsverschiedenheiten zwischen Organen der Europäischen Union und den Mitgliedstaaten über die mindestens erforderliche Stimmenzahl, wird der Europäische Gerichtshof entscheiden müssen. Die Erfahrung lehrt, daß er im allgemeinen im Sinne der Kommission entscheidet, was die zentralistischen Tendenzen stärkt.

Neue Pläne

7. Auf Regierungskonferenzen sind weitere institutionelle Veränderungen diskutiert worden. Das bisherige Kooperationsverfahren bei Entscheidungen des Ministerrats, für die eine qualifizierte Mehrheit erforderlich ist (Art. 189c EG-Vertrag), soll abgeschafft und durch ein Mitentscheidungsverfahren (Art. 189b des EG-Vertrags) ersetzt werden. Damit vergrößerte sich der Einfluß des Europäischen Parlaments. Der Ministerrat kann sich in diesem Verfahren nicht mehr einstimmig über die Einwände des Europäischen Parlaments hinwegsetzen. Da auch das Europäische Parlament in sozialpolitischen Streitfragen mehrheitlich umfassenderen zentralen Kompetenzen zuneigt, würden die Befugnisse der Einzelstaaten auch auf diese Weise tendenziell vermindert.

Andere Vorschläge gehen dahin, daß im Ministerrat zwar weiterhin nur einstimmig entschieden werden kann, sofern das Primärrecht und andere Beschlüsse mit „Verfassungsrang" verändert werden sollen. Für das abgeleitete Recht, etwa Beschlüsse über Richtlinien und Verordnungen, soll aber das Prinzip der qualifizierten Mehrheit auf weitere Fälle erstreckt werden oder sogar ausschließlich gelten. Sozialpolitische Beschlüsse, die bisher der Einstimmigkeit im Ministerrat bedurften, könnten dann künftig mit qualifizierter Mehrheit gefaßt werden.

Das Protokoll über die Sozialpolitik hat den Tarifvertragsparteien die Möglichkeit eröffnet, die in Art. 2 des Protokolls erwähnten Bereiche (insbesondere Vereinbarungen über die Regelung von Arbeitsbedingungen) in europäischen Tarifverträgen zu regeln (Art. 4 (2) des Protokolls über die Sozialpolitik). Die Europäische Union würde die Durchsetzung und Anwendung solcher Regelungen garantieren, wenn dies von den Tarifvertragsparteien beantragt und auf Vorschlag der Kommission vom Ministerrat beschlossen wird. Käme es dazu (was man allerdings unwahrscheinlich nennen mag), würden der Rat und die Kommission die Verantwortung für die Beachtung tarifvertraglicher Abmachungen übernehmen. Dies liefe auf eine beträchtliche Ausweitung der Brüsseler Einflußmöglichkeiten hinaus.

Auch einzelne Regierungen haben zahlreiche Anregungen gegeben, was in gemeinschaftlichen Richtlinien geregelt werden sollte. Beispielsweise hat die deutsche Bundesregierung Vorschläge zum Ausbau eines Sockels gemeinschaftlich verbindlicher Mindeststandards vorgelegt. Sie betreffen unter anderem die Entgeltfortzahlung an Feiertagen und im Krankheitsfall, einen „angemessenen Kündigungsschutz" und die Eingliederung Behinderter in das Erwerbsleben.

Was die Europäische Kommission anstrebt, ist dem Weißbuch zur Sozialpolitik von 1994 zu entnehmen. Im Bereich der europäischen Sozialpolitik soll Konvergenz der Ziele und Maßnahmen erreicht werden. Nach dem Willen der Kommission sind „gleiche Ausgangsbedingungen durch einheitliche Mindestvorschriften" herbeizuführen. Die Mitgliedstaaten sollen die sozialen Standards verbessern und weiterentwickeln. Beabsichtigt ist weiterhin die „Festschreibung der grundlegenden Rechte der Bürger als verfassungsrechtliches Element der Europäischen Union". Da „einheitliche Mindestvorschriften" kaum auf dem untersten Niveau aller Mitgliedstaaten festgelegt werden dürften, müßten gerade die ärmeren Länder mit einer beträchtlichen Erhöhung der Arbeitskosten rechnen, wenn sich die Kommission mit ihren Vorstellungen durchsetzt.

Gemeinschaftliche Regelungen

8. Ministerrat und Kommission sind auf sozialpolitischem Gebiet inzwischen in vielfältiger Weise tätig geworden. Die „Zusammenarbeit zwischen den Mitgliedstaaten in sozialen Fragen" (Art. 118 des EG-

Vertrags) und die Abstimmung der Sozialpolitik der Mitgliedstaaten aufeinander sind besonders bei Vorschriften über die Verhütung von Berufsunfällen und Berufskrankheiten, im Bereich des Gesundheitsschutzes und bei der Gleichstellung von Männern und Frauen, durch Vorschriften über den Bestandsschutz von Arbeitsverhältnissen und durch Regelungen über die Freizügigkeit von Arbeitskräften vorangetrieben worden. Es gibt eine Richtlinie über europäische Betriebsräte, und es sind umfassende Regelungen im Bereich der Sozialversicherung geschaffen worden, die sicherstellen, daß unterschiedliche nationale Vorschriften (etwa in der Krankenversicherung und der Rentenversicherung) keine Nachteile für diejenigen hervorrufen, die im Verlauf ihres Arbeitslebens in mehreren Mitgliedstaaten tätig sind. Ferner gibt es Vorschriften über den Jugendschutz und den Mutterschutz. Der Europäische Sozialfonds verfügt über erhebliche Mittel, mit denen die berufliche Bildung und Umschulung sowie die räumliche Mobilität, speziell von Arbeitslosen, unterstützt werden (Art. 123 ff. EG-Vertrag). Auf diese Weise kann die Anpassung an strukturelle Veränderungen sozial abgefedert und erleichtert werden. Wichtige Bereiche der Sozialpolitik sind also schon jetzt Gegenstand gemeinschaftlicher Regelungen.

III. Was nötig ist und ausreicht: Sozialpolitik streng nach Subsidiarität

9. Die Sozialpolitik gilt zu Recht als Musterbereich für gesellschaftliche Aufgaben, die nach dem Prinzip der Subsidiarität auf die Gliederungen der Gesellschaft verteilt werden sollten. Der Begriff der Subsidiarität entstammt der katholischen Soziallehre, die sich des Problems, wie in der weltlich geordneten Gesellschaft Solidarität wirksam werden kann, besonders angenommen hat. In einer allgemeineren Form hat das Prinzip bei der konkurrierenden Wahrnehmung von Kompetenzen in der Europäischen Gemeinschaft Geltung erlangt. Sowohl von den Besonderheiten der Sache her als auch wegen der vertraglichen Verpflichtung auf diesen Grundsatz sollte daher unstreitig sein: Bei der Wahrnehmung sozialpolitischer Aufgaben durch die Mitgliedstaaten und durch die Europäische Gemeinschaft ist der subsidiäre Charakter von Zuständigkeiten der jeweils höheren Ebene gegenüber allen unteren strikt zu beachten. Warum dies wohltätig ist, wird im einzelnen später noch deutlich werden. Die Vorteile liegen nicht nur darin, daß auf diese

Weise die sozialen Aufgaben am besten zu erfüllen sind. Ebenso wichtig ist, daß dann das System von Wettbewerbsmärkten, als welches man eine Marktwirtschaft anzusehen hat, durch sozialpolitisches Handeln am wenigsten gestört wird.

10. Das Subsidiaritätsprinzip strikt anwenden, das heißt freilich, sich in der Sozialpolitik von den Aufgaben der Europäischen Gemeinschaft, die ihr schon die Römischen Verträge zuwiesen, nicht weit zu entfernen. Die Gemeinschaft hat durch geeignete Regelungen dafür zu sorgen, daß das Nebeneinander eigenständiger und unterschiedlicher nationaler Systeme der sozialen Sicherung jene Menschen nicht benachteiligt, die ihr verbürgtes Recht wahrnehmen, Wohnsitz oder Arbeitsstätte innerhalb der Europäischen Gemeinschaft frei zu wählen. Dies ist unstreitig. Sehr viel mehr allerdings auch nicht.

Kein „level playing field"

11. Das Subsidiaritätsprinzip strikt beachten, das heißt für die Europäische Gemeinschaft außerdem darauf verzichten, Sozialpolitik in erster Linie als Politik der Wettbewerbsbeschränkungen zu betreiben und erst in zweiter Linie als Sozialpolitik im engeren Sinne.

Die Anwälte einer weitreichenden Harmonisierung staatlicher oder anderweitiger kollektiver Regulierungen bedienen sich heute gern einer eingängigen Metapher. Die wirtschaftenden Menschen in einem gemeinsamen Binnenmarkt hätten, so sagen sie, Anspruch auf ein „level playing field", also ein ebenes Spielfeld. Es mag Bereiche des Regulierens geben, in denen diese Metapher hilfreich ist. Im allgemeinen taugt sie nur dazu – und so wird sie auch meist gebraucht –, einer unzureichenden Argumentation eine illegitime Prämie an metaphorischer Sinnfälligkeit zu verschaffen. Schon der liebe Gott hat den Menschen kein „level playing field" gegeben. Er hat nicht nur sie selbst verschieden gemacht, er hat ihnen auch unterschiedlich gute und unterschiedlich reiche Eltern gegeben, unterschiedlich guten und reichen Boden, ein unterschiedliches Klima, und so fort. Damit müssen sie nun, so gut es geht, fertigwerden. Und sie tun es. Der eine nimmt seine Benachteiligung hin und bescheidet sich, der andere versucht, sie durch besonderen Fleiß auszugleichen, der dritte ist besonders sparsam und sorgt so dafür, daß es ihm wenigstens in der Zukunft besser geht.

Und Respekt verdient, wer nicht staatlich bevormundet sein möchte, wie er es machen soll. Das gilt für den, der selbständig arbeitet, aber auch für den, der durch individuellen Arbeitsvertrag seine Arbeitskraft an einen anderen verdingt, ja sogar für denjenigen, der zusammen mit anderen in gleicher Lage Arbeitszeit, Lohn und sonstige Arbeitsbedingungen durch kollektiven Vertrag regeln läßt. Ob er lange arbeitet oder kurz, tagsüber oder während der Nacht, ob mit langer oder kurzer Urlaubsunterbrechung, ob mit voller oder eingeschränkter Sicherung gegen das Risiko, krank zu werden, ob mit höherem Lohn und eigenverantworteter Altersversorgung oder mit niedrigerem Lohn und kollektiver Altersvorsorge, das möchte kaum jemand von Außenstehenden, die mit ihm und seinesgleichen sonst nichts zu tun haben, vorgeschrieben bekommen. Schon gar nicht möchte er es in einer Weise vorgeschrieben bekommen, die es ihm unmöglich macht, seine Arbeitskraft überhaupt zu verwerten. Selbst was sie ihrer Humanität schuldig sind, möchten die Menschen im Konkreten weitgehend selbst bestimmen. Ob Frauen bei gleichwertiger Arbeit auf jeden Fall genausoviel verdienen wollen wie Männer, obwohl sie dann bei potentiellen Arbeitgebern wegen der Möglichkeit, daß sie wegen Schwangerschaft ausfallen, eingeschränkte Beschäftigungschancen haben, das wollen sie vielleicht gemeinschaftlich entscheiden, vertreten durch Organisationen, in denen sie auf der Basis gemeinsamer Einstellungen mitwirken, aber doch nicht gleich im Zeichen des Menschenrechts, vertreten durch eine Weltregierung oder eine europäische Regierung.

Kurz, es gibt vermutlich nur ganz wenige Bereiche, wenn überhaupt welche, in denen es angemessen erscheint, daß eine europäische Instanz den Menschen in Europa vorschreibt, zu welchen Konditionen sie arbeiten dürfen. Dabei ist von besonderer Bedeutung, daß bei den gegebenen Unterschieden in der Arbeitsproduktivität jede partielle Normierung notwendigerweise bei den übrigen Arbeitsbedingungen doppelt große Unterschiede bedingt, wenn denn geringere Produktivität nicht Erwerbslosigkeit zur Folge haben soll.

Europäische Währungsunion und Lohnpolitik

12. Die Europäische Währungsunion wird keine Umstände herbeiführen, die an diesen Einsichten etwas ändern. Die Lohnpolitik wird in der Europäischen Währungsunion wieder mehr in der Lage sein, beschäftigungspolitisch wirksam zu agieren. In einer Gemeinschaft, in der der

Geldwert für alle vorgegeben ist und in der es keine Wechselkursänderungen mehr gibt, bedeutet jede gebietsweise Festlegung von Nominallöhnen zugleich eine Festlegung von Reallöhnen, eine Festlegung von Löhnen, mit denen man im Wettbewerb mit anderen, die eigene Festlegungen getroffen haben, bestehen muß. Dies hat eine doppelte Bedeutung. Keine gebietsweise Abwertung der Währung kann einen zu hohen Nominallohn im Verhältnis zu anderen herabsetzen und damit wettbewerbsfähig machen. Keine gebietsweise Aufwertung der Währung wird einen Nominallohn, den man, um mehr Absatz, Produktion und Beschäftigung rentabel zu machen, zurückhaltend festgelegt hat, im Verhältnis zu anderen heraufsetzen und damit früher oder später seiner Wettbewerbswirkung berauben. Was oft in der Diskussion über die Europäische Währungsunion verkannt wird: Der zweite Fall ist der Entscheidende, nicht der erste. Denn den ersten – die Festlegung zu hoher Nominallöhne – kann man aus eigenem Entschluß vermeiden. Den zweiten Fall – die mögliche Konterkarierung einer zurückhaltenden Lohnpolitik durch Aufwertung der Währung – kann man ohne eine Währungsunion nicht vermeiden. Dabei gilt selbstverständlich: Wes Waffen geschärft werden, des Verantwortung, sie richtig zu gebrauchen, wächst.

Keine neuen sozialen Probleme, ...

13. Die diffuse Vorstellung, eine Währungsunion schaffe eine Solidar- und Schicksalsgemeinschaft, ist wenig hilfreich bei der Frage, welchen Aufgaben die Europäische Sozialpolitik sich künftig zu stellen hat. In der Währungsunion bleibt die Marktwirtschaft eine individualistische Veranstaltung – ein System dezentralen Entscheidens auf der Basis dezentraler Verantwortung. Die Mitgliedsländer erhalten ein für alle gleich gutes Geld. Was sie verlieren, ist die Möglichkeit, national schlechtes Geld zu schaffen. Dies ist kein beklagenswerter Verlust. Inflation löst keine sozialen Probleme. Die Europäische Währungsunion kann – ist sie bei ihrer Aufgabe, gutes Geld zu schaffen, erfolgreich – für alle große Vorteile bringen. Und daß sie in diesem Sinne erfolgreich sein wird, darf und muß bei der Frage nach dem nötigen sozialpolitischen Konzept für die Gemeinschaft zunächst einmal unterstellt werden. Dann aber ist die Furcht unbegründet, die Währungsunion werde neue soziale Probleme mit sich bringen, für die nur die Gemeinschaft als ganze einstehen könne.

Richtig ist sicherlich: Wenn immer Menschen etwas gemeinsam unternehmen, machen sie sich auch Gedanken darüber, wie ein Teil der von allen erzielten Vorteile dafür reserviert werden kann, denen zu helfen, die ohne eigenes Verschulden in Bedrängnis geraten. Das wird auch in der Europäischen Wirtschafts- und Währungsunion so sein. Es ist Frucht der Solidarität, die aus Zugehörigkeit erwächst. Letztlich wurzelt Solidarität im Eigeninteresse auf lange Sicht in einer unsicheren Welt. Notabene, Hilfe darf erwarten, wer ohne eigenes Verschulden in Bedrängnis kommt, nicht wer auf solche Hilfe spekuliert und sich danach verhält.

... aber Anpassung bei den Ansprüchen

14. Berechtigt ist die Erwartung, daß die Europäische Wirtschafts- und Währungsunion den internationalen Wettbewerb, dem die Arbeitsmärkte ausgesetzt sind, und den Rationalisierungsdruck, den die Sozialsysteme in fast allen europäischen Ländern spüren, verstärken wird. Davon war schon die Rede. Wer ständig vor allem damit zu tun hat, auf höhere Löhne und bessere Arbeitsbedingungen zu dringen oder neue Ideen für den Ausbau des Sozialstaats auf den Weg zu bringen, empfindet dies verständlicherweise als existentielle Bedrohung. Europaweite Lohndrückerei und Abbau des Sozialstaats sind hier die Schlagworte. Europaweite sozialpolitische Regulierung wird auf den Plan gerufen. Wer sich hingegen vor allem Gedanken macht, wie dem bedrückenden Problem der unerhört hohen Dauerarbeitslosigkeit in Europa beizukommen ist, sieht das anders. Er kommt nicht ohne die Hoffnung auf langanhaltende lohnpolitische Zurückhaltung und sehr hohe Einsparungen in den Sozialbudgets aus. Nicht einmal die Möglichkeit kann er ausschließen, daß die Reallöhne in Europa sogar sinken müssen, namentlich dort, wo für einfache Arbeit (und für Arbeit obsoleter Qualifikation) zu hohe Löhne gezahlt werden müssen. Richtig ist, daß niemand einen Wettbewerbsvorteil erzielt, wenn er seinen Lohnanspruch senkt und die anderen ihm darin folgen. Die eigentliche Verheißung des Wettbewerbs ist aber auch gar nicht die Gewinnung eines Vorteils auf Kosten anderer, sondern die Herbeiführung eines markträumenden Preises für alle, auf dem Arbeitsmarkt also eines Lohnes, bei dem alle, die um diesen Preis arbeiten wollen, auch Arbeit finden können. Der Wettbewerb ist nur oberflächlich betrachtet ein Kampf aller gegen alle. Im Grunde geht es darum herauszufinden, welche zusätzlichen Arbeiten lohnend werden, wenn man die Ansprüche an die Höhe des Arbeits-

ergebnisses sukzessive etwas zurücknimmt. Objektiv gibt es ja für alle genug zu tun auf der Welt. Aber wie jedermann sieht, gibt es nicht genug von der Arbeit, bei der so viel herauskommt, daß daraus die heute in Europa verlangten Löhne gezahlt werden können. Daß aufgrund einer sachgerechten Anpassung am Ende auch diejenigen weniger verdienen, die selbst bei den anfangs marktwidrig hohen Löhnen eine Beschäftigung gefunden hatten, trifft zu. Aber soweit die hohen Löhne für alle vorgegeben waren, ging das bisher vorteilhafte Arbeitsverhältnis der Privilegierten eben auf Kosten der Erwerbschancen derer, die arbeitslos blieben.

IV. Die arbeitsmarktpolitische Seite

1. Ausgangslage

15. Seit vielen Jahren sind in der Europäischen Union die meisten Mitgliedsländer, darunter auch Deutschland, mit dem Problem einer hohen Arbeitslosigkeit konfrontiert. Gegenwärtig sind rund 18 Millionen Menschen im erwerbsfähigen Alter als arbeitslos registriert, die Arbeitslosenquote beträgt 11 Prozent (siehe Tabelle S. 248). Fast jeder vierte Arbeitslose ist jünger als 25 Jahre, fast jeder zweite hat schon über ein Jahr lang keinen Arbeitsplatz.Von Erwerbslosigkeit betroffen sind vor allem Anbieter einfacher Arbeit, neuerdings aber auch zunehmend qualifizierte Arbeitskräfte. Die Europäische Kommission schätzt, daß der überwiegende Teil der Arbeitsloigkeit strukturelle Ursachen hat, so daß durch eine konjunkturelle Belebung die drückenden Arbeitsmarktprobleme nicht nachhaltig gemildert würden. Tatsächlich sind im Zeitraum 1993-95 in der Gemeinschaft insgesamt gerade einmal 700.000 Arbeitsplätze neu entstanden, während in den Vereinigten Staaten in der gleichen Zeit die Anzahl der Erwerbstätigen um mehr als 4 Millionen zugenommen hat.

16. Angesichts der geringen Beschäftigungsdynamik in Europa werden die Forderungen nach arbeitsmarktpolitischen Maßnahmen immer lauter. Verbreitet ist die Vorstellung, daß dies am besten auf Gemeinschaftsebene zu organisieren sei, sozusagen als Baustein auf dem Weg zur Errichtung einer Sozialunion. Flankiert werden müsse nach dieser Meinung die gemeinsame Arbeitsmarktpolitik durch Vorkehrungen gegen die Konkurrenz aus Niedriglohnländern, notfalls auch innerhalb des Binnenmarktes, weil es sonst, wie es heißt, zu Sozialdumping und

Arbeitslosigkeit in ausgewählten EU-Ländern
- in Prozent aller Erwerbspersonen -
- standardisiert -

Land	1991	1992	1993	1994	1995
Belgien	7,2	7,7	8,6	9,6	9,4
Deutschland*	4,2	4,6	7,9	8,4	8,2
Frankreich	9,4	10,3	11,7	12,3	11,6
Großbritannien	8,8	10,1	10,4	9,6	8,7
Italien	9,9	10,5	10,2	11,1	12,2
Niederlande	7,0	5,6	6,2	6,8	6,5
Schweden	3,3	5,8	9,5	9,8	9,2
Spanien	16,0	18,1	22,4	23,8	22,7
Europäische Union	8,5	9,4	10,9	11,4	11,0
Zum Vergleich:					
Vereinigte Staaten	6,8	7,5	6,9	6,0	5,5

* 1991, 1992 nur Westdeutschland
Quelle: OECD Wirtschaftsausblick, Nr. 59, Juni 1996

Wettbewerbsverzerrungen käme, die in Deutschland und anderen Hochlohnländern der Union das Beschäftigungsrisiko auf unerträgliche Weise vergrößerten. Und ergänzt werden könne das Ganze bei dieser Sicht der Dinge durch eine Koordination der Tariflohnpolitik auf EU-Ebene, damit nach dem Wegfall des Wechselkursmechanismus in der Europäischen Währungsunion die Lohnstückkosten in den einzelnen Ländern nicht allzu sehr auseinanderlaufen. Wir halten solche Überlegungen und Bestrebungen für gefährlich und falsch.

Funktionsstörungen auf den Arbeitsmärkten

17. Falsch ist vor allem, lediglich an Symptomen ansetzen zu wollen, das Übel nicht an der Wurzel zu bekämpfen. Wenn sich die Arbeitslosigkeit so verfestigt, wie das in der Europäischen Union der Fall ist, muß von gravierenden Funktionsstörungen auf den Arbeitsmärkten ausgegangen werden. Und in der Tat: Noch immer hat die Tariflohnpolitik nahezu überall zu wenig Rücksicht genommen auf die enger ge-

wordenen Verteilungsspielräume; insbesondere hat sie die regionalen, sektoralen und qualifikatorischen Lohnstrukturen relativ inflexibel gemacht, bedenkt man den Anpassungsbedarf, der mit der fortschreitenden Globalisierung der Märkte über die europäischen Volkswirtschaften hereingebrochen ist. Nahezu überall hat der Gesetzgeber den Wohlfahrtsstaat so stark ausgebaut, daß sich in den Systemen der sozialen Sicherung große Finanzierungsprobleme auftaten, die wiederholt zu Erhöhungen der Beitragssätze der Pflichtversicherten zwangen (trotz gewisser Leistungskürzungen), wodurch die Lohnnebenkosten in den Unternehmen anstiegen. Nahezu überall wurden die Arbeitsmärkte durch Gesetze, tarifvertragliche Regelungen und nicht zuletzt durch die Rechtsprechung über das Maß hinaus reguliert, für das es solide ökonomische und soziale Gründe gab und gibt, unter Inkaufnahme einer entsprechenden Verteuerung der Arbeitsleistung und von Verzögerungen im Strukturwandel.

Über diese Kanäle entstand in vielen EU-Ländern Arbeitskostendruck, fühlbar und persistent. In einigen Ländern, wie Großbritannien und Italien beispielsweise, hat die Abwertung der Währungen vorübergehend Luft verschafft. In anderen Ländern, besonders Deutschland, verschärfte sich das Problem noch, weil die Währung höher bewertet wurde. Den Zusammenhang zwischen Arbeitskosten und Nachfrage nach Arbeitskräften im Blick zu haben ist Voraussetzung für eine erfolgversprechende Beschäftigungsstrategie. In der Führungsrolle sind die Tarifvertragsparteien in den einzelnen Ländern. Sie können und dürfen nicht dadurch aus ihrer Verantwortung entlassen werden, daß auf Gemeinschaftsebene versucht wird, der Arbeitsmarktprobleme Herr zu werden.

2. Gegen eine Gemeinschaftskompetenz in der Beschäftigungspolitik

18. Die Europäische Kommission hat in ihrem Weißbuch über Wachstum, Wettbewerbsfähigkeit und Beschäftigung (vom Dezember 1993) den Regierungen der Mitgliedsländer nahegelegt, in der Beschäftigungspolitik enger zusammenzuarbeiten. Das Ziel soll sein, bis zum Jahre 2000 mindestens 15 Millionen neue Arbeitsplätze zu schaffen und damit die Arbeitslosenquote in der Gemeinschaft, die zu jener Zeit noch eine Zwölfergemeinschaft war, zu halbieren. In der Förderung beschäftigungspolitischer Kooperation zwischen den Mitgliedstaaten

sieht die Kommission für sich eine wichtige Aufgabe; entsprechend entfaltet sie Initiativen zur Förderung beschäftigungswirksamer Investitionen – im kleinen wie im großen (Mittelstandsprogramme, Ausbau transeuropäischer Infrastrukturnetze). So sehen es auch das Europäische Parlament, einzelne Regierungen und die Gewerkschaften in verschiedenen Ländern. Auf der Regierungskonferenz zu Maastricht II steht die Frage nach einer Gemeinschaftskompetenz in diesem Bereich zur Diskussion an, nachdem die mit den Vorarbeiten betraute Reflexionsgruppe dazu aufgefordert hat mit dem ausdrücklichen, wenngleich weit hergeholten Hinweis, daß ein hoher Beschäftigungsstand eine Angelegenheit von gemeinsamem Interesse gemäß Artikel 2 des EG-Vertrages sei.

Keine Kreditaufnahme

19. Eine Gemeinschaftskompetenz in der Beschäftigungspolitik könnte darauf hinauslaufen, dem europäischen Haushalt durch Kreditaufnahme Expansionsspielräume zu eröffnen. Dies ist nicht zu billigen:

- Auf der Gemeinschaftsebene gibt es keine Steuererhebungskompetenz, was schon deshalb sachgerecht ist, weil die Europäische Union kein staatliches Gebilde (im Sinne eines föderalen Bundesstaates etwa) ist. Über den Finanzierungsrahmen für die Erledigung von Aufgaben der Gemeinschaft entscheiden letztlich die Mitgliedstaaten. Diese Prärogative würde ausgehöhlt, wenn die Gemeinschaft die Möglichkeit der Kreditaufnahme erhielte. Supranationalen Zentralisierungstendenzen, die ohnehin schon bestehen, würde zusätzlich Vorschub geleistet werden, ohne daß damit die Effizienz des Wirtschaftens in Europa zunähme.

- Es ist sehr fraglich, ob durch zusätzliche Verschuldung auf der Gemeinschaftsebene überhaupt positive Beschäftigungswirkungen zu erzielen sind, ist doch die Arbeitslosigkeit zu einem großen Teil strukturell bedingt, nicht konjunkturell. Die Erfahrungen, die in den Mitgliedstaaten mit expansiver Finanzpolitik gemacht wurden, sprechen jedenfalls gegen solche Erwartungen. Mehr als ein Strohfeuer wurde selten entfacht. Die öffentlichen Haushalte sind aus dem Ruder gelaufen; die meisten EU-Länder stehen unter hartem Konsolidierungszwang (nicht nur wegen der finanzpolitischen Konvergenzkriterien des Maastricht-Vertrages). Es würde keinen Sinn geben, auf mitgliedstaatlicher Ebene die öffentliche Neuverschuldung zurückzuführen, sie aber auf der Gemeinschaftsebene auszuweiten.

20. Auch der Hinweis auf die Notwendigkeit, die transeuropäische Infrastruktur zu verbessern – der Maastrichter Vertrag hat hier der Gemeinschaft Aktionsmöglichkeiten eröffnet –, ist kein Argument für kreditfinanzierte Beschäftigungsprogramme. Engpässe in der wirtschaftsnahen Infrastruktur zu beheben ist ein wichtiges Anliegen. Öffentliche Investitionen in diesem Bereich können freilich privat finanziert werden. Sie sollten es auch, der höheren Rationalität wegen. Zu diesem Zweck, aber nicht nur zu diesem, sollte die Gemeinschaft ihre Möglichkeiten dazu nutzen, die immer noch bestehenden vielfältigen staatlichen Regulierungen im Bereich der Verkehrsnetze, der Energietransportstruktur und der Telekommunikation zu beseitigen. Diese Regulierungen beeinträchtigen auf nationaler Ebene den Wettbewerb in unzulässiger Weise, und sie stellen im europäischen Binnenmarkt ein gravierendes Hemmnis für eine funktionstüchtige transeuropäische Infrastruktur dar. Marktöffnung hat Vorrang vor dem Einsatz öffentlicher Kreditmittel unter dem Etikett „Infrastrukturmaßnahmen“, zumal dann der Gefahr vorgebeugt würde, daß öffentliche Gelder in Prestigeobjekten mit fragwürdigem volkswirtschaftlichem Nutzen für das einzelne Land und die Gemeinschaft verschwendet werden, von den stets zu befürchtenden Mitnahmeeffekten ganz abgesehen.

Keine aktive Arbeitsmarktpolitik

21. In der europäischen Diskussion wird verlangt, daß auf Gemeinschaftsebene aktive Arbeitsmarktpolitik betrieben werde, vor allem zur Bekämpfung der Langzeitarbeitslosigkeit. Davon ist nichts zu halten. Es spricht zwar einiges dafür, namentlich durch Maßnahmen der Umschulung und Fortbildung von Arbeitslosen deren Chancen am Arbeitsmarkt zu verbessern. Es spricht aber nichts dafür, diese Politik auf der obersten Ebene der Union anzusiedeln. Im Gegenteil, überall dort, wo aktive Arbeitsmarktpolitik stattfindet, hat sich gezeigt, daß damit noch am ehesten etwas Positives bewirkt werden kann, wenn man sich gezielt auf Problemgruppen konzentriert und dabei auch möglichst die Betriebsnähe sucht. Das geschieht besser auf der untersten Ebene der Gebietskörperschaften, gleichsam vor Ort, – alles natürlich innerhalb der engen Grenzen, die der aktiven Arbeitsmarktpolitik grundsätzlich gezogen sind. Sie ist zu teuer, als daß sie auch nur auf Problemgruppen

bezogen intensiv betrieben werden könnte. Ihre Erfolgsaussichten sind im ganzen ungewiß, und sie kann lohnpolitisches Fehlverhalten der Tarifvertragsparteien begünstigen. Eine Gemeinschaftskompetenz für aktive Arbeitsmarktpolitik würde diese Grenzen nicht hinausschieben. Arbeitsmarktpolitik ist keine europäische Aufgabe. Das Subsidiaritätsprinzip steht dem klar entgegen.

3. Die Mär vom „Sozialen Dumping“

22. Der verschärfte strukturelle und technische Wandel setzt alle Mitgliedsländer der Europäischen Union unter einen enormen Anpassungsdruck. Die Hauptlast der Anpassung trifft die wohlhabenderen Länder des Zentrums, und dort vor allem die wenig qualifizierten Arbeitnehmer. Im Vergleich zu den südeuropäischen Ländern sind die Kosten wenig qualifizierter Arbeit in den nordeuropäischen Ländern unverhältnismäßig gestiegen. Die Gewerkschaften in diesen Ländern drehen deshalb im Verein mit einzelnen Arbeitgeberverbänden und vielen politisch Verantwortlichen den Spieß um, indem sie argumentieren, der Wettbewerb auf den europäischen Arbeitsmärkten werde durch die ärmeren Länder der Peripherie der Europäischen Union einseitig verzerrt. Sowohl die arbeits- und sozialrechlichen Standards wie die Löhne seien dort zu niedrig. Es handele sich um ein „soziales Dumping“, das nicht länger hinzunehmen sei. Über Vereinbarungen müsse erreicht werden, daß die unterschiedlichen Standards auf den Arbeitsmärkten in der Europäischen Union zunehmend aneinander angeglichen werden. Das Fernziel der Gewerkschaften des Zentrums sind einheitliche Arbeitsbedingungen in der Europäischen Union.

23. Der Vorwurf eines „sozialen Dumping“ betrifft zwei Punkte: Zum ersten wird argumentiert, die Länder der Peripherie nutzten ihre geringeren Arbeitskosten dazu aus, ihre Produkte in den Ländern des Zentrums zu billig anzubieten. Zum zweiten wird argumentiert, ihre Arbeitskräfte eröffneten einen „unfairen“ Wettbewerb, indem sie auf Zeit zuwanderten und zu geringen Löhnen arbeiteten. Richtig ist, daß der Binnenmarkt es den Arbeitskräften der Peripherie ermöglicht, den innereuropäischen Wettbewerb an den Güter- und einzelnen Arbeitsmärkten zu verschärfen. Aber es ist irreführend, diese Sachverhalte als illegitim, als „soziales Dumping“ zu brandmarken.

Dumping ist auch nicht schon immer dann gegeben, wenn Exporteure im Ausland billiger verkaufen als im Inland. Dumping liegt dann vor, wenn ausländische Exporteure versuchen, inländische Konkurrenten zu verdrängen, indem sie ihre Produkte zu Preisen anbieten, die nicht einmal die variablen Kosten decken. Das strategische Ziel solchen Verhaltens wäre es, durch temporäre Inkaufnahme von Verlusten dauerhaft höhere Marktanteile zu erzielen, um anschließend Gewinne über monopolistisch überhöhte Preise einzufahren. Von Dumping könnte man ebenso sprechen, wenn ausländische Arbeitnehmer im Inland ihre Arbeitskraft zu Löhnen anböten, die geringer wären als in ihrem Heimatland.

Tatsächlich ist weder das eine noch das andere gegeben. Die Exporteure der Peripherie bieten ihre Produkte nicht zu Preisen an, die unter den variablen Gestehungskosten liegen, und natürlich haben die Arbeitnehmer dieser Länder nicht das geringste Interesse, hierzulande zu Löhnen zu arbeiten, die unter den Verdienstmöglichkeiten in ihren Heimatländern liegen.

24. Die geringeren Löhne und die niedrigeren arbeits- und sozialrechtlichen Standards in den Ländern der Peripherie sind Ausdruck des dort derzeit noch geringeren Entwicklungsstandes. Die im Vergleich zum Zentrum der Europäischen Union weit geringere Arbeitsproduktivität bedingt eine geringere Vergütung der Arbeitsleistung. Der Ertrag der Arbeit wird den Arbeitnehmern zum größeren Teil als Lohn ausgezahlt, zum anderen Teil wird er durch die Lohnnebenkosten absorbiert. Solange die gesamten Arbeitskosten im Einklang mit der Produktivitätsentwicklung stehen, spielt es aus der Sicht der Unternehmen keine entscheidende Rolle, wie diese Aufteilung vorgenommen wird. Aus der Sicht der Arbeitnehmer kann das anders sein.

Der Standortwettbewerb in Europa hat verschiedene Dimensionen. Während die wohlhabenderen Länder des Zentrums von Standortvorteilen wie besser qualifizierten Arbeitskräften, einer gut ausgebauten Infrastruktur und einem hohen Stand der Grundlagenforschung wie der anwendungsorientierten Forschung profitieren, setzen die peripheren Länder auf den Standortvorteil erheblich niedrigerer Arbeitskosten. Sie brauchen niedrige Arbeitskosten, damit sie ihre bei geringerer Produktivität erzeugten Produkte absetzen können. Im übrigen: Der Standortwettbewerb ist wohlfahrtsfördernd für alle Beteiligten. Würde man die

Standortvorteile künstlich einebnen, etwa durch die Angleichung der Arbeits- und Sozialbedingungen, so würden die durch Warenaustausch erzielbaren Gewinne der internationalen Arbeitsteilung verringert. Das ginge zu Lasten aller Beteiligten, der peripheren wie der übrigen Länder der Europäischen Union.

Angleichung: weder wohltätig für die Peripherie ...

25. Für eine Harmonisierung der Arbeits- und Sozialbedingungen auf den europäischen Arbeitsmärkten gibt es keine ökonomisch wirklich tragfähige Begründung. Wohl aber gibt es eine Reihe von Gründen, die dagegen sprechen. Deshalb drängt sich der Verdacht auf, daß der Vorwurf des Sozialdumpings nur dazu dient, den peripheren Ländern einen legitimen Wettbewerbsvorteil zu nehmen. Die Hochlohnarbeitsplätze des Zentrums sollen gegen die Niedriglohnkonkurrenz der Peripherie abgeschottet werden. Auch die sich sozial gebende Forderung, es gelte, den Arbeitnehmern der ärmeren Mitgliedsländer bessere Arbeits- und Sozialbedingungen zu verschaffen, kann das protektionistische Interesse nur mühsam kaschieren. Der liberale Grundsatz muß sein, daß die Arbeitnehmer jener Länder selbst entscheiden dürfen, ob sie einen höheren Arbeitskomfort, einen verbesserten Kündigungsschutz oder mehr Freizeit wollen.

Eine EU-weit verordnete, schrittweise Angleichung der Arbeits- und Sozialbedingungen ist mit den berechtigten Interessen der peripheren Länder nicht zu vereinbaren. Damit sie ihre Wettbewerbsfähigkeit wahren und den Beschäftigungsstand erhalten könnten, wären sie gezwungen, die ohnehin relativ niedrigen Löhne weiter zu drücken, um den Kosteneffekt der Harmonisierung sonstiger Arbeitsbedingungen aufzufangen. Das widerspräche den offenkundigen Präferenzen der Arbeitnehmer (Lohneinkommen versus Freizeit und Komfort am Arbeitsplatz). Es ist daher nicht auszuschließen, ja sogar wahrscheinlich, daß die Beschäftigten sich auf einen Lohnverzicht zur Kompensation der verordneten höheren Lohnnebenkosten nicht einlassen würden. Das hätte steigende Lohnstückkosten und damit einen Anstieg der Arbeitslosigkeit zur Folge. Der für diese Länder wünschenswerte wirtschaftliche Aufholprozeß würde einen Rückschlag erleiden. Der Schritt in Richtung Sozialunion wäre für sie also alles andere als sozial.

26. Kurzsichtig ist, wer glaubt, daß jedenfalls die wohlhabenderen Länder des Zentrums davon profitieren würden. Zwar können sie sich eine Verringerung des Wettbewerbsdrucks versprechen. Aber eine zunehmende Arbeitslosigkeit in den peripheren Ländern aufgrund eines marktwidrigen Angleichungsdrucks von Seiten der europäischen Sozialpolitik würde zu schwer abweisbaren Forderungen nach finanziellen Ausgleichsmaßnahmen führen. Gibt man ihnen nach, würden die wohlhabenderen Länder durch höhere Transferzahlungen an die ärmeren Länder belastet, was letztlich über eine höhere Abgabenbelastung die Arbeitnehmer trifft. Darüber hinaus würde der verringerte Wettbewerbsdruck den Anreiz mindern, erwünschte Reformmaßnahmen (Flexibilisierung des Arbeitsmarktes durch Deregulierung, Umbau der Systeme der sozialen Sicherung) zu ergreifen. Das wäre kontraproduktiv, weil der Sozialstaat in diesen Ländern ohnehin in eine Sackgasse geraten ist. Die steigenden Ausgaben der Systeme sozialer Sicherung treiben die Lohnnebenkosten nach oben, vergrößern den Abstand zwischen Arbeitskosten und Nettoverdiensten.

4. Abschottung durch Entsenderichtlinien?

27. Die Garantie der Freizügigkeit in der Europäischen Union hat in den vergangenen Jahren zunehmend zu dem neuen Phänomen geführt, daß Unternehmen der peripheren Länder die Leistung ihrer Stammarbeitnehmer in den Ländern des Zentrums zu den wesentlich günstigeren Arbeitskosten des Heimatlandes anbieten. Deutschland ist Zielland solcher Aktionen. Die Beschäftigung von Arbeitnehmern aus den Ländern der Gemeinschaft ist legal, sofern ihre Entsendung vorübergehender Natur ist. Weil dies zu Löhnen geschieht, die erheblich unter den deutschen Löhnen liegen, kann es zu einer Ausweitung der Produktionstätigkeit, aber auch zu einer Verdrängung der inländischen Arbeitnehmer kommen. Insbesondere die Bauindustrie ist davon erheblich betroffen.

28. In Deutschland versucht man, die Entwicklung durch das am 1. März 1996 in Kraft getretene Arbeitnehmer-Entsendegesetz zu steuern. Das Gesetz soll verhindern, daß die von ausländischen Unternehmen jeweils vorübergehend auf deutschen Arbeitsstellen eingesetzten Arbeitnehmer wesentlich niedriger entlohnt werden als ihre inländischen

Kollegen. Zu diesem Zweck können die jeweils zuständigen Tarifvertragsparteien auf Antrag einen von ihnen vereinbarten Mindestlohn für allgemeinverbindlich erklären lassen. Dieser Mindestlohn muß dann auch von Arbeitgebern bezahlt werden, die ihren Firmensitz im Ausland haben, aber im Inland Arbeitskräfte beschäftigen. Nach einer vom Europäischen Ministerrat gegen die Stimmen von Großbritannien und Portugal verabschiedeten allgemeinen Entsenderichtlinie können derartige Entsendegesetze in den Ländern der Gemeinschaft erlassen werden.

Das deutsche Entsendegesetz ist auf drei Jahre befristet. Die gemäß § 5 Tarifvertragsgesetz vom Bundesarbeitsminister abzugebende Allgemeinverbindlichkeitserklärung bedarf der mehrheitlichen Zustimmung des aus Vertretern der Spitzenorganisationen der Arbeitgeber und Arbeitnehmer bestehenden Tarifausschusses.

Für Freizügigkeit

29. Der Schutz heimischer Branchen durch Entsendegesetze oder andere protektionistische Eingriffe ist mit einer Wirtschaftspolitik, die „dem Grundsatz einer offenen Marktwirtschaft mit freiem Wettbewerb verpflichtet ist" (Art. 3a EG-Vertrag) nur schwerlich vereinbar. Der europäische Binnenmarkt zeichnet sich durch den freien Verkehr von Waren, Dienstleistungen, Personen und Kapital aus. Der Wettbewerb beschränkt sich also nicht auf den freien Güteraustausch. Vielmehr schließen die Freiheiten des Binnenmarktes auch die Dienstleistungsfreiheit jedes europäischen Unternehmers und die Freizügigkeit aller Arbeitnehmer ein. Wie Freihandel hat auch Freizügigkeit insgesamt wohlfahrtssteigernde Wirkungen, jedenfalls wenn man nicht Partikularinteressen Vorrang gibt. Die Arbeitskräfte von der Peripherie der Gemeinschaft sind bereit, zu den in ihrem Heimatland üblichen, weit niedrigeren Löhnen vorübergehend im Gastland zu arbeiten. Dies erlaubt es, dort zu geringeren Kosten zu produzieren. Davon profitieren die Verbraucher, weil sie für Güter und Dienstleistungen weniger zahlen müssen. Kommt es dadurch nicht zu einer entsprechenden Ausweitung der Produktionstätigkeit, sind inländische Arbeitnehmer der betroffenen Branchen allerdings die Leidtragenden dieses Wettbewerbs. Fliegende Arbeitskolonnen ermöglichen es den Unternehmen, die wesentlich teurere Stammbelegschaft erheblich zu verringern. Verdrängung durch Wettbewerb ist freilich legitim, zumal wenn man, wie innerhalb der

Europäischen Union, kein Argument hat, die Interessen des Verdrängten höher zu bewerten als die Interessen dessen, der verdrängt.

Entsendegesetz – ein Sündenfall

30. Angesichts des in der Bauwirtschaft herrschenden Verdrängungswettbewerbs – Schätzungen sprechen von 150.000 bis 200.000 entsandten ausländischen Bauarbeitern – ist es verständlich, daß die Wirtschaftspolitik auf die Anpassungsprobleme der betroffenen Unternehmen und Arbeitskräfte reagiert. Trotzdem: Das Entsendegesetz mit seinen Mindestlöhnen ist ein ordnungspolitischer Sündenfall. Es zielt darauf, die Kosten für entsandte Arbeitnehmer durch Festsetzung von Mindestlöhnen zu erhöhen und damit die Wettbewerbschancen inländischer Arbeiter gegenüber ausländischen, die bereit sind, zu geringeren Löhnen zu arbeiten, zu verbessern. Ein vergleichbares Problem stellt sich innerhalb Deutschlands, wenn Bauarbeiter aus den neuen Bundesländern zu Baustellen im alten Bundesgebiet entsandt werden.

Als eine zeitlich streng befristete Maßnahme ließe sich das Entsendegesetz zur Not rechtfertigen, vorausgesetzt es wird die dadurch gewonnene Zeit für geeignete Anpassungsmaßnahmen genutzt. Nach allen Erfahrungen ist allerdings nicht damit zu rechnen, daß auf diese Weise das Problem gelöst werden kann. Schutzmaßnahmen wie das Entsendegesetz vermindern den Anpassungsdruck mit der Folge, daß sie durch wiederholt verlängerte Befristung zementiert werden. Zudem weckt ein solches Gesetz Begehrlichkeiten in anderen Branchen. Strukturanpassungen sind keine Besonderheit der Bauwirtschaft. Deshalb sind Entsendegesetze nicht zu befürworten.

5. Europäisierung der Tarifpolitik – unerwünscht und unwahrscheinlich

31. Aus Gewerkschaftskreisen kommt mitunter die Überlegung, in der Tarifpolitik sei aus beschäftigungspolitischen Gründen grenzüberschreitend mehr Gemeinsamkeit wünschenswert. Die Vorstellungen reichen von einem intensiveren Informationsaustausch bis zur Festlegung gemeinsamer lohn- und sozialpolitischer Ziele (z.B. die Einführung der 35-Stunden Woche) und zum Abschluß europaweiter Tarifverträge (nach dem Prinzip „gleicher Lohn für gleiche Arbeit“, das der Europäische Metallarbeiterbund 1993 in einer tarifpolitischen Grundsatzerklä-

rung eingefordert hat). Auch bei Unternehmensverbänden gibt es hier und da Stimmen zugunsten einer europäischen Tarifpolitik. Sie sind getragen von der Vorstellung, dadurch vielleicht die Arbeitskosten der Konkurrenz aus Niedriglohnländern zu beeinflussen, sprich deren Löhne „hochziehen" zu können (nach dem Muster der von westdeutschen Verbänden dominierten Tariflohnpolitik in Ostdeutschland unmittelbar nach der deutschen Vereinigung).

Zentralisierung kontraproduktiv ...

32. Angenommen, es käme zu einer Zentralisierung der Tarifverhandlungen auf europäischer Ebene. Das könnte nur kontraproduktiv sein. Die unterschiedlichen wirtschaftlichen Gegebenheiten in den einzelnen EU-Ländern, besonders bei der Arbeitsproduktivität, würden nicht ausreichend berücksichtigt werden (können). Die interregionalen Lohnstrukturen würden sich marktwidrig einebnen, statt sich marktgerecht zu differenzieren. Das Problem der strukturellen Arbeitslosigkeit in Europa würde sich verschärfen, nicht mildern.

Daß die Erfahrungen mit zentralen Tarifverhandlungen auf nationaler Ebene, die in Ländern wie Schweden und Österreich gemacht wurden, beschäftigungspolitisch so schlecht nicht waren, ist keine Beruhigung. Hier gab es interregional keine so bedeutenden Unterschiede im Entwicklungsstand, wie es sie europaweit gibt. Außerdem half lange Zeit die Bereitschaft, marktwidrige Lohnstrukturen durch Regionalpolitik abzuschirmen – bis die Mittel dazu ausgingen. Inzwischen sind auch diese Länder auf einen Weg eingeschwenkt, der von mehr Respekt vor dem, was marktwirtschaftliche Rationalität gebietet, geprägt ist.

... und nicht zu erwarten

33. Tatsächlich ist die Vorstellung, die Tariflohnpolitik lasse sich demnächst europäisieren, auch wirklichkeitsfremd.

Zum einen fehlt es völlig an einem gemeinsamen institutionellen Rahmen für solche Tarifverhandlungen. Die tarifrechtlichen Organisationsmodelle divergieren sehr stark von Land zu Land. Die Tarifautonomie ist unterschiedlich geregelt, entsprechend unterschiedlich ist die Rolle des Staates bei kollektiven Lohnverhandlungen. In einigen Ländern sind Gewerkschaften und Arbeitgeberverbände nach Branchen organisiert, in anderen agieren sie national oder differenzieren sich nach ideologischer Ausrichtung. Der Europäische Gewerkschaftsbund und der Wirtschaftsdachverband UNICE haben keinerlei Verhandlungskompetenzen; was sie auch immer vereinbaren wollten, es hätte keine bindende Wirkung für die Tarifverträge innerhalb der Mitgliedstaaten. Es ist nicht zu erkennen, daß sich zur Stärkung einer europäischen Verhandlungsebene neue entscheidungsrelevante Organisationsstrukturen herausbilden könnten.

Zum anderen, und das ist es, was wirklich zählt: Gerade weil die wirtschaftlichen Bedingungen zwischen den einzelnen Ländern so unterschiedlich sind, ist es schwer vorstellbar, daß sich Arbeitnehmer- und Arbeitgeberinteressen europaweit kartellieren lassen. Namentlich die noch weniger entwickelten Mitgliedsländer wissen, daß ihre niedrigeren Arbeitskosten ihre Trumpfkarte sind, eine Trumpfkarte, die sie nicht weggeben dürfen, sondern die sie ausspielen müssen, damit die eigene Wirtschaft exportieren und sich gegenüber der Importkonkurrenz behaupten kann. Niemand sollte sie für so einfältig halten, daß sie auf das verzichten, was sie im Wettbewerb um das international mobile Kapital als Investitionsstandort attraktiv hält. Auf diese Weise können diese Länder gegenüber den fortgeschritteneren Mitgliedstaaten wirtschaftlich aufholen und zu mehr Beschäftigung gelangen, dabei nach und nach auch die sozialen Standards anheben. Warum also sollte die Lohnpolitik dort einen Kurs fahren, wie ihn sich die Tarifvertragsparteien in produktivitätsstarken Ländern wünschen? Auch wenn künftig die Löhne in Euro gezahlt werden und dadurch der direkte Lohnvergleich ohne Umrechnerei möglich ist, den „gleichen Lohn für gleiche Arbeit" werden die Arbeitnehmer in diesen Ländern, die vor allem Beschäftigung wollen, nicht fordern. So einfältig ist niemand.

34. Nicht einmal die Hochlohnländer bieten die für eine Europäisierung der Tarifpolitik geeigneten Bedingungen. Die Kartellierbarkeit der Interessen sowohl auf der Arbeitnehmerseite wie auf der Arbeitgeberseite erodiert zunehmend, vor allem unter dem Eindruck der Globalisierung der Märkte. Der überkommene Flächentarifvertrag muß sich für mehr Flexibilität und Differenzierung öffnen, oder er wird nicht überleben. Noch sind die Widerstände dagegen groß. Aber schon heute werden in zahlreichen Betrieben in Deutschland und anderwärts tarifvertragliche Regelungen umgangen, das Niveau vereinbarter Arbeitsentgelte unterschritten, teilweise contra legem. Weitere Erosionserscheinungen des

Kartells auf Arbeitgeberseite sind die Verbandsflucht bisheriger Mitgliedsunternehmen und die Weigerung von jungen Unternehmen, dem Verband überhaupt beizutreten. Mit fortschreitender Tendenz zur Arbeitszeitflexibilisierung bei abhängig Beschäftigten und zu Tätigkeiten als freie Mitarbeiter werden Arbeitsverträge stärker individualisiert werden (müssen), als es bislang der Fall war. Hier finden die Interessen von Arbeitnehmern und Arbeitgebern wieder zusammen, jetzt aber nicht in Gestalt uniformer Vertragsbeziehungen, sondern in Gestalt erwünschter Vielfalt. Jeder lernt, daß er den sich ändernden Marktverhältnissen Rechnung tragen muß – um der Sicherung von guten Erwerbs- und Beschäftigungschancen willen. Gegen all dies können die Repräsentanten der Verbände durch Absprachen auf Gemeinschaftsebene, wenn sie es denn versuchten, nichts ausrichten, sie stünden auf verlorenem Posten. Eine Europäisierung der Tarifpolitik ist also nicht zu erwarten. Die Tariflohnpolitik wird für lange Zeit national bleiben und mehr und mehr im europäischen, ja weltweiten Wettbewerb betrieben werden müssen. Steinzeitliche Formen der Geburtshilfe für Tarifverträge, wie Streik und Aussperrung, werden immer weniger dazu passen und womöglich schon bald der Vergangenheit angehören. Und das ist, nicht zuletzt wegen des damit vergrößerten Spielraums für gesamtwirtschaftliche Effizienz und Dynamik, gut so.

V. Zur Harmonisierung der sozialen Sicherung

1. Spannbreite europäischer Sicherungssysteme

35. Die soziale Sicherung umfaßt viel: die Sozialhilfe, das Wohngeld, die Rentenversicherung, die Krankenversicherung, die Arbeitslosenversicherung und die Pflegeversicherung. Ja, solche Auflistung ist noch unvollständig. Auch die Lohnfortzahlung im Krankheitsfall, die finanzielle Unterstützung von Auszubildenden (BAföG), der Soziale Wohnungsbau, das Kindergeld werden den Sozialleistungen zugeordnet, während die Unfallversicherung tatsächlich als Versicherung gesehen wird. Aber auch ein engerer Begriff macht Sinn. Er umschlösse nur die Sozialhilfe und das Wohngeld, weil nur hier die Bedürftigkeit geprüft wird. Bei den anderen Systemen handelt es sich um Versicherungen, die mit sozialen Komponenten und Umverteilungselementen durchsetzt sind.

36. Die Mindeststandards und die Ausgestaltung der sozialen Sicherung sind in der Europäischen Union höchst unterschiedlich geregelt. Und auch die Spannweite der Summe der Beitragssätze ist beträchtlich. Das erklärt sich zum Teil durch große Unterschiede im Anteil der Steuerfinanzierung. Gemeinsam ist den Sozialsystemen, daß sie sich fast überall zu Vollversorgungssystemen entwickelt haben. Der Drang der Sozialpolitiker, die Leistungen zu erhöhen, und einzelner Gruppen, besondere Vergünstigungen zu erhalten, ließen die Sozialsysteme unaufhaltsam wachsen. Erst in jüngster Zeit richtet sich der Blick zunehmend auf die stark gestiegene Beitragsbelastung. Der Unmut über die steigenden Beiträge fällt zusammen mit der bangen Frage, welche Leistungen den Beiträgen in Zukunft noch gegenüberstehen. Die Hoffnung auf immer größere soziale Sicherheit durch allumfassende staatliche Sicherungssysteme hat sich als trügerisch erwiesen. Die Umlagesysteme unterliegen nicht nur den steigenden Ansprüchen der Beitragszahler und den ständigen verteilungspolitischen Eingriffen des Staates; sie sind auch sehr störanfällig bei steigender und chronisch hoher Arbeitslosigkeit und vor allem bei demographischen Veränderungen, wie sie in den nächsten Jahrzehnten zu erwarten sind.

Die Hauptursache für die Instabilität ist systemimmanenter Art. Obwohl die meisten sozialen Sicherungssysteme als Versicherung bezeichnet werden, weichen sie erheblich von den Grundsätzen privater Versicherungen ab. Es besteht keine Äquivalenz zwischen den individuellen Beitragszahlungen und dem individuellen Risiko und damit den Leistungen der Systeme. Den Versicherungen wurden von Anfang an auch sozialpolitische und verteilungspolitische Aufgaben zugewiesen. Bestimmte Gruppen werden ohne Rücksicht auf das Äquivalenzprinzip und ohne Prüfung der Bedürftigkeit begünstigt. Die Folge ist, daß andere Personengruppen weit stärker belastet werden als in einer privaten Versicherung und daß dadurch eine Gefährdung und latente Selbstzerstörung der Systeme angelegt ist.

37. Durch das Recht auf Freizügigkeit und die auch tatsächlich zunehmende Mobilität der Arbeitnehmer in der Europäischen Union werden – so wird vielfach befürchtet – Ausweichreaktionen der in einem Sozialsystem übermäßig Belasteten erleichtert. Das verstärkt die Inanspruchnahme besonders günstiger Regelungen und bedroht damit die Stabilität der Sozialsysteme. Deshalb sei eine Harmonisierung bis hin zu einer zentralen Lösung auf europäischer Ebene unumgänglich. Mit

der Vereinheitlichung insbesondere bei der Arbeitslosenversicherung und Alterssicherung wird die Hoffnung verknüpft, durch einen Risikoausgleich über die Grenzen hinweg eine effizientere Ausgestaltung und einen Beitrag zur Stabilisierung der Systeme erreichen zu können.

2. Wanderungen weder behindern noch provozieren

„Koordinierende Regeln" ....

38. Ein wesentliches Element des europäischen Binnenmarktes ist das Recht auf Freizügigkeit. Die Wahl des Arbeits- und Wohnortes sollte nicht von Mängeln der Sozialsysteme beeinflußt werden. Das heißt: Die Wanderung der Arbeitskräfte sollte nicht dadurch behindert werden, daß in einem Sozialsystem „erworbene Ansprüche" nicht mitgenommen werden können. Sie sollte aber auch nicht dadurch angeregt werden, daß Leistungen in Anspruch genommen werden, denen keine Gegenleistungen gegenüberstehen oder daß große Leistungsunterschiede wie in der Sozialhilfe ausgenutzt werden können. Fehlanreize ergeben sich auch, wenn einzelnen Gruppen innerhalb des Sozialsystems übermäßige Lasten aufgrund von Umverteilungsmaßnahmen zugemutet werden. Das bedeutet nicht, daß eine volle Harmonisierung der Sozialsysteme erforderlich wäre. Die einzelnen Länder können durchaus unterschiedliche Leistungsniveaus und entsprechende Beitragsunterschiede vorsehen. Unerwünschte Wanderungsanreize und Wanderungshemmnisse können durch „koordinierende Regeln" beseitigt oder zumindest verringert werden.

.... in der Arbeitslosenversicherung und der Krankenversicherung

39. Die mit der Wanderung verbundenen Probleme sind nicht neu. Es existieren deshalb schon lange Vereinbarungen zwischen den Mitgliedsländern der Europäischen Union:

- Die Regeln, die bei der Arbeitslosenversicherung gefunden wurden, sind relativ einfach. Die Länder haben sich darauf geeinigt, daß die Arbeitnehmer aus anderen Mitgliedsländern den inländischen Arbeitnehmern gleichgestellt werden. Es besteht eine Pflicht zur Leistung gegenüber einem Beschäftigten aus einem anderen Mitgliedsland, wenn er Leistungsansprüche erworben und einen Wohnsitz in diesem Land hat. Ein Arbeitsuchender muß sich noch vier Wochen im Land seiner ehemaligen Beschäftigung aufhalten und der Arbeitsvermittlung zur Verfügung stehen. Danach kann er in sein Heimatland zurückkehren und Arbeitslosengeld beziehen, wenn er sich bei der dortigen Arbeitsvermittlungsbehörde als arbeitsuchend meldet.

– Die notwendigen Regeln sind auch in der gesetzlichen Krankenversicherung für die überwiegende Zahl der Fälle relativ unproblematisch. Wenn etwa ein deutscher Arbeitnehmer für nicht mehr als zwei Jahre ins Ausland entsandt wird, kann er weiter in seiner heimischen Krankenkasse versichert bleiben. Wird er im Ausland krank, hat er Ansprüche auf Sachleistungen, die im Wege der Leistungshilfe für Erkrankungen gewährt werden, die eine unverzügliche Behandlung erfordern und es nicht zulassen, daß die Behandlung aufgeschoben wird, bis er wieder zu Hause ist. Die Art und Höhe des Leistungsanspruchs richten sich dabei nach dem Recht des Aufenthaltslandes. Die Kosten werden durch die heimische Krankenversicherung erstattet. Die Koordinationsregeln in der gesetzlichen Krankenversicherung verhindern so in der überwiegenden Anzahl der Fälle, daß die Mobilität der Arbeitnehmer in den Ländern der Europäischen Union eingeschränkt wird.

Anreize für Sozialtourismus

40. Anreize zu einem „Sozialtourismus“ von den relativ armen zu den reichen Ländern der Europäischen Union sind allerdings im Bereich der Sozialhilfe zu finden. Zwar genießen die Empfänger von Fürsorgeleistungen grundsätzlich keine Freizügigkeit. Es besteht aber wegen der extensiven Auslegung des Arbeitnehmerbegriffs durch den Europäischen Gerichtshof die Möglichkeit, daß sie formal für den Zeitraum von sechs Monaten den Arbeitnehmerstatus erhalten können, wenn sie erklären, im europäischen Ausland ernsthaft nach einer Arbeit zu suchen. In diesem Falle haben sie auch Anspruch auf die sozialen Leistungen des Landes, in dem sie wohnen, somit auch auf die Leistungen, die im Rahmen der Fürsorge in diesem Land gewährt werden. Faktisch ist für einen arbeitsuchenden Empfänger von Sozialhilfe der Zeitraum länger als sechs Monate, wenn er mit der Duldung der inländischen Arbeitsverwaltung über die sechs Monate hinaus zwar offiziell nach einer Arbeit sucht, tatsächlich aber keine ernsthaften Bemühungen zeigt, einen Arbeitsplatz zu finden. Zudem besteht die Möglichkeit daß

sich die Empfänger von Sozialhilfe aus relativ armen Ländern der Europäischen Union nacheinander für jeweils sechs Monate in mehreren relativ reichen Mitgliedsländern als arbeitsuchend melden, ohne ernsthaft nach einer Beschäftigung zu suchen. Dieser Zielkonflikt zwischen der Freizügigkeit der Arbeitnehmer und gewissen Tendenzen zum „Sozialtourismus" in der Europäischen Union ließe sich weitgehend lösen, wenn Wartezeiten bis zur Erreichung der vollen Sozialleistung eingeführt würden.

Alterssicherung und Wanderung

41. Die Probleme der Systeme der gesetzlichen Alterssicherung sind komplexer. Die komplizierte, schwer verständliche Koordinationsverordnung in der Europäischen Union soll verhindern, daß ein sozialversicherungspflichtiger Arbeitnehmer seine Rentenansprüche in einem Land verliert, wenn er eine Arbeit im europäischen Ausland aufnimmt. Die Rentenansprüche, die ein Arbeitnehmer während seiner Erwerbstätigkeit in einzelnen Mitgliedsländern erworben hat, werden zusammengerechnet und aufeinander abgestimmt. Diese Koordinationsregel ist aus vielerlei Gründen ökonomisch wenig effizient. Es kommt zu künstlichen Wanderungsanreizen, weil in einigen Ländern kurze Versicherungszeiten keine Ansprüche begründen, während man in anderen schon relativ hohe Ansprüche erwerben kann, selbst wenn man nur kurze Zeit Beiträge entrichtet hat. Um eine „Überversorgung" bei geschickter Kombination der Rentenansprüche zu vermeiden, bestehen gemeinschaftliche Kürzungsregeln. Diese Regeln erreichen das Ziel nur bedingt. So führen kurze Versicherungszeiten zu einer unterproportionalen Kürzung der Ansprüche. Es ist auch möglich, den Kürzungsregeln auszuweichen. Diese Regeln sind nur Notbehelfe, die in Grenzen verbesserbar sind.

Man hat letztlich nur die Wahl zwischen zwei unvollkommenen Lösungen. Bei der einen Möglichkeit bleibt der Arbeitnehmer sein Leben lang in dem gesetzlichen Alterssicherungssystem, in das er „hineingeboren" wurde. Die Entscheidung, in einem anderen Land zu leben und zu arbeiten, beeinflußt die Mitgliedschaft in diesem System der Alterssicherung nicht. Dieses Herkunftslandprinzip führt zwar nicht zu Wanderungshemmnissen, ist allerdings problematisch, weil es die Abstimmung mit den „Füßen" zwischen den unterschiedlichen Alterssicherungssystemen unterbindet. Eine andere Möglichkeit, die an die geltende Regelung anknüpft, besteht darin, daß ein Arbeitnehmer mit der Entscheidung, ein Land zu verlassen, auch Mitglied in der gesetzlichen Alterssicherung des Gastlandes wird. Die Höhe der gesamten Rentenleistungen setzt sich aus den modifizierten Ansprüchen aus den einzelnen nationalen Systemen der Alterssicherung zusammen. Jede Rentenversicherung errechnet die Rentenhöhe, die sich ergeben hätte, wenn ein Arbeitnehmer sein ganzes Leben in diesem Land verbracht hätte. Dieser Betrag wird mit den Jahren multipliziert, in denen er tatsächlich Beiträge in diesem Land gezahlt hat. Dieses Kombinationsprinzip (Kombination von Versicherungsverträgen) hätte den Vorteil, daß die Träger der nationalen Alterssicherungssysteme nur diese Informationen austauschen müßten.

Es ist auf den ersten Blick nicht ganz klar, welche dieser beiden Lösungen die bessere ist. Die Kombinationslösung verursacht zweifellos höhere Verwaltungskosten, weil Informationen zwischen den nationalen Systemen der Alterssicherung auszutauschen sind, die anteiligen Rentenleistungen auf nationaler Ebene berechnet werden müssen und mehrere nationale Träger der Alterssicherung beteiligt sind. Es bleibt allerdings zu bedenken, daß das Herkunftslandprinzip den institutionellen Wettbewerb zwischen den nationalen Alterssicherungssystemen beeinträchtigt und den diskretionären Handlungsspielraum der politisch Verantwortlichen vergrößert. Damit entsteht das Problem, daß dringend notwendige Reformen der wenig effizienten nationalen Versicherungen aufgeschoben werden können. Die Kombinationslösung ist auf funktionsfähige nationale Systeme angewiesen; sie erhält den Wettbewerb der Systeme, der zu effizienten Reformen nötigt.

3. Arbeitslosenversicherung dezentral belassen

42. Es wird bisweilen die Meinung vertreten, daß es sinnvoll sei, für den Fall asymmetrischer gesamtwirtschaftlicher Störungen in der Europäischen Union eine zentrale europaweite Arbeitslosenversicherung einzuführen. Weil es nicht möglich sei, sich in einer Währungsunion über veränderte Wechselkurse an neue wirtschaftliche Gegebenheiten anzupassen, und weil nach wie vor die Anpassungsfähigkeit (inflexible Löhne und Lohnstrukturen, mangelnde Mobilität des Faktors Arbeit) der europäischen Volkswirtschaften unzureichend sei, scheint es vielen Kritikern nationaler Lösungen einfacher, das Risiko der Arbeitslosigkeit auf europäischer Ebene auszugleichen. Sie versprechen sich da-

von, daß dann die Beiträge der Arbeitnehmer und Arbeitgeber geringer ausfallen können.

Verzerrung der Kostenstruktur

43. Richtig ist: Trotz des engen Verbunds der nationalen Volkswirtschaften können einzelne Mitgliedstaaten härter von einem Konjunktureinbruch oder einer strukturellen Krise getroffen werden als die übrigen. Die Arbeitslosenversicherungen in den Mitgliedstaaten werden dann unterschiedlich belastet. Eine europaweite Arbeitslosenversicherung würde zwar am Umfang der Arbeitslosigkeit nichts ändern, sie käme aber mit einer geringeren Liquiditätsreserve aus als die nationalen Arbeitslosenversicherungen zusammengenommen. Freilich: Die Konjunkturzyklen in den Mitgliedstaaten verlaufen weitgehend parallel. Ein möglicher Liquiditätsausgleich zwischen den Nationen betrifft nur einen marginalen Bereich.

Viel wichtiger ist daher eine neue Gefahr: Die systematischen Unterschiede in der Arbeitslosigkeit zwischen den Mitgliedstaaten brächten es mit sich, daß eine europäische Arbeitslosenversicherung die Kosten der Arbeitslosigkeit systematisch falsch anlastet. Ist beispielsweise die durchschnittliche Arbeitslosenquote in einem Land aufgrund der Wirtschaftsstruktur höher als in den übrigen Ländern, so sollte das höhere Arbeitslosigkeitsrisiko auch in den Beiträgen zum Ausdruck kommen. Ein europäischer Ausgleich solcher Unterschiede würde die Kostenstruktur verzerren. In funktionierenden Märkten tragen letztlich nicht die Arbeitnehmer das höhere Arbeitslosigkeitsrisiko ihrer Branchen, sondern die Nachfrager nach den von ihnen erzeugten Produkten. Der Grund liegt darin, daß die Unternehmer ihren Arbeitnehmern einen höheren Lohn anbieten müssen, um ein erhöhtes Arbeitslosigkeitsrisiko zu kompensieren. Diese Anlastung der Kosten wird schon jetzt innerhalb der Nationalstaaten durch einheitliche Beiträge zur Arbeitslosenversicherung teilweise verhindert. Eine europäische Arbeitslosenversicherung würde die Erhebung risikoadäquater Beiträge und Produktpreise weiter erschweren.

44. An eine europäische Arbeitslosenversicherung ist auch nicht zu denken, solange die einzelnen Nationen die Aufgaben und Leistungen der Arbeitslosenversicherung bestimmen und die Rahmenbedingungen für den Arbeitsmarkt festlegen. Selbst wenn in einer europäischen

Arbeitslosenversicherung die Leistungen im engeren Sinn, nämlich Dauer und Höhe des Arbeitslosengeldes, einheitlich geregelt würden, bliebe viel Spielraum bei der Intensität der Vermittlungstätigkeit, der Anwendung von Zumutbarkeitskriterien und insbesondere der sogenannten aktiven Arbeitsmarktpolitik in der Form von Arbeitsbeschaffungsmaßnahmen, Umschulungs- und Fortbildungsmaßnahmen, Wiedereingliederungshilfen usw. Es ist kaum vorstellbar und vermutlich nicht einmal sinnvoll, daß die Mitgliedstaaten der Europäischen Union sich auf ein einheitliches Instrumentarium und auf gleiche Verwaltungsverfahren verständigen.

Schließlich verschärfte sich das schon bestehende „Moral-hazard-Problem", weil die Tarifparteien bei den Lohnabschlüssen noch weniger Rücksicht auf die Folgen für die Beschäftigung nähmen. Der Zusammenhang zwischen Arbeitslosigkeit und Beitragssätzen in der Arbeitslosenversicherung wäre für die von den Tarifparteien vertretenen Arbeitnehmer weiter gelockert, weil die Arbeitnehmer in anderen Nationen an den Kosten einer höheren Arbeitslosigkeit beteiligt werden.

Noch größer werden die Probleme einer einheitlichen europäischen Arbeitslosenversicherung durch die Einflußnahme der nationalen Regierungen. Sie machen Vorgaben für einzelne Programme und Umverteilungskomponenten. Sie geben Zuschüsse und Garantien. Sie setzen die Daten für das Umfeld der Arbeitslosenversicherung durch Programme, Kündigungsvorschriften, Mindestlohnregelungen, Frühverrentung usw. Dadurch ergeben sich unterschiedliche Arbeitslosigkeitsrisiken in den Mitgliedstaaten, die nicht in eine gemeinsame Arbeitslosenversicherung mit einheitlichen Beiträgen gezwängt werden sollten, weil es zu einer ungerechtfertigten Umverteilung zwischen den Ländern käme. Die Transfers müßten von den Ländern mit den günstigsten Arbeitsmarktbedingungen aufgebracht werden.

Versicherungsschutz auf nationaler Ebene

45. Wenn man alles dies bedenkt, spricht kaum etwas für eine einheitliche Arbeitslosenversicherung in den Ländern der Europäischen Union. Die nationalen Arbeitslosenversicherungen sind im allgemeinen in der Lage, einen effektiven Versicherungsschutz zu bieten. Sollte tatsächlich einmal ein Land von einer großen gesamtwirtschaftlichen Störung getroffen werden, die es nicht alleine tragen kann, sind ad-hoc Trans-

fers die einfachere Lösung. Die Gefahr, daß es zu ständigen einseitigen Transfers kommt, ist wesentlich geringer als bei einer zentralen, europaweiten Arbeitslosenversicherung.

Auch die zusätzlichen Schwierigkeiten, die sich bei einer Erweiterung der Europäischen Union ergeben würden, wenn die Beitrittsländer in ein einheitliches Korsett gezwängt und finanzielle Ausgleichsansprüche geltend gemacht würden, sprechen für dezentrale Lösungen.

4. Alterssicherung stabilisieren

Demographische Probleme

46. Die Arbeitnehmer in der Europäischen Union werden mobiler. Hemmnisse für Wanderungen sind nicht zuletzt durch das Binnenmarktprogramm schrittweise abgebaut worden. Daraus können sich zusätzliche Gefahren für die umlagefinanzierten staatlichen Systeme der Alterssicherung ergeben. Im Augenblick richten sich die Anstrengungen auf eine Reform der nationalen Alterssicherungssysteme. Aber gelegentlich wird auch die Frage gestellt, ob das ausreicht oder ob die nationalen Systeme harmonisiert und die Solidargemeinschaften ausgeweitet werden sollten.

Die umlagefinanzierte Alterssicherung beruht auf der Erwartung, daß die nächste Generation von Beitragszahlern so zahlreich und zahlungsfähig ist, daß sie die Renten der heute noch erwerbstätigen Generation finanzieren kann. Die Leistungsfähigkeit solcher Systeme hängt damit in erheblichem Maße von der demographischen Entwicklung ab. Aufgrund der niedrigen Geburtenraten und der zunehmenden Lebenserwartung wird die Altersstruktur ungünstiger, und die umlagefinanzierten Alterssicherungssysteme bieten nur geringe, möglicherweise negative Erträge. Die Renditen in diesen Systemen liegen jedenfalls aller Wahrscheinlichkeit weit niedriger als die Rendite, die auf dem Kapitalmarkt zu erzielen ist. Innerhalb der Umlagesysteme kann es leicht zu einem Selbstverstärkungsprozeß kommen. Werden die Beitragssätze erhöht und wollen die Erwerbstätigen einen hohen Lebensstandard beibehalten, mögen sie sich entscheiden, weniger Kinder zu haben oder ganz auf Kinder zu verzichten. Dadurch verringert sich die Anzahl der Beitragszahler, und die systemimmanente Reaktion ist eine Beitragserhöhung. Hohe Beitragssätze und vergleichsweise geringe erwartete

Renten haben bereits einen Trend ausgelöst – vor allem bei den jüngeren Erwerbstätigen –, sich den als unangemessen hoch angesehenen Belastungen zu entziehen (oder Eigenvorsorge zu treffen). Die großen demographischen Änderungen und damit vor allem die Verschiebung der Altersstruktur stehen uns in Europa erst noch bevor. Die schwierigste Phase wird um das Jahr 2030 herum erwartet.

Die Beitragspflichtigen haben eine Reihe von Möglichkeiten, sich der Belastung durch das Rentenversicherungssystem (teilweise) zu entziehen und aus der Versicherung „auszutreten". Dazu gehört der Übergang in die Selbständigkeit, manchmal wird schon von „Scheinselbständigkeit" gesprochen. Dazu gehört das Ausweichen in die Schattenwirtschaft, verbunden mit einer Arbeitszeitverkürzung bei der offiziellen Beschäftigung. Dazu kann in einem offenen Europa auch der Wechsel von einem Alterssicherungssystem mit besonders hohen Beitragslasten in ein System in einem anderen Land mit einer günstigeren Relation von Beiträgen zu erwarteten Renten gehören. Solche Ausweichreaktionen würden vor allem die Umlagesysteme, die ohnehin besonders hart von demographischen Problemen und hohen Leistungsversprechen betroffen sind, destabilisieren.

Harmonisierung hilft nicht

47. Demographisch bedingte Wanderungen haben in Europa noch einen vernachlässigbaren Umfang. Das muß aber nicht so bleiben. Die Altersquotienten unterscheiden sich in den Ländern der europäischen Union ganz erheblich. Die größten demographischen Schwierigkeiten werden für die Bundesrepublik Deutschland prognostiziert. Weniger ungünstige demographische Bedingungen herrschen demgegenüber in Großbritannien, Frankreich und Spanien, aber auch noch in Italien.

Die Probleme der Alterssicherungssysteme würden durch eine Harmonisierung nicht verringert. In einigen Ländern würde den nationalen Regierungen allenfalls eine Atempause verschafft, und sie könnten notwendige Reformen noch einmal verschieben. Aber selbst wenn die Europäische Kommission sich der Harmonisierungsaufgabe annähme, wäre nicht mit schnellen Ergebnissen zu rechnen. Die Systeme sind sehr kompliziert und reagieren sehr empfindlich auf Regeländerungen. Außerdem dürfte niemand große Bereitschaft zeigen, sich an den Kosten der demographischen Veränderungen anderer Mitgliedstaaten zu beteiligen.

Fehlanreize vermeiden

48. Bleiben die umlagefinanzierten Alterssicherungssysteme in den Ländern der Europäischen Union unabhängig und wird der Faktor Arbeit mobiler, werden die nationalen Regierungen und Parlamente gezwungen, die umlagefinanzierten Alterssicherungssysteme zu reformieren. Tun sie es nicht, vergrößern sich ihre demographisch bedingten Schwierigkeiten. Denkbar wäre im ungünstigsten Fall sogar, daß einzelne nationale Systeme zusammenbrechen. Der Grund ist einfach: Der junge, erwerbstätige Teil der Bevölkerung nutzt konsequent alle Ausstiegsmöglichkeiten einschließlich der Abwanderung in Länder mit günstigeren demographischen Bedingungen. Für die im Rentensystem verbleibenden Beschäftigten ergäben sich nicht mehr tragbare Beitragsbelastungen, und die Renten müßten erheblich verringert werden.

Um es nicht zu einer ernsthaften Krise der umlagefinanzierten Alterssicherung kommen zu lassen, müssen die Systeme jetzt reformiert werden. Es ist schon viel zu viel Zeit vertan worden. Notwendig ist eine stärkere Äquivalenz zwischen Beiträgen und Leistungen. Dazu gehörte auch die angemessene Berücksichtigung des Aufziehens von Kindern, sei es in Gestalt von künftigen Rentenansprüchen, die nach der Anzahl der aufgezogenen Kinder differenziert sind, sei es in Gestalt der Entlastung beim Aufziehen von Kindern. Notwendig ist auch eine erhebliche Verlängerung der Arbeits- und Beitragszeiten, was gleichbedeutend ist mit einer Verkürzung der Rentenbezugszeit. Vermutlich führt auch kein Weg daran vorbei, das Umlagesystem allmählich von der Vollversicherung in eine Mindestversicherung zu transformieren. Damit würden „Austrittsanreize“ verringert, und die private Zusatzversorgung würde an Bedeutung gewinnen. Auf keinen Fall kann eine weitere Steigerung der Abgabenbelastung hingenommen werden, weil andernfalls noch mehr Arbeitsplätze gefährdet würden und den Umlagesystemen die wirtschaftliche Basis entzogen würde.

VI. Interpersonelle Umverteilung nicht auf europäischer Ebene

49. Die europäischen Staaten haben es sich nicht nur zur Aufgabe gemacht, die Individuen gegen die Wechselfälle des Lebens abzusichern. Sie versuchen auch, durch Umverteilung eine „interpersonelle Gerechtigkeit“ zu erreichen. Dazu nutzen sie ein umfangreiches Instrumentarium – vom System der progressiven Besteuerung über Transferzahlungen, Objektsubventionen und Steuervergünstigungen bis hin zu den kaum noch überschaubaren Sozial- und Umverteilungskomponenten in Versicherungssystemen und Programmen. Hinzu kommen die zahlreichen Regulierungen und vom Staat zugelassene Verteilungskoalitionen von Tarifparteien und Verbänden, die das am Markt erzielbare Einkommen zugunsten bestimmter Gruppen – und zu Lasten anderer – verändern.

Wettbewerbsdruck auf Umverteilungssysteme

50. Mit der zunehmenden Globalisierung im Sinne von enger Marktverflechtung und hoher Mobilität von Gütern und Diensten sowie Menschen und Kapital werden die nationalen Umverteilungssysteme verstärkt unter Druck gesetzt. Das gilt in besonderem Maße innerhalb der Europäischen Union, wo volle Freizügigkeit der Arbeitnehmer besteht und der Grad der wirtschaftlichen Verflechtung groß ist. Es wird deshalb bisweilen befürchtet, daß die nationalen Regulierungen und Besteuerungssysteme einem erheblichen Wettbewerbsdruck ausgesetzt werden, der kaum noch Raum läßt für nationale Umverteilung. Da ein Teil der Produktionsfaktoren (Real- und Humankapital) über die Ländergrenzen hinweg mobil sei, könnten sie sich den Belastungen entziehen, indem sie abwanderten. Die Abwanderung der belasteten Faktoren trage aber dazu bei, daß die notwendige finanzielle Basis für eine als notwendig erachtete Umverteilung erodiere, so daß eine „interpersonelle Gerechtigkeit“ auf nationaler Ebene nicht effizient angeboten werden könne. Es sei deshalb notwendig, die Aufgabe der interpersonellen Umverteilung in der Europäischen Union zumindest großenteils zu zentralisieren.

Nationaler Spielraum bleibt

51. Das ist freilich eine Übertreibung. Es ist zwar gegenwärtig schon schwierig, den Faktor Kapital zu besteuern, und diese Schwierigkeiten nehmen eher noch zu, wenn sich der Standortwettbewerb weiter verschärft. Das bedeutet andererseits nicht, daß der Faktor Kapital ohne Bedeutung für die Höhe des Steueraufkommens wäre. Wenn ein Land die (steuerlichen) Rahmenbedingungen attraktiv gestaltet, fließt Realkapital zu. Die Produktivität und damit die Wertschöpfung der immobilen Produktionsfaktoren erhöht sich. Damit entstehen zusätzliche Steuereinnahmen, die auch für umverteilungspolitische Zwecke genutzt werden können. Das gilt sogar, wenn man sich genötigt sähe, im internationalen Wettbewerb das mobile Kapital weitgehend von der Besteuerung freizustellen, was aus wachstumspolitischen Gründen sogar erwünscht wäre (vgl. KRONBERGER KREIS, „Steuerreform für Arbeitsplätze und Umwelt", Band 30/1996).

Der umverteilungspolitische Handlungsspielraum nationaler Regierungen in der Europäischen Union ist vor allem deshalb größer als vielfach befürchtet, weil die Arbeitskräfte nur sehr träge auf relativ große regionale Einkommensunterschiede und kaum auf regionale Unterschiede in der Höhe der finanziellen Transfers oder auf Differenzen in der steuerlichen Belastung reagieren. Wie wenig mobil der Faktor Arbeit in der Europäischen Union ist, kann man auch daran erkennen, daß die regionalen Unterschiede in der Arbeitslosigkeit wesentlich größer sind als in den Vereinigten Staaten oder Kanada. Die sprachlichen und kulturellen Unterschiede in der Europäischen Union lassen vermuten, daß die Wanderungsfreudigkeit auch in Zukunft nicht stark und rasch zunehmen wird.

52. Es spricht vieles dafür, daß es den Ländern der Europäischen Union auch in Zukunft möglich sein wird, eigene umverteilungspolitische Aktivitäten zu ergreifen. Der direkte finanzielle Beitrag des sehr mobilen Kapitals wird allerdings geringer werden. Dies wird in der Europäischen Union dazu zwingen, die Umverteilung wesentlich effizienter als bisher zu gestalten. Das bedeutet zum einen, daß bei den nationalen Maßnahmen stärker auf die negativen allokativen Folgewirkungen geachtet werden muß. Das heißt aber zum anderen auch, den Wirrwarr an unübersichtlichen distributiven Aktivitäten zu verringern und die nationale Umverteilungspolitik zielgenauer zu gestalten.

Europaweite Umverteilung – nicht realistisch

53. Im übrigen sind die Interessen in Europa viel zu heterogen, um eine weitergehende zentrale Umverteilung zu vertretbaren Kosten zustande zu bringen. Die Umverteilung auf zentraler Ebene würde sich alsbald als ein Faß ohne Boden erweisen. Die Erfahrung zeigt, daß umverteilungspolitische Maßnahmen überhaupt nur dann einigermaßen effizient sein können, wenn sie verteilungspolitische Ziele verfolgen, über die sowohl auf Seiten der Zahler als auch der Empfänger der Unterstützungsleistungen ein breiter Konsens besteht. Das ist notwendig, damit die Mitglieder eines Gemeinwesens auch akzeptieren, gegebenenfalls zu den Nettozahlern zu gehören. Ein solcher Konsens wäre aber in Europa nicht ganz einfach zu finden. Die umverteilungspolitischen Präferenzen sind auf regionaler oder auch nationaler Ebene noch am ehesten miteinander vereinbar.

Umverteilung geschieht auch durch Regionalpolitik. Es kann aber nicht in Betracht kommen, die europaweiten Einkommensunterschiede als Maßstab für den Bedarf an Umverteilung durch den Staat heranzuziehen. Nur wenn die übrigen Lebensbedingungen (Umwelt, Bildungseinrichtungen, ärztliche Versorgung, Verkehrssysteme, Wohnkosten usw.) für alle Bewohner etwa gleich wären, könnte das Einkommen überhaupt als Indikator für die Wohlstandsposition der Bürger akzeptiert werden (und auch dann wären noch Unterschiede beim privaten Vermögen zu bedenken). Einkommensunterschiede zwischen verschiedenen Regionen können durch andere Faktoren weitgehend kompensiert werden. Bei hoher Mobilität und freier Wahl der Arbeits- und Wohnstandorte verlieren die allgemeinen Einkommensunterschiede an Bedeutung, weil sie zum größten Teil Reflex unterschiedlicher Lebensbedingungen wären. Einkommensunterschiede sind auch selbstbestimmt. Insoweit gehen sie dem Staat gar nichts an.

VII. Zwang zur Vernunft durch Wettbewerb

54. In allen Ländern erwarten die Bürger, daß der Staat sie durch die Errichtung von Systemen der sozialen Sicherung vor Risiken des Lebens absichert, sie durch die Gewährung von Transferleistungen und Steuervergünstigungen beim Erhalt und Ausbau ihrer Existenzgrundlagen unterstützt und sie durch spezielle Marktregulierungen vor unerwünschten Marktergebnissen schützt. Der Umfang dieser Aufgaben

und die Art, wie sie erfüllt werden, sind von Land zu Land verschieden – ganz im Einklang damit, wie in den einzelnen Staaten die Bedeutung von Wettbewerb, Privatinitiative und Eigenverantwortung eingeschätzt wird. Mit zunehmender Globalisierung der Märkte werden besonders jene Staaten unter Druck kommen, die sich zum Ziel gesetzt haben, diesen Aufgaben umfassend nachzukommen. Sie sehen die nationalen Handlungsspielräume für ihre Politik schwinden. Mit dem Standortwettbewerb verbindet sich vielfach die Vorstellung einer verhängnisvollen Abwärtsspirale. Diese Sicht ist falsch. Wettbewerb, den man annimmt und den man besteht, verheißt Wohlstand und Spielraum für soziale Sicherung, und zwar nicht nur für den einen auf Kosten der anderen, sondern für alle. Richtig ist: Um Kapital und Arbeitsplätze im Lande zu halten oder ins Land zu holen, müssen sich unter den gegebenen Umständen alle Anstrengungen darauf richten, niedrigere Lohnkosten zu erreichen, kostengünstigere Sozialsysteme, niedrigere Unternehmenssteuern und Ansprüche an die Umwelt, die man sich leisten kann. Richtig ist auch: Wo es inzwischen Wohlstand und soziale Sicherung auf Pump gibt, muß beides erst einmal zurückgeschnitten werden. Daß der verschärfte internationale Wettbewerb dazu nötigt, ist ein Gewinn. Wer darauf wartet, daß allgemeine Einsicht dazu verhilft, kommt vermutlich zu spät. Die unerträglich hohe Arbeitslosigkeit beweist, daß Europa den Zwang zur Vernunft durch unerbittlichen Wettbewerb nötig hat. Der Weg in eine bessere Zukunft führt durch einen schmerzhaften Prozeß der Konsolidierung hindurch.

55. Ein Kartell der Mitgliedsländer der Europäischen Union mit dem Ziel der Harmonisierung von Löhnen, Arbeitsbedingungen, Umweltstandards, Steuer- und Sozialsystemen wäre verhängnisvoll. Aus der Sicht der alten Industriestaaten machte eine Harmonisierung nur dann Sinn, wenn eine Angleichung der Standards und Schutzbestimmungen möglichst in der Nähe ihres – hohen – Niveaus stattfinden würde. Aus der Sicht der aufstrebenden Industriestaaten aber wäre das eine Katastrophe. Schutzregelungen müssen der wirtschaftlichen Leistungskraft Rechnung tragen. Eine Anhebung der Mindestnormen würde die Belastungsfähigkeit der Wirtschaft der weniger fortgeschrittenen Mitgliedsländer überfordern. Sie würde dort die Arbeitskosten erhöhen und letztendlich zu einem Export von Arbeitslosigkeit aus den entwickelten in die weniger entwickelten Länder führen. Diese müßten massive Wirtschaftsförderung betreiben, die sie unter solchen Bedingungen aber nicht selbst tragen könnten. Die höher entwickelten Länder müß-

ten sie ihnen bezahlen. Hier könnte es um riesige Summen gehen. Vorauszusehen wäre außerdem ein starkes Drängen auf außenwirtschaftliche Abschottung Europas, um die schlimmen Beschäftigungsfolgen einer solchen verfehlten Politik einzugrenzen.

56. Die Globalisierung der Märkte bedeutet nicht das Ende nationalstaatlicher Gestaltungsmöglichkeiten in der Sozial- und Steuerpolitik. Zwar setzt der internationale Wettbewerb der nationalen Steuerbelastung und dem nationalen Sozialaufwand Grenzen, die nicht ohne steigende Arbeitslosigkeit gesprengt werden können. Doch die Weite der Grenzen wird letztlich durch Regelungen und Maßnahmen bestimmt, die im Einfluß der nationalen Politik liegen. Jeder Sozialstaat wird von der Leistungsfähigkeit der Volkswirtschaft getragen. Wenn die Leistungsfähigkeit nicht durch übertriebene Umverteilung gefährdet wird, bleibt Raum für die national erwünschte Gestaltung von Systemen der sozialen Sicherung. Der international härter werdende Wettbewerb legt allerdings Fehlentwicklungen der Steuer- und Sozialpolitik bloß. Daß diese nicht wie in früheren Zeiten kaschiert werden können, ist zu begrüßen.

Register